納税者のための
租税の納付・徴収手続

中村芳昭［監修］　東京地方税理士会［編］

監修のことば

　本書は、基本的に、東京地方税理士会研究部の研究員が2017年度の日本税理士会連合会主催の公開研究討論会（新潟で開催）における報告のために作成した研究報告書をもとに、これに加筆・修正を加えて著された。その研究報告では租税の納付・徴収手続について、納税者（滞納者）の権利保障の観点から、「租税徴収制度の現状と課題」というタイトルのもとでまとめられたものであった。

　租税の納付・徴収手続はもとより税理士の業務に含まれると解されるのであるが、実際には、これまで税理士業務としてはそれほど重要な業務とされてこなかった分野である。これをあえてテーマに選んで研究・報告をするということには大きな意義が認められるだけでなく、税理士のグループが、このような租税の納付・徴収手続について、本格的な研究に取り組むことも、おそらくこれまで例がなかったのではないかと思われる。このような意義に鑑みて、この研究指導の依頼を引き受けることになった。そして、そこにおける研究指導といっても、基本的には、税理士グループの研究員の自主的な研究を側面から見守りながら、必要な場合に指導・助言等を与えるに過ぎなかった。このような形で進められた本研究の成果が前記の研究報告書としてとりまとめられ、公開研究討論会で報告された。

　この研究を進めるにあたって、税理士グループの研究員の間で措定した基本的観点が、現行の納付・徴収手続法制の下で納税者（滞納者）にはどのような権利保障が可能かという点にあったことは上記のとおりである。研究員は、それぞれの担当部分について、自身の実務経験的知見に加え、これまでの徴収法研究の成果や学説、関係裁判例などに依拠しながら、能うる限りそのような納税者の権利保障の観点を追究して報告をまとめるべく多大な努力をはらった。

　しかしながら、それは簡単なことではない。なによりも、その中心となる国税徴収法は、主として租税の強制徴収手続を定めるにもかかわらず、徴収職員に広範な権限を定める多くの裁量的規定が、納税者（滞納者）の権利保護の観点から捉えようとする研究員の姿勢の前に大きく立ちはだかっているからであ

i

監修のことば

る。こうした艱難辛苦を克服しながら上記の報告書としてとりまとめられるに至った。このようにしてとりまとめられた租税の納付徴収法の研究の意義に鑑み、これを単に報告書に止めないで出版する意義があると考えて本書の刊行となった。

　本書の出版の経緯を簡単に述べれば以上の通りであるが、本書には私自身の一文を「序論」として寄せさせて頂くこととなった。私自身が本研究に関わることになったことにくわえ、本研究報告書の作成過程で、研究員が納付・徴収手続において納税者の権利保障の観点を貫くことの困難さを目のあたりにしたことがこの序論執筆の契機となっている。とくに後者の困難さの認識によって、同様の徴収手続における滞納税者に対する税務当局の対応が先進諸国ではどのようになっているかを調べて、わが国の徴収法をこうした文脈において捉える視点を得る必要があるという思いを強くもった。そこで特に示したのは、先進諸国で納付・徴収手続上の納税者の取扱いに関する法的観点が大きな転換期を迎えつつあり、その基本的法理論が「応答による規制」（一般的には応答的規制）であるということである。そして、こうした観点は、意識すると否とにかかわらず、近年、わが国の徴収法・関係法改正等にも部分的に影響を与えつつあることも、そこで示唆した。

　しかしながら、もとより本書は、上述の報告書を基礎としているので、私が前記の法理論に依拠して序論で示唆した納付・徴収手続、とくにその中心となる滞納処分手続の体系の捉え直しに基づいて著されたものではない。今後、わが国の徴収法・関係法を、納税者（滞納者）を中心に考えるための法的観点の提示を試みたに過ぎない。その意味で、本書の内容は、序論の観点に基づくものではないが、納税者（滞納者）の権利を基礎にして納付・徴収手続を捉えようとする見方に立脚している点では共通している。この意味で、本研究に基づく本書の一端に私の序論を加えて頂くこととなったことをうれしく思う。

　本書およびその基礎となった研究報告書の取りまとめにあたって、とくに東京地方税理士会の小島忠男前会長、清水一男副会長および木下尚実前専務理事、ならびに、同会調査研究部の木島裕子前調査研究部長、城田英昭前公開研究討論会委員長および事務局員の方々に大変お世話になったことに対し、心からお礼申し上げる。また、本書に対する研究員の多大な努力にも改めて感謝したい。

監修のことば

そして、勁草書房編集部の竹田康夫氏にも心よりお礼申し上げたい。同氏のご尽力や適切なアドバイスがなければ、本書はこのようなかたちで出版されることはなかったといっても過言ではない。

　令和元年8月

中村芳昭

発刊に際して

　このたび、『納税者のための租税の納付・徴収手続』を発刊することになりました。本書は、平成29年10月に新潟において開催された日本税理士会連合会公開研究討論会において、東京地方税理士会が「租税徴収制度の現状と課題」と題して発表した内容を基にしています。

　本会は、かねてより税務行政手続の問題について長く研究を続けてきており、過去にも同じ公開研究討論会において、平成7年に「税務行政手続改革の課題―税務行政手続の公正・透明化に向けて―」と題し、また、平成21年に「国税通則法の抜本的改革」と題して税務行政手続の諸問題について研究発表を行いました。

　これらの事績を踏まえて、平成26年に本会シンポジウムで「租税徴収制度における納税者権利救済―第二次納税義務と納税緩和を考える―」と題して、税務行政手続のうち、初めて租税徴収制度について取り組みました。研究の過程で、租税徴収制度が、税の専門家としての税理士にとって、不可欠の知識であることを改めて認識し、さらに研究を深めて上記新潟での発表に至りましたが、この研究成果を書物として広く活用いただくことは、誠に意義のあることと思っております。

　本書の内容は、国税通則法に定める申告納税制度の概要から始まり、徴収制度の現状を解説し、さらに判例裁決例を検討して問題点を指摘するとともに、改善に向けた提言も行っています。本書が、滞納している納税者のみならず、広く税理士をはじめとする税務実務に携わる方々にお役に立つことができれば幸いです。

　最後に本書の発刊に当たり、監修をお引き受けいただいた青山学院大学の中村芳昭名誉教授、執筆編集にあたった本会会員各位並びに勁草書房竹田氏に厚く御礼申し上げます。

　令和元年8月

東京地方税理士会前会長　　小島忠男

はじめに

　国税徴収法が昭和35年に施行されてから約60年が過ぎました。制定当時に比べ、社会、経済は大きく変貌し、国税徴収法を取り巻く環境も大きく変わりました。にもかかわらず、この間、国税徴収法は部分的な改正はあったものの、基本的部分の改正は行われていません。他方で、多くの税法が環境の変化に合わせた改正が行われており、行政不服審査法、行政事件訴訟法、国税通則法が改正されるなど行政手続についての法律も整備されつつある現状を鑑みれば、国税徴収法も抜本的見直しがされるべきときが来ているといえます。

　最大の問題点は、国税徴収法の目的である「国民の納税義務の適正な実現を通じて国税収入を確保すること」を遂行するために設けられている、自力執行権を代表とする数々の納税者に対する強制力に対して、ほとんど見直しの議論がされていないことです。

　このような状況下で、国税徴収法においても、法律に基づいて執行がなされるのが当然であるところ、実務の現場では、この法律の立法趣旨を理解していない租税行政庁の職員による往々にして法律で定める域を超えた権利行使の行き過ぎや濫用が報告されています。

　一方、税の専門家である税理士も、国税徴収法についての知識をあまり持ち合わせておらず、いざ顧問先である納税者に滞納処分が発生しても適切な対応ができない場合がほとんどです。

　東京地方税理士会は、長年税務行政の適正手続がどうあるべきかについて研究を続けてまいりましたが、租税徴収制度においても、法の支配に基づく、滞納者、とりわけやむを得ない理由から滞納者となった善良な納税者の権利保護が行われるべきである、という問題意識にたって、平成26年に本会シンポジウムで発表し、さらに日本税理士会連合会公開研究討論会において、「租税徴収制度の現状と課題」と題して発表をしました。

　本書は、単にその内容をまとめたものではなく、納税者の代理人である税理士が租税徴収の場でも納税者の立場にたって適切に対応するべく、また、税理士にとどまらず、広く租税徴収に携わる方々に制度の問題を提起すべく、最新

v

はじめに

の情報も加えて執筆したものです。

　本書が、広く活用され、租税徴収制度の改革に多少なりとも資することができれば幸いに存じます。

　終わりに、公開研究討論会の研究の時より熱心にご指導いただき、本書発刊に際して時間を惜しまず監修の労をお取りいただいた青山学院大学の中村芳昭名誉教授に心より感謝申し上げるとともに、執筆編集にあたった研究メンバー各位並びに勁草書房竹田氏に厚く御礼申し上げます。

　令和元年8月

　　　　　　　　　　　東京地方税理士会前調査研究部長　木島裕子

目　　次

序論　租税の自主納付原則と徴収手続の枠組み

1　申告納税制度の位置づけと納付・徴収手続　　1

2　申告納税制度の内容と納付・徴収手続　　3

　　1　申告納税制度の内容　　2　申告納税制度の基礎となる法原則

　　3　自主申告原則と自主納税原則

3　自主納付原則に基づく納付・徴収手続　　9

　　1　伝統的な納付・徴収手続

　　2　自主納付原則に基づく納付・徴収手続の構成

　　3　徴収法と自主納付原則に基づく納付・徴収手続

　　4　申請による換価の猶予と申請による滞納処分の停止

4　納付・強制徴収手続の比較法的検討　　14

5　自主納付を基本とする納付・徴収手続の合理性　　19

第1章　総　論

1　国税徴収法の概要　　25

　　1　徴収法の目的　　2　徴収法の特徴　　3　通則法と徴収法の関係

　　4　各税法と徴収法の関係

2　自主納付の原則　　29

　　1　納税義務の成立から滞納処分までの流れ　　2　自主納付

　　3　特別な手続を要しない納付制度（源泉徴収制度）

　　4　国税等の納付期限等

3　救済措置（納税緩和制度）　　40

vii

目　次

　　1　延納　　2　納税の猶予および換価の猶予　　3　国税庁の事務運営指針

④　担保　52

　　1　担保の種類（通50条）　　2　担保の額および見積価額

　　3　担保の提供手続（通令16条、通基通54条関係）

　　4　担保の変更等（通51条）　　5　担保の解除（通令17条）

　　6　金銭担保による納付の手続

⑤　連帯納付　54

　　1　相続税・贈与税の連帯納付義務　　2　第二次納税義務による納付

⑥　延滞税　58

　　1　延滞税の納付　　2　延滞税の計算

　　3　延滞税の額の計算の基礎となる期間の特例　　4　裁判例

⑦　滞納となった場合　62

⑧　滞納処分の停止　62

　　1　滞納処分の停止の要件等　　2　滞納処分の停止の取消し

　　3　滞納処分の停止の手続　　4　滞納処分の停止の効力

第2章　第二次納税義務

①　第二次納税義務の制度趣旨と共通の要件・納付通知　65

　　1　第二次納税義務制度の趣旨と種類

　　2　第二次納税義務の共通の成立要件・納付通知等

②　第二次納税義務の類型　80

　　1　合名会社等の無限責任社員（徴33条）　　2　清算人等（徴34条）

　　3　同族会社（徴35条）　　4　実質所得者課税額等（徴36条）

　　5　共同的な事業者（徴37条）　　6　事業を譲り受けた特殊関係者（徴38条）

　　7　人格のない社団等（徴41条）

③　第二次納税義務の成立要件　90

1 徴収法 39 条の成立要件　　2 徴収法 39 条の成立要件に関する問題点

3 徴収法 39 条の適用をめぐる近年の裁判例

4 徴収法 39 条の実務上の留意点

研究① 徴収法 39 条の立法経緯と詐害行為取消権　117

1 徴収法 39 条の立法経緯　　2 詐害行為取消権と徴収法 39 条

研究② 徴収法 39 条の運用における問題点　121

1 裁判例にみる徴収法 39 条の問題点　　2 徴収法 39 条の運用

第3章　滞納処分

第1節　強制徴収（滞納処分）手続　127

1 概説　127

2 滞納処分の基本的手続　128

　1 督促　2 差押え　3 滞納処分調査　4 換価　5 配当

3 滞納処分への納税者の対応　143

　1 換価の猶予　　2 滞納処分の停止

4 滞納処分手続進行上の対応　157

　1 徴収法上の調査への対応　　2 差押えへの対応

5 滞納処分の関連問題　176

　1 租税債権と私債権の競合　　2 倒産法制における滞納処分手続の制限

研究③ 経営者保証ガイドラインと納税緩和　185

　1 経営者保証ガイドラインの背景と概要

　2 経営者保証ガイドラインの活用状況

　3 経営者保証ガイドラインと徴収法が関連する場面

　4 納税の誠意、差押判断について　　5 中期的計画と換価の猶予、分納

ix

目　次

▌第2節　権利救済 ··192

1 執行停止の請求　192

2 納付徴収処分における義務付け訴訟　194

3 不服申立ての期間制限等の特例　197

　1　特例の概要　　2　裁判例

4 第二次納税義務者の権利救済　201

　1　違法性の承継

　2　第二次納税義務者への主たる課税処分の違法性の承継

5 国への損害賠償請求　211

　1　国家賠償法上の違法の意義　　2　徴収処分に係る裁判例

　3　行政処分に対する取消訴訟と国賠訴訟との関係

　4　職務上通常尽くすべき注意義務の意義

6 源泉徴収制度の権利救済　219

　1　源泉徴収制度の自動確定方式の問題

　2　源泉徴収義務者に関する裁判例

　3　受給者に関する裁判例

　4　源泉徴収義務者と受給者の権利救済

研究④　第二次納税義務者が主たる課税処分の違法を争える
　　　　場合についての検討　226

　1　最高裁判決の理論的構成の分析

　2　第二次納税義務者が主たる課税処分の違法を争える場合の基準

　3　射程と教示制度の適用　　4　違法性の承継と公定力の問題について

研究⑤　徴収手続の現状と問題点について　251

　1　現状　　2　問題点

第3節　地方税の納付徴収手続 ……………………………………256

1 概説　256

2 地方税の納付　257

　　1　地方税の徴収方法　　2　地方税の確定と納付手続

　　3　地方税の納付緩和

3 地方税の滞納処分　265

　　1　強制徴収マニュアル問題　　2　共同滞納整理機構の仕組みと機能

4 地方税の権利救済　272

5 専門家としての対応　273

事項索引　275

執筆者紹介　278

凡　　例

1　判例

(1)　判例の引用

最判（決）	最高裁判所小法廷判決（決定）
高判（決）	高等裁判所判決（決定）
地判（決）	地方裁判所判決（決定）

(2)　判例の出典

民集	最高裁判所民事判例集
裁判集民	最高裁判所裁判集民事
行集	行政事件裁判例集
高民集	高等裁判所
国税例集	国税徴収関係判例集
税資	税務訴訟資料
訟月	訟務月報
判自	判例地方自治
直税要集	直接国税課税判決要旨集
判時	判例時報
判タ	判例タイムズ
裁判所ウェブサイト	http://www.courts.go.jp/
LEX/DB	TKC ローライブラリー・判例データベース

2　文献

(1)　書籍

金子・租税法　金子宏『租税法（第 23 版）』（弘文堂、2019 年）

北野・原論　北野弘久著・黒川功補訂『税法学原論（第 7 版）』（勁草書房、2016 年）

志場・精解　志場喜徳郎ほか『国税通則法精解 平成 31 年改訂』（大蔵財務協会、2019 年）

清水・税法　清水敬次『税法（新装版）』（ミネルヴァ書房、2013 年）

税大講本　国税庁 HP 税大講本『国税徴収法（平成 30 年度版）』

橘・実務　橘素子『第二次納税義務制度の実務（全訂版）』（大蔵財務協会、2017 年）

中村・差押え　東京税財政研究センター編著、中村芳昭監修『差押え─実践・滞納処分の対処法』（東銀座出版社、2012 年）

前川・図解　前川祐子編著『図解 国税徴収法（平成 30 年版）』（大蔵財務協会、2018 年）

吉国・詳解　吉国二郎ほか編『国税徴収法精解（平成 30 年改訂）』（大蔵財務協会、2018 年）

鷲巣・よくわかる　鷲巣研二『よくわかる地方税滞納整理の実務とマネジメント』（時事通信出版局、2015 年）

(2)　論文

奥谷・権利保護　奥谷健「徴収手続における納税者の権利保護─徴収緩和制度の検討」租税法研究 33 号（2005 年）

凡　例

佐藤・租税債権　　佐藤英明「破産法改正と租税債権」租税法研究 33 号（2005 年）
中村・現状と課題　　中村芳昭「国税徴収法の現状と課題」租税法研究 33 号（2005 年）
中村・教示制度　　中村芳昭「税法上の処分と教示制度―第二次納税義務者の権利救済の場合を中心にして」青山ローフォーラム 4 巻 2 号 209 頁（2016 年）

3　主な法令・通達

徴または徴収法　　国税徴収法
徴令　　国税徴収法施行令
徴規　　国税徴収法施行規則
徴基通　　国税徴収法基本通達
通または通則法　　国税通則法
通令　　国税通則法施行令
通規　　国税通則法施行規則
通基通　　国税通則法基本通達
所　　所得税法
所令　　所得税法施行令
法　　法人税法
法基通　　法人税法基本通達
相　　相続税法
相基通　　相続税法基本通達
酒　　酒税法
消　　消費税法
民　　民法
地　　地方税法
関　　関税法
実特　　租税条約等の実施に伴う所得税法、法人税法及び地方税法の特例等に関する法律
措法　　租税特別措置法

序論 租税の自主納付原則と
徴収手続の枠組み

1 申告納税制度の位置づけと納付・徴収手続

　わが国税制の手続が申告納税制度を基幹としていることは周知のことがらである[1]。この申告納税制度は、納税者が自ら税額を計算して申告し納付する制度として憲法の国民主権主義に適合し、「国民主権原理の税法的表現」[2]または「民主的租税思想の制度的表現」[3]とされている。この制度が導入された当初はさまざまな混乱等があったにもかかわらず、これまで国民の多くがこの制度のもとで租税の申告・納付を行ってきたという経緯からすると、今日では、この制度は国民の間に広く定着したものとなっているといえる。

　一方、租税行政庁もまた、この制度を所与のものとして強化発展させることを税務行政の主要な使命に掲げている。例えば、国税庁は最近のレポートの冒頭で次のように述べている[4]。

　　「財務省設置法第19条には、国税庁の任務として、内国税の適正かつ公平

1　申告納税制度の詳しい研究としては、池本征男「申告納税制度の理念とその仕組み」税大論叢 32号1頁（1998年）。

2　北野・原論197、201頁。

3　金子宏『租税法理論の形成と解明　下巻』578頁（有斐閣、2010年）、また金子・租税法919頁 は「民主的納税思想に適合〔す〕」るとも述べる。このほか、申告納税方式の特徴として「最も 民主的な課税方式」であるとし、これは「民主国家における課税方式としてふさわしいもの」で あり「賦課課税方式よりも進歩した課税方式」であると評価するものとして志場・精解277頁が あり、また、申告納税方式は「納税者をして、国家が当面している行政上の諸課題を自主的・民 主的に分担させる機能を有するものである」ので、賦課課税方式と比べ「より高い倫理性を要求 する方式である」とするものとして田中二郎『租税法（第3版）』199頁（有斐閣、1990年）を 参照。

4　国税庁「税務行政の将来像─スマート化を目指して─」（2017年6月23日）1頁（国税庁HP： https://www.nta.go.jp/information/release/kokuzeicho/2017/syouraizou/pdf/smart.pdf（2019 年7月1日閲覧））。

な賦課及び徴収の実現が定められており、申告納税制度の下で、納税者の自発的な納税義務の履行を適正かつ円滑に実現することが、国税庁の使命（ミッション）とされています。

　そのため、国税庁では、納税者サービスの充実に努めるとともに、適正な申告を行った納税者の皆様が不公平感を抱かないよう、適正・公平な課税・徴収に努めているところです。」

　このレポートでは、わが国の国税の執行を担う最高機関である国税庁自身が、財務省設置法19条で定められる「内国税の適正かつ公平な賦課及び徴収の実現」をその任務として確認したうえで、この任務につき、「申告納税制度の下で、納税者の自発的な納税義務の履行を適正かつ円滑に実現すること」をその使命と解している。これによって、租税行政庁も、わが国税制の手続において、申告納税制度を正にその基幹とすべきものとして位置づけていることが、容易に看取される。そして、このことに関連して「納税者のサービスの充実」に努めることを掲げていることが、まずもって注目される。

　これに加えて、より注目されるべきは、同じく財務省設置法19条に基づく国税庁の任務には、内国税の賦課とともにその「徴収」の実現が含まれるが、この内国税の「徴収」の実現も、申告納税制度のもとにおける納税者の自発的な納税義務の履行を適正かつ円滑に実現することを対象とする、その使命に含められていることである。

　ここでの租税の納付・徴収手続との関連では、そこにいう、申告納税制度のもとにおける納税者の自発的な納税義務の履行としての「徴収」の実現とは、いったいどのようなことを意味するのかが、問われなければならない。この問題が正に以下に検討すべき課題である。

　なお、ここでいう租税の「納付」の意義については、基本的に租税の申告によって確定した税額（確定税額）の「納付」（通35条）を意味するものとして[5]、以下の検討を進めることとする。

5　租税の「納付」には、「本来の納税義務者による場合、第二次納税義務者による場合、徴収納付義務者による場合など」のほかに、民法の第三者弁済（471条）に準じて第三者の納付（通41条）が認められている（金子・租税法982頁）。また、これは、納税義務の消滅の観点からは、「納税義務者による任意の履行」による場合と、「強制徴収の手続による強制的履行」による場合とがある（清永・税法205頁）とされていることに、留意されるべきである。

② 申告納税制度の内容と納付・徴収手続

1 申告納税制度の内容

　このような申告納税制度の内容については、納税者による税額の自主的申告と税額の自主的納付の両者からなっていることも、今日、広く共通に理解されるところとなっている[6]。そして、このような理解には異論が見当たらないといえる。申告納税制度が、内容的にこのような自主申告と自主納付の二つから成り立っていることを前提とすれば、法的には、租税手続において統治団体の財政的基礎を形成する租税負担を分担することに、国民が自発的にかつ主体的に関与する（あるいは参加する）という、いわば国民の租税分担手続への自発的関与（参加）原則を基礎とし、そのうえに申告納税制度が位置づけられるといえる[7]。したがって、申告納税制度は、こうした国民の租税負担への自発的関与を前提にして、法原則としても納税者による租税分担への自発的な関与に基づく自主申告原則と自主納付原則から構成されると解することができるというべきである。

　これに従えば、租税の納付・徴収手続は、法原則としては後者の自主納付原則に基づくこととなる。

2 申告納税制度の基礎となる法原則

　しかしながら、申告納税制度の法原則に関しては、従来、これを直接的に論じたものは見当たらないが、申告納税制度の趣旨が自主申告、自主納付を原則とすることは述べられている。例えば、国税通則法に関する最も基本的な文献のひとつは、申告納税制度を「最も民主的な課税方式」と評価をする一方[8]、

6　志場・精解276〜297頁をはじめ、北野・原論202〜203頁、清水・税法265頁、池本・前掲注(1) 36頁以下、特に38〜39頁等を参照。

7　この点について田中・前掲注(3) 199頁が「納税義務の履行を国民自ら進んで遂行すべき義務と観念させることによって、その申告をできるだけ正しいものとし、同時に、その申告行為自体に納税義務の確定の効果を付与することが現代国家における課税方式としてふさわしいものといえよう。」とする指摘は、申告納税制度を前提としたものであり、前段の「納税義務の履行」はもっぱら申告義務を念頭におき自主納付を含まないで述べられたものと思われるが、これに租税の納付を含めば本章に通ずる点が認められるといえよう。

8　志場・精解277頁。

序論　租税の自主納付原則と徴収手続の枠組み

通則法と行政手続法との関係について、特に行政手続法の行政指導の規定（同法35条および36条）を適用除外とした事由として国税の行政指導の特殊性をいくつかあげている。このなかで、それら行政手続法所定の行政指導の規定が適用されれば現行税制の根幹たる申告納税制度を崩壊させるおそれがあるとまで述べて、その行政指導が「自主申告、自主納付を原則とする申告納税制度の趣旨にのっとり、確定納付すべき税額を一番よく知っている納税者に対して適正な申告・納付を促すために行われる」ことをあげ、申告納税の行政指導、いわゆる申告指導の特殊性を述べている[9]。この申告指導が特殊的であるか否かを別にすれば、ここで述べられていることは、申告納税制度の趣旨として、その対象となる収入や支出について、第一次的に、これらを最もよく知っている納税者本人に自主的に税額を算定・申告させ確定させるのが最も適切であり、また納税者自身にその資金事情等を勘案させて自主納付させるのが同じく適切である、とするものといえる。

　いずれにしても、こうした指摘にとどまらず、申告納税制度の射程としては、自主申告のみならず自主納付をも含むことは、これら以外でも一般的に指摘されている。ただし、これまでは、もっぱら自主申告については詳しい説明がなされてきたが、自主納付の方はほとんど説明がなされてこなかった[10]。

3　自主申告原則と自主納付原則

　このような申告納税制度の趣旨や意義に従えば、申告納税制度の法原則についても、基本的に自主申告原則と自主納付原則からなると述べることが許されよう。もっとも、こうした申告納税制度のもとでは自主申告と自主納付が原則

9　志場・精解1004〜1005頁。

10　ただし、志場・精解434〜435頁は次のように説明する。すなわち、国税の納付の方式としては、「行政下命をまたずに自主納付するものと、行政下命をまって納付するものとの二つに大きく分けられる」ので、各国はそのいずれかの方式によるかまたは両者の併用方式による納付がとられるとしたうえで、①申告納税方式、②賦課課税方式、および③特別の手続を要しない方式の各国税の納付について、①の方式では更正・決定により確定した税額も含めて申告により確定した税額と同様に自主納付の方式をとるのに対し、②の方式では賦課決定通知書の送達により確定し税務署長の納付の告知による納付の請求、すなわち納付を命ずる行政下命により、また、③の方式では原則として納付の告知を要しないが、源泉徴収等による国税が自主納付されない時は税務署長の納税の告知による納付の請求によって、それぞれ徴収される、としている。

4

であるとはいっても、租税の申告・納付が任意であることを意味するわけではない[11]。この点、わが国税法は、その申告・納付に関する規定振りをみればわかるように、一般的には、申告については納税者の申告義務として規定し（通35条、個別税法では所120条1項、法74条1項など）、他方、納付については納税義務として規定している（通35条1項、個別税法では所128条、法77条など）。そして、通則法は、この納税者による申告税額に対して法的に「確定」効果を付与することを原則とする[12]一方、租税行政庁にはこの納税者の申告がなかったり税額等に誤りがあるときは、例外的に課税処分による訂正を認めることとしている（通16条1項1号）。

　この納税者の申告税額に対する確定効果は、期限内申告（通17条）はもとより、期限後申告（通18条）、修正申告（通19条）でも認められている[13]。これとともに、これらの申告義務が適正に履行されない場合に、その義務の履行の確保と制度の定着を促進するための特別の経済的負担として、行政制裁たる過少申告加算税や無申告加算税がそれらの申告義務違反の納税者に対して課さ

11　Leandra Lederman and Stephan W. Mazza, *Tax Controversies: Practice and Procedure*, 4th ed., Carolina Academic Press, 2018, at 16. この点は、続いて述べたわが国の申告義務、納付義務の税法規定から明らかなように、わが国でも同様である。ちなみにアメリカでも申告納税（self-assessment）について「むしろ申告納税は、内国歳入庁（IRS）が最初の段階では納税者の納税義務を計算しないということを意味する。……内国歳入法典は、納税者が自分の納税義務を計算し、その納税義務を適切な申告書類に記載した申告書を提出し、その納税義務を特定の期日までに履行すべきことを要求している。」（Lederman and Mazza, *Ibid.* at 16.）とされるのは、わが国の申告納税制度のもとでの租税の申告・納付の手続と基本的に同じである。しかし、カミーラ・E・ワトソン（大柳久幸＝神谷信＝田畑仁＝生永真美子共訳）『アメリカ税務手続法』81頁以下（第5章）（大蔵財務協会、2013年）によると、アメリカでは、「一般的に、申告書は適切な様式により提出され、偽証罪に問われることを承知の上での署名（signed under penalties of perjury）が付され、また、IRSが税額を計算するのに十分な情報を含むことが法律上求められている（[内国歳入法典] §6011(a)参照）。加えて、納税者は、税法上の要件に合致するよう、誠実かつ合理的な努力をしなければならない」（[　]括弧は筆者）とされている点では、若干の違いもあることに注意が必要である。一方、こうした税額の納付は一定の期限までになされなければならないとされているところ、「納期限までに税額納付できない場合、納税者は債務免除の申立て（offer in compromise）を行うか、分割納付合意（installment agreement）に関する協議を試みることができる」が、納期限までに納付されない場合には民事上・刑事上の制裁および経過利子のほか履行遅滞民事罰（delinquency penalties）の賦課もありうるとされている（ワトソン・前掲85〜86頁）。

12　清永・税法228頁はこれを納税義務について納税義務者による「第一次的確定権」または「第一次的判断権」として捉えている。

13　これらに関する詳細は北野・原論203頁以下参照。

れる[14]（通65条以下）こととされている。この加算税制度においては、前記の自主申告をした納税者には、そうでない納税者に対して租税行政庁による課税処分がなされた場合と比べて、有利な取扱いがなされている（通65条5項、66条6項）。このように、税法上、両者の取扱いに差が設けられているのは、その内容等の適否をおくとすれば、制度的には、納税者による自主的申告を基本とする自主申告原則に基づき、合理的・整合的に規定しようとしたものと解することができる。

　これに対し、納税者による税額の納付については、前述のとおり、通則法には一般的に確定した税額の納付義務を定めた規定（通35条）があるにすぎない。この納付義務の規定には、期限内申告書の税額の納付（同条1項）のみならず、期限後申告書の税額（同条2項1号）、更正通知書または決定通知書の税額（同条2項2号）、および各種加算税または重加算税の賦課決定通知書の金額（同条3項）の納付義務がそれぞれ定められている。しかし、そこでは特に納付の法的効果が定められているわけではない。また、税法上、ほかに納付の法的効果を定める規定もない。

　一般的には、租税の納付の法的効果については、納税者が本来納付すべき納税義務に照らしてこれに相当する適正な税額を、基本的には、租税行政庁からの請求をまたずに、自主的に法定納期限までに納付すれば、その自主納付によって当該納税者の納税義務は通常は当然に消滅すると解されている[15]。この意味では、上記のように、通則法が、それなりに自主申告原則に基づいて構成されているのと比べて、徴収法は、自主納付原則に基づいて一貫した形で合理的・整合的に制度的構成がなされているようにはみえない。徴収法は、こうした自主納付原則を基調とするよりはむしろ、全体的基調として、租税徴収に対

14　加算税制度の簡単な説明については北野・原論398頁以下、清永・税法328頁以下、金子・租税法881頁以下等のほか、まとまった研究として、品川芳宣『附帯税の事例研究（第4版）』第5章以下（財経詳報社、2012年）、木村弘之亮『租税過料法』（弘文堂、1991年）、酒井克彦『新しい加算税の実務』（ぎょうせい、2016年）などを参照。

15　金子・租税法868頁、清永・税法265頁、田中・前掲注(3) 232頁等参照。納税義務の消滅原因としては、こうした自主納付のほか、免除や時効による消滅、滞納処分による消滅、還付金の充当による消滅、滞納処分の停止による消滅があげられている（金子・租税法868〜869頁）。特に滞納処分における納税義務の消滅については清永・税法296頁、田中・前掲注(3) 245頁を参照。

②　申告納税制度の内容と納付・徴収手続

する自力執行権と租税に対する一般的優先権を基礎に、税収確保を中心とする規定振りとなっていることは否めない[16]。

徴収法が自主納付原則に基づく一貫した制度的構成になっていないことには、いくつかの要因が考えられる。その要因の一つは、昭和34年の徴収法の改正が昭和37年の通則法の制定に先行して行われたことにあるように思われる。このため、納税者の自主申告によって税額を確定させ、この確定税額を自主納付によって納税義務を消滅させるという、通則法の手続的原則に適合的・整合的に納付・徴収手続を構成することが困難であったのではないか、すなわち申告納税制度の納付・徴収手続面の原則である自主納付原則を基礎にした納付・徴収手続の構成・整備が十分になされなかったのではないか[17]と解される。

これに加えて、もう一つあげれば、上記の徴収法の改正当時は、租税の滞納者に対して租税債権の優先的確保のためには租税行政庁の自力執行権に基づく強制力行使によって対処すべきであるという考え方が強く支配していたこともある[18]と考えられる。この点については本論に必要な範囲で少しく敷衍しておきたい。

この考え方は、通則法35条を、申告納税方式により確定した国税やこれに附帯する加算税の納期限を定めるとともに、「納税者がそれを現実に納付すべきことを命ずる規定である」としたうえで、同条各項につき「それぞれ当該規定自体において直接納税者にその確定した納付すべき税額の納付を命ずるとともに、その下命の内容たる納付すべき税額及びその納期限を規定したものであ

16　吉国・精解18頁以下では、新徴収法がそれに先立って大蔵省に設置された租税徴収制度調査会の議論を踏まえた答申における「租税徴収の確保の要請と私法秩序の尊重の要請とを調整し、その上に合理的な租税徴収制度を樹立する〔る〕」改革提案によって、自力執行権と一般的優先権の制限、合理化等が図られたことが述べられているが、その特別の制度としての性格を大きく変えることまでは果たされなかったことは、その調査会の故我妻榮会長が概括的に記していることから窺うことができる（吉国・精解「序」参照）。

17　現行の通則法は、申告納税制度に基づいて、原則的な規定として租税の期限内申告義務（通17条）の規定とともに租税の納付義務（通35条1項）の規定を定めているが、これらは昭和34年に新徴収法が制定された後に定められたものであるので、新徴収法に何らかの影響を与えることはできなかったといわなければならない。

18　伝統的な徴収法は、次に述べるように督促―差押え―換価―配当という強制力行使の手続を中心として捉えて説明されてきた。これは、租税行政庁および徴収職員の観点が前面に出てこれが強く反映されたものということができ、反対に納税者（滞納者）の観点がその背後に隠れてしまっているものといえる。

7

序論　租税の自主納付原則と徴収手続の枠組み

る」[19] と解している。 ここでは、同規定が納税者に対して「納付すべき税額の納付を命ずる」ものであり、その納付が内容的に「下命」に当たり、その内容を定めた規定であると捉えられている。このように申告納税方式による国税等の「納付」を内容的に「下命」と解する捉え方は、伝統的な行政法における行政行為の分類に由来するといえよう。すなわち、これに従えば、「下命」は、行政庁の意思表示を要素とする法律行為的行政行為に区分され、そのなかの命令的行為としての下命に当たることになる[20]。そして、この下命とは一般に「一般統治権に基づき、人民に対し、作為・不作為・給付・受忍の義務を命ずる行為」をいい、実際の「法律又は命令等では、単に、下命の根拠を定めているだけで、これに基づく具体的な処分をまってはじめて現実に義務を生ずるのが通例である」[21] とされることとなる。

　通則法35条の「納付」義務の規定について述べた前述の見解は、「その下命の内容」という文言のなかの「その下命」が、前段の「直接納税者にその確定した納付すべき税額の納付を命ずる」ことを指していることは明らかであるから、この場合はもちろん行政行為や行政処分としての「下命」を意味するのではなくて、「直接納税者に……税額の納付を命ずる」内容の法規定のことを述べていると解されるのである。このように同規定を「納付を命ずる」ことを内容とする下命の規定として捉える見方は、上記の伝統的な行政法の論理では、租税の納付義務が不履行となる場合は、結局、通則法35条の租税の「納付を命ずる」下命の規定を根拠にして、最終的には、租税行政庁による租税強制徴収処分によって税収の確保を図るべきであるということにならざるを得ない。

　しかし、今日では、後述のように、このような納付の規定に対する伝統的な行政法的見方は、申告納税制度の自主納付原則と整合しないうえに、納税者と

19　志場・精解481頁。

20　田中二郎『行政法総論』295頁、301〜303頁（有斐閣、1957年）、塩野宏『行政法Ⅰ（第4版）』104頁以下（有斐閣、2005年）、藤田宙靖『行政法総論』191頁以下（青林書院、2013年）等参照。なお、行政行為については、例えばそれを法関係形成の基本的形式である契約とは異質の権力的な法行為の概念と捉えたうえで、今日では行政でも契約などの非権力的な行為形式が用いられるなど、その比重の相対的低下が述べられ（室井力編『現代行政法入門(1)(新版第2版)』96〜97頁（法律文化社、1990年））、現代社会における行政による規制の複雑多様化から行政行為の区別の相対化が主張される（塩野・前掲書106〜107頁）などの批判がある。

21　田中・前掲注(20) 302〜303頁。

③ 自主納付原則に基づく納付・徴収手続

の対話による非権力的なアプローチや納税者の手続的権利保障を重視するアプローチとも適合的でないといわなければならない。

このように、申告納税制度の二つの原則のうち、通則法を中心とする具体的な申告手続法制は、制度的には、自主申告原則を基本にして法定されているといえるため、申告納税制度の議論も従来はもっぱらこれを中心に論じられてきたといえる。これに対し、自主納付原則の方は、上記のとおり、納付・徴収手続がこの原則に基づいて適合的・整合的に法制化され整備されているとはいえないため、この手続が申告納税制度の自主納付原則に基づいて議論されることは、これまでなかったといえる。

申告納税制度が、このように自主的申告と自主的納付の二つの原則からなっているといっても、それらは法的には各納税者による申告義務と納付義務として構成されていることから、ここでの納税者の自主的納付の問題も、一般的には、各国において、申告義務とともに納税者の税法遵守または自発的税法遵守（(tax) compliance, voluntary compliance）として広く活発に議論されている[22]。この点については、納税者の税法遵守に関連して比較法的観点から簡単に後述する（後述④を参照）。

③ 自主納付原則に基づく納付・徴収手続

1 伝統的な納付・徴収手続

第二次大戦後にすぐに申告納税制度が採用されたにもかかわらず、今日まで、納付・徴収手続のうち、とくに徴収手続は強制徴収を前面に出して論じる傾向が一般的であった。このため、滞納者に対する納付・徴収手続は、基本的に強制徴収手続（滞納処分手続）を中心とする次のような手続として論じられてきた[23]。

---

22 Lederman and Mazza, *Ibid*, at 16.

23 これまでの教科書や徴収法の解説書等はすべてそのような捉え方を前提にして説明がなされているといえる。例えば金子・租税法は、第3編の租税手続法の中の第3章を租税徴収手続(1)、第4章を租税手続法(2)とし、前者を「納付と徴収」、後者を「滞納処分」とそれぞれ分けて構成しているのは、自主納付手続と滞納処分手続とを区分しようとする試みとみてとれないこともないが、後者の滞納処分の最後に「滞納処分の緩和」として換価の猶予と滞納処分の停止を記述して

序論　租税の自主納付原則と徴収手続の枠組み

自主納付―督促―差押え―換価―配当

そして、従来は、これがあたかも租税の納付・徴収手続の原則的な手続である
かのように述べられてきた。こうした捉え方のうち、租税の自主納付は、法定
納期限を過ぎて滞納状態になったとしても、納税者による自主的納付手続に当
たるのに対し、その後の督促、差押え、換価および配当はこれとは異なる租税
行政庁の徴収権限に基づく強制徴収処分手続に当たるので、これらは二つの異
なった手続が接合されたものといえる。

　確かに納税者による自主納付の方策が尽きたときに、このような強制徴収手
続がとられる場合があることは否定できない。しかし、その場合でも、例えば、
事情によっては、納税者には納付しようにも資金がなくて納付できない、また
適当な差押可能な財産すらそもそもないような場合もある。このような場合が
むしろ、通例は相対的に多いようにもみえる。このことからすると、前述のよ
うな説明の仕方は、納税者の自主納付手続と租税行政庁の滞納処分手続という、
二つの異なった手続を一緒にして、あたかも一つの納付・徴収手続であるかの
ように取り扱っていることとなる[24]。このような見方は、租税行政庁からは正
にその租税の徴収行政上は適切で便宜なものといえるのかも知れない。しかし、
納税者（国民）からすると、これには大きな違和感があるといえるだろう。ま
して、申告納税制度の自主納付原則が納税者の自発性を基礎としていることか
らすれば、このこととも整合的とはいえない。

2　自主納付原則に基づく納付・徴収手続の構成

　現行の徴収法のもとにおいても、納税者による自主納付の方策が尽きたとき
に対しては、強制徴収手続とともに、納税者側の対応手続として換価の猶予と
滞納処分の停止が規定されている。よく考えてみると、これらの制度について

　いる点では必ずしも首尾一貫的とはいえないように思われる。

24　このような見方をしたとしても、租税の自主申告によって確定した税額を無事に自主納付できた
　　場合にはそれが適切である限り当該納税者の納税義務が消滅することになるが、このような自主
　　納付ができない事情がある納税者の場合には、その事情に合った納付措置または納付緩和措置も
　　しくは納付の打切措置などの手続が一方ではあり、他方では、このような手続に基づいて処理で
　　きない場合に強制徴収手続によることができる、といったように、少なくとも、二つの手続が併
　　行して存在することの説明がなされるべきであるように思われる。

も、自主申告の論拠として「課税の前提となる事実を最もよく熟知している納税義務者の協力」を得るのが最も適切である[25]と述べられているところが、その「納税義務者」を「滞納者」に置き換えれば、それらの換価の猶予や滞納処分の停止の論拠としてそのまま妥当するように思われる。すなわち、納税者による自主納付の方策が尽きた場合であっても、一般的には、制度的にいきなり租税行政庁による強制徴収手続がとられなければならないとされているのではないのであるから、可能な限り、滞納の事情をよく承知している滞納者自身の自発的な協力を基礎にして滞納処理を行うことができるはずであり、またこのような滞納処理を行った方が申告納税制度の趣旨に適合しているといえる。そして、その場合に、まずもって、自発的な申請による換価の猶予や滞納処分の停止（これはまだ職権によるもののみ）が認められてもよいはずである。この意味で、後述する申請による換価の猶予制度が近年設けられたことは、制度的には、こうした制度整備の方向に整合するものといえるだろう。また、そのことが、結果的には租税行政庁の滞納処理行政における徴税費の軽減や効率性に資するのではないかとも考えられる。

　ところで、申告納税制度が、租税の納付については、直接的には自主納付に基づく手続を原則としていることはすでにみたとおりである。このように、申告納税制度がその前提として納税者の自発性を基礎にしていることからすると、多くの「誠実な意思」を有する滞納者、すなわち租税の納付意欲のある滞納者が、その自主納付の方策が困難になりまたは尽きたときは、法的には、まずはその者が、その事情および資金や財産等の事情について、自発的な申請等を行うことによってその処理が行われるようにすべきであると解するのが、むしろ適合的・整合的であるとみることができるであろう。このことを踏まえたうえで、納税者の自主納付原則および自主的協力を基礎にして改めて現行徴収法をみると、納税者（滞納者）を中心とした納付・徴収手続の構成は、基本的には次のように考えることができる。

自主納付―換価の猶予―滞納処分の停止

　そして、申告納税制度のもとにおいてはこうした納付・滞納処理手続が原則となるべきであって、租税行政庁による強制徴収手続は例外的なものとして併

25　志場・精解 277 頁。

序論　租税の自主納付原則と徴収手続の枠組み

存することになる、とするのがむしろ適切であるというべきである。

3　徴収法と自主納付原則に基づく納付・徴収手続

　この場合において、滞納者に対する自主納付の手続段階は、従来の租税行政庁の徴収手続でも同じであるが、その後の手続段階は大きく異なる。そして、租税行政庁による強制徴収手続である**督促─差押え─換価─配当**ではなくて**換価の猶予─滞納処分の停止**が適用されるのは、納税者の租税の納付・徴収手続に対する態度や滞納の事情等によるといえる。

　徴収法上、換価の猶予は、滞納者が納付につき「誠実な意思」を有すること、かつ、当該納税者の財産につき換価により事業の継続または生活の維持を困難にするか、換価の猶予の方が直ちに換価するよりも徴収上有利であること、を要件[26]として認められる（徴151条）。一方、滞納処分の停止は、最終的に滞納者（家族）の生活を窮迫させるおそれがあることや、執行対象財産等が不明であることなどによって認められる（徴153条）。

　この場合、納税者が納付すべき租税を滞納するのは、通例、さまざまな事情に基因すると考えられるので、とくに滞納の事情が重要である。第1に、こうした滞納の事情としては、例えば災害等の不可抗力によるもの、国際的・国内的な経済的不況によるもの、政府の政策変更等によるもの、個人または家族の深刻な傷病によるものなど、非常に広範で多様な事情があげられる[27]。それゆえ、まずは自主納付の段階では、このような事情にあわせて納税者が納付できるように、延納、分割納付といった租税の納付条件に対する便宜的措置が柔軟に認められることが必要になる。

　しかし、第2に、こうした納付の便宜的措置が認められるだけでは滞納問題の解決ができない場合があることも確かである。滞納者の事情は多様であるため、近い将来には少額ずつの納付しか見込めない場合もあれば、将来的にまったく納付の見込みがつかない納付困難といえる場合もある。これらの多様な納

26　換価の猶予の要件については吉国・精解926頁以下を参照。

27　これらの事情のうち、災害等の予期しない不可抗力による事情の場合の納税緩和措置としては、納税の猶予（通46条）や税法以外の措置として災害減免法による措置が存在する。納税の猶予については、志場・精解545頁以下を参照。

税者の滞納の事情を踏まえて、申告納税制度を基礎づける納税者の自発性と自主納付原則に基づいて、現行徴収法のもとで滞納者を中心とした納付・徴収手続の構成が考えられなければならない。

4 申請による換価の猶予と申請による滞納処分の停止

こうした観点から、特に注目されるのは、換価の猶予と滞納処分の停止である。換価の猶予は従来、租税行政庁の職権による制度しか認められていなかったが、平成26年税制改正で、納税の猶予（通46条1項、46条の2）とともに、納税者の申請による制度（徴151条の2）が認められた。このように、換価の猶予制度に納税者の「申請」によるものが認められたことは、改正の立案担当者が意識していたと否とにかかわらず、少なくとも納税者の自発性に沿った納付・徴収手続的構成の方向への改正であるとみることができる。さらにいえば、この改正によって、申請型の換価の猶予制度は、その適用実態からみても[28]、滞納処分手続における納税者の権利保障としての制度的措置として重要な機能を果たしていると評価すべきであろう。

しかしながら、滞納処分の停止制度は上記の改正の対象とはされなかった。したがって、これはなお、従来どおり、徴収処分庁の職権によるものしか認められていない。

この点で、滞納処分の停止制度は、申告納税制度における納税者の自発性を基礎とする自主納付原則に則した制度とは言い難い。もとより、租税は、国または地方団体の財政収入の大宗をなす点では公益性が強く、その徴収の確実性が要求されるものであることはいうまでもないが、「その追及に急のあまり、人民の生業ないし生活の破綻を来たすことは防止されなければならない」[29]こともまた、言をまたない。したがって、従来においても、滞納処分の停止制度

28　この点、角谷啓一「新しい猶予制度の実効性上・下」税理士新聞1548号・1549号（2017）には、情報公開請求に基づいて入手した換価の猶予の適用実態について興味ある事実が紹介されている。これによれば、換価の猶予の改正前後の平成25年度と同27年度におけるその処理件数として、職権型が25年では5,743件、27年では21,412件であるのに対し、申請型がその導入年度の27年では24,846件であり、したがって27年では両者の件数が合計46,258件となり、25年と比べて8.05倍の増加となっている。

29　田中・前掲注(3) 246〜247頁。

序論　租税の自主納付原則と徴収手続の枠組み

は、こうした生業ないし生活の破綻を避けるため、「これが調整策としての納税義務緩和措置の一環として設けられた制度であって、これは、その限度で、租税債権の放棄を認めたものである」[30]としてその制度的重要性が指摘されていた。

申告納税制度の観点からは、こうした指摘とともに、近年における納税者の権利保障の世界的趨勢等を踏まえると、この滞納処分の停止についても、申請に基づくものが認められる必要がある。こうした改正が行われれば、滞納処分の停止制度は、申請に対する審査基準等の制定・公開の問題をおくとすれば、手続的には、申告納税制度の自主納付原則の趣旨に沿った、納税者の自発性に基づく首尾一貫した制度としての形態を整えることになる。その意味で、早急にこうした法改正が求められる。

④ 納付・強制徴収手続の比較法的検討

比較的に近年において租税の納付・強制徴収手続がどのような考え方に基づいて整備・執行されているかについて、ここでごく簡単に比較法的にみておくことが有益である。比較法的には、租税の納付・強制徴収に最も大きな影響を与えたものとして、規制理論（regulation theory）に基づく応答による規制方式（responsive regulation approach）があげられる[31]。

30　田中・前掲注(3) 247 頁。

31　応答による規制（responsive regulation, 邦訳では「応答的規制」が多い。）については差しあたり Valerie Braithwaite, Kristina Murphy and Monika Reinhart, Taxation Threat, Motivational Postures, and Resposive Regulation, 29 LAW & POLICY（No.1) 137 (2007), Robert Balwin and Julia Black, Really Responsive Regulation, 71 The Modern Law Rev. 59 (2009) を参照。この応答による規制について、例えば、Martina Hartner, Silvia Rechberger, Erich Kirchler, and Alfred Schabmann, Procedual Fairness and Tax Compliance, 38 Economic Analysis & Policy, N.1, 137 (2008) によると、この方式は、コンプライアンスを確保するさまざまな手段を統合し、税務当局が、いつ制裁するかといつ説得するかを選ぶことによって、その規制活動を納税者の行為に応じて調整することを必要とするものであるとし、その理論的枠組みとして手続的正義および動機となる態度があげられている。

　　この応答による規制は、わが国では応答的規制としていくつかの法領域で紹介・議論されているが、法的文献は多くない。さしあたり、税法では宮崎綾望「現代税務行政の課題と理論―オーストラリアにおける応答的規制理論を中心に」同志社法学 67 巻 2 号 141 頁以下（2015 年）、および東屋敷祥世「オーストラリアにおける税制と税務行政」税大ジャーナル 14 号 157 頁、172

これによると、規制者は被規制当事者に対しても特定の文脈に対しても応答的であるべきであって、さまざまな状況において創意工夫に富む規制手法をもつようにすべきである。応答による規制は、あらゆる状況に適用可能な枠組み（one-size-fits all framework）からはずれる規制の手段や方式を提案し、理想的には、被規制者による自主的な税法遵守をさせるようにする[32]。このような応答による規制方式は、より簡潔に、次のようなものとして紹介されている。

「規制者が、被規制者との関係を敵対的なやり方で始めることで、得るものがないと同時に失うものが多いということが、この応答による規制の重要な考え方である。政府による敵対的で礼儀を欠く対処は、私的な当事者の、自主的に従おうとする傾向を損ない（または無視し）、被規制者に自分の意向に固執するように強いることになる。協力的で問題解決的な強制は等しく民間当事者にとっても政府にとっても常に安上がりであるので、応答による規制の主張者は、規制者と被規制者の各々の関係は丁重で、協力的に始めるべきである、と主張する。仮に、特定の被規制者がこうした働きかけに応じないときは、規制者は徐々に不利益的な強制を強める方へ切り替えることになろう。ベルベットの手袋の中の鋼鉄の握り拳という比喩がこの戦略を適切に表現する。」[33]

結局、「ベルベットの手袋は、納税者が協力する限りでのみ、鋼鉄の握り拳を覆すことになろう。

不利益的な強制への切替えは、税法遵守体制では常に用いられることがあるので、礼儀正しい調査は（税法遵守体制に隠れたゲームマニアとなりがちで

頁（2015年）、法理論では長谷部恭男「『応答的規制』と『法の支配』」法律時報70巻10号75頁（1998年）、および松尾陽「規制形態論への前哨―規制の分散化と規制作用の生態的分析」近畿大学法学60巻1号110頁、151頁以下（2012年）を、また消費者法ではルーク・ノッテジ（新堂明子訳）「応答的規制と消費者製品の安全性」新世代法政策学研究（北海道大学法政策学センター）13号211頁（2011年）、また、刑事法では加藤直隆「企業の刑事責任論をめぐって―応答的規制と修復的司法へ」國士舘法學36号37頁（2004年）などを参照。それらのうち、応答的規制理論の概要については加藤・前掲56頁以下、またその概要と税務行政論については宮崎・前掲143頁以下を参照。

32 Leigh Osofsky, Some Realism about Responsive Tax Administration, 66 Tax L. Rev. 121 (2012).

33 Alex Raskolnikov, Revealing Choices: Using Taxpayer Choice to Target Tax Enforcement, 109 Colum. L. Rev.689, 735（2009）.

序論　租税の自主納付原則と徴収手続の枠組み

ある）非協力的な納税者にも依然として確実に有効である。」[34]

　伝統的な強制方式と異なって、これは、最終的に強制力を行使することを留保しながらも、可能な限り被規制者とは応答により合意された枠組みによって問題を解決しようとする、よりソフトな方式を中心とする問題解決方法といえる。

　税務行政におけるこのような規制方式に触発されて、OECD 租税委員会（Committee on Fiscal Affairs, CFA）の租税行政フォラム（the Forum on Tax Administration, FTA）も、2013 年に、その 2008 年報告書（税務仲介者の役割についての検討）の公表以後における企業と税務行政機関において起こった変化とともに、協力的税法遵守の概念（the concept of co-operative compliance）の適用情勢を検討した報告書（2013 年報告書）を発表した[35]。この報告書では、「協力的税法遵守プログラムは、企業と税務行政機関との間における協力と信頼に基づく関係を自発的な基礎に立って樹立するためのものものである」としたうえで、この協力的税法遵守プログラムが税務行政に対しても参加する大企業に

34　Raskolnikov, *Ibid. at* 736 ～ 737.

35　OECD（2016）, *Co-operative Tax Compliance: Building Better Tax Control Frameworks*, OECD Publishing, Paris, 10. OECD 租税委員会の FTA は 2013 年報告書で「協力的コンプライアンス」を提唱したが、この OECD 報告書の詳しい紹介と主な論点の検討については増井良啓「OECD, Co-operative Compliance: A Framework: From Enhanced Relationship to Co-operative Compliance（2013）」（海外論文紹介）租税研究 783 号 334 頁以下（2015 年）を、同じくその詳しい紹介とともにわが国で実施した場合における法の下の平等または法律による行政の原理に関する法的問題を述べた論考として、宮崎綾望「租税行政の国際的動向―協力的コンプライアンス（Co-operative Compliance）の意義と課題」一橋法学 14 巻 2 号 495 頁（2015 年）をそれぞれ参照。後者によると、OECD 租税委員会の FTA は、その 2008 年報告書では、特に税務仲介者（会計事務所・法律事務所等の専門家、金融機関・大企業の税務部門の専門家）に焦点を当てて積極的租税回避に対する対応を分析検討したうえで、税務仲介者よりも税務戦略の意思決定を行う大企業の経営陣の役割が大きいと結論づけ、これに基づいて大企業と租税行政機関との協力と信頼に基づく関係を確立することの重要性を勧告し、このような関係を、納税者と租税行政機関との「基本的関係」に対して「高められた関係」（enhanced relationship）としてとらえた（宮崎・前掲 497 ～ 498 頁）。しかし、その以降において、協力的コンプライアンスの概念の適用の進展や、企業や経済の環境で起こった変化をじっくり検討して 2013 年報告書がとりまとめられ（OECD（2016）, *Ibid.* at 10）、そうした検討によって 2013 年報告の「協力的コンプライアンス」の概念が採用されることになったといえる。この協力的コンプライアンスがわが国でも納税者とのコミュニケーションの維持・向上として税務行政の中期的課題とされていること（徴収手続を含むかは不明）が、国税庁長官による 2013 年の講演で述べられている（板垣光隆「最近の税務行政の現状と課題について」租税研究 773 号 7 頁（2014 年）参照）。

対してももたらすことがある利点が述べられた[36]。

　このような方式の滞納処理への適用については、例えばアメリカでは、内国歳入庁（IRS）改革に関する1990年代末期の連邦議会の公聴会が示すように、税法の厳しい強制は不人気なものとされたため、「IRS改革法が審議され最終的に制定されるまでの間には、一つの見方として、強制は税法遵守を促すために使用される主要なメカニズムである必要がないとするものがあった。つまり、よりソフトでサービス志向のアプローチが多分同じ程度かそれ以上に有効であるかもしれないとするものがあった。」[37]　そして、このような考え方にしたがって、IRSは、大企業に対しては、協力による課税規制の方向へ転換し、税法遵守保証プログラム（Compliance Assurance Program, CAP）を、パイロット・プログラムとして2005年に開始した。IRSは、この保証プログラムについて、既存の申請者には再申請が認められるが新規の申請者には応じないことになると発表している[38]。ただし、アメリカではこの保証プログラムの当否については、その後においても、納税者の税法遵守に関する検討のなかで議論が続いている[39]。

　一方、このような応答による規制方式を租税の納付・徴収手続へ導入した先駆として、オーストラリア国税庁（Australian Tax Office, ATO）があげられる[40]。ATOは、1997年に、規制理論、規制方法および規制実務に関する研究者の研

36　OECD（2016）, *Ibid.* at 10.

37　Lederman and Mazza, *Ibid.* at 123.

38　IRS, IRS continues Comprehensive Assessment of the CAP Program, IRS HPによる（https://www.irs.gov/businesses/corporations/irs-continues-comprehensive-assessment-of-the-cap-program）。これによると、CAPは2005年に17法人納税者ではじめたが、現在では174社になっているとされている。

39　このプログラムに積極的なものとして例えばLeslie Book, Refund Anticipation Loans and the Tax Gap, 20 Stan. L. & Polic Rev. 85, 113n.166 (2009), Dennis J. Ventry, Jr., Cooperative Tax Regulation, 41 Conn. L. Rev. 431, 465-466 (2008) などがあげられ、他方、これに批判的なものとして例えばLeigh Osofsky, *Ibid.* at 121, 140 などが差しあたりあげられる。また、フランスでもこのアメリカの法人に対するプログラムと類似のものが2013年7月から試行されていることの紹介として梅原秀明「フランス税務行政の概要と最近の取組」税大ジャーナル28号・214頁以下、さらに、わが国でもに似たようなことが企業に対する税務行政の将来的検討課題となっていることについて稲垣・前掲注(35) 8-9頁参照。

40　Lederman and Mazza, *Ibid.* at 123. このATOのresponsive regulationによるコンプライアンスモデルの紹介として東屋敷・前掲注(31) 172頁以下参照。

序論　租税の自主納付原則と徴収手続の枠組み

究を被規制者の動機づけと結合させて税法遵守モデルを開発し導入した。この税法遵守モデルの目標は、納税者の行動の理解、社会との協力関係の構築、税法遵守の奨励と支援、一連の制裁の導入、厳格な対応、および両当事者にとってあまりにも多額の費用がかかりすぎる前に争いが和解されるように納税者に周知させること、手続的不公正に対する時間のかかる苦情処理の軽減、ならびに納税者権利憲章の実施にあるとされている[41]。このオーストラリアのモデルは、ニュージーランドで導入（2001 年）され、さらには、東チモール国連暫定統治機構（the United Nations Transitional Administration East Timor）でもこのモデルが採用され職員訓練が行われたことが紹介されている[42]。

　このような租税行政の傾向は、租税の納付・徴収手続については税法遵守の問題の一部として活発な議論が続けられているが、この段階ではひとまず次のような総括的な指摘を示しておくことが適当であろう[43]。

　「租税を徴収することにつき最も費用的に効率的な手段は、税法に対する国民の自発的な税法令遵守によるものである。強制行為が必要とされればされるほど、税制の執行がますます高くつく。納税者が自発的にその納税責任を遵守するように促すためには、租税行政は、納税者がその納税責任を理解するのを支援することが重要である。これは、電話、書面及び面談によって若しくはウェッブサイトの技術又はメールを使用することによって、若しくは納税者教育活動を通してなされうる。税務行政が納税者に指針を与えるための手続きや過程を設定することも不可欠である。」

　「また、納税者の側では、租税行政が納税者の権利を尊重し、かつ、高潔（integrity）の原則と誠実（truth）の原則に基づいて執行されているという確信が、自主的な税法遵守の観念にとって不可欠である。税制に信頼をえるためには、税制が公正に執行される公平な制度であると、国民が確信する必要がある。こうした理由から、税務行政が税法に関する顧客サービスと公平な

41　Jenny Job, Andrew Stout and Rachael Smith, Culture Change in Three Taxation Administration: From Command-and-Control to Responsive Regulation, 29 Law & Policy, No.1 (2007) at 90.

42　Job, Stout and Smith, *Ibid.* at 90-92.

43　Matthijs Alink and Victor van Kommer, *Handbook on Tax Administration* (second revised edition), IBFD, 2016 pp167-168.

強制の適切な組合せをもたらすことが重要である。」

「歳入調達を過度に強調しすぎて顧客サービス及び納税者の権利を軽んじることは、租税行政の責任を適切に果たす能力に対する、国民の側の信頼の欠如を招くことがある。税法を執行する租税行政の信頼の欠如はまた、自発的な税法遵守の水準を引き下げることがある。」

これは、租税徴収の最も効率的な手段が納税者の自主的税法遵守であるとし、このためには租税行政による納税者支援、租税行政の側の納税者の権利の尊重と高潔の原則[44]や誠実の原理に基づく執行が重要であることを述べている。これらのことは租税の納付・徴収手続においても異なるものではないといえるだろう。

⑤ 自主納付を基本とする納付・徴収手続の合理性

上述したわが国の自主納付を基本とする租税の納付・徴収手続は、従来の納付・徴収手続の捉え方とは大きく異なっている。しかし、上記の比較法によって簡単に示したところによっても明らかなように、それを根拠のない見方または解釈として一蹴することはできないといえよう。この点を踏まえて、この問題に関連して、以下、3点を指摘しておくことにしたい。

第1点は、申告納税制度は、前述のように、租税につきまったく任意の申告、まったく任意の納付を意味するわけではなく、それは、法的にはむしろ、申告義務、納付義務として規定されている。そのため、申告納税制度がしばしば自主的な税法遵守（voluntary compliance）として活発に議論されている。この議

---

44 ここでは principle of integrity を行政学上の行政の人事管理における高潔の原則と訳出するが、これは同じく行政組織では統合の原理とされ、さらに注意すべきは、近年では、ロナルド・ドゥウォーキンによって、princeple of integrity は「純一性」（または統合）の原理という法的原理として用いられ（同（小林公訳）『法の帝国』第6章（純一性）、第7章（法における純一性）（未来社、1995年））、この原理は、アメリカでは、とくに正義の原理と公正の原理との間の抵触を調整する手段として税法または租税立法上議論されている（See, e.g., Andrea Monroe, Integrity in Taxation: Rethinking Partnership Tax, 64 Ala. L. Rev. 289, 323-26 (2012), Marjorie E. Kornhauser, Choosing a Tax Rate Structure in the Face of Disagreement, 52 UCLA L. Rev. 1697, 1701-07 (2005))。なお、ドゥウォーキンの解釈的法理論の簡単な紹介については森村進『法哲学講義』186頁以下（筑摩書房、2015年）参照。

序論　租税の自主納付原則と徴収手続の枠組み

論のもとでは納税者の納付・徴収手続の問題もこのような納税者の自主的な税法遵守の問題の一部として捉えられるべきである。租税の納付・徴収をこのような税法遵守の問題として捉えた場合には、そこで遵守されるべき対象となる税法令自体の複雑さが問題となる。つまり現代の複雑な税法令を制定し、それを納税者に対する自主的な税法遵守として一方的に押しつけることの不合理さが、さらに問題とされるべきである。

　この問題については、他方では、そのような納税者の自主的な税法遵守における、租税行政庁の役割や責任を考える必要が大きくなってきている。これによると、こうした現代の複雑な税法については、その執行責任を負っている租税行政庁にも納税者の自主的な税法令遵守の責任の一半があり、したがって、租税行政庁は、その業務の比重を、租税の賦課徴収処分等から、その複雑な税法令について、平均的な国民にもわかるように平明な説明のためにインターネットその他による広報、申告・納付等の丁寧な指導、納税者の課税事案に対する最良の解決方法について専門的職員による税務相談等といった、いわば申告納税制度における納税者への支援等のサービス的な業務に移して、納税者の権利を尊重し、礼儀正しく丁寧に対応すべきである[45]とされることになる。そ

45　このことについては、アメリカでも、伝統的に税法を遵守しない納税者に対しては強制が用いられてきたのであるが、1998 年の IRS 改革法の制定がこれに対する大改革をもたらし、より親切でより丁重な IRS へ改正された。これは、正に強制によるよりも、納税者に対する応答性が大きければ大きいほどますます大きな租税徴収を可能にする、という理論的考え方に基づくものであるが、このようなより親切でより丁重な IRS の役割が納税者の税法遵守義務の文脈のなかで議論され、専門家によって IRS の納税者サービスや手続的公平が提示された。そして、これらは、二つの異なるが関連する概念であるが、前者の IRS の納税者サービスは納税者が税法を遵守するのを支援することにあり、後者の手続的公平は適正手続や取扱いの公平性といった問題に関係するとされている（以上については、Leandra Lederman, Tax Compliance and Reformed IRS, 51 U. Kan. L. Rev. 971, 990 ～ 992 を参照）。さらに、従来の IRS の税務行政の費用のかけ方に対するもっと辛辣な批判として例えば次のものがある。「明らかに、IRS と納税者との間のもっとも頻繁な相互接触関係は、納税者が、4 月 15 日に見受けられる『自由に利用する仕方も分からずに、手続を進めることにかかる不条理な費用（［t］he Kafkaesque costs）』のことで苦労した後でなされるにすぎない。こうした申告後の相互接触関係は、典型的には、問題の納税者が税法に違反していると IRS が信じる理由のある時にのみ、行われる。こうした相互接触関係は通例、敵対的で対決的であり、しかも、この関係が IRS の年次総予算の 3 分の 2 を消費する。IRS との実際に起こる又は懸念される対立関係の結果として、国民は、IRS を、自分たちが利用したいと思うある種の現実的なサービス提供者とは大きく異なるものとして見る傾向がある」(Joshua D. Rosenberg, A Helpful and Efficient IRS: Some Simple and Powerful Suggestions, 88 Ky. L. J. 33, 39 ～ 40 (1999))。

して、この点は租税の納付およびその延長線上の滞納の処理にあたっても変わるものではない。

この点、冒頭に示した申告納税制度に対する国税庁の見解が租税の納付・徴収手続にも及ぶとすれば、ここで述べたことと同じ方向が方針として打ち出されている[46]とみることができる。

第2点として、比較法的にみても、納税者（滞納者）に対する租税行政庁の対応の仕方が、変化しつつあるといわなければならない。特にここで取り上げた租税の納付・徴収手続については、応答による規制方法（responsive regulation approach）と呼ばれるものが、徐々に伝統的な強制的方法（命令的規制方法）に取って代わって、法的にまたは事実上、原則的な方法になろうとする傾向も現れている。これは、前述したところと同様に、租税の納付・徴収手続においても、原則として納税者（滞納者）と対話的または協力的に租税の納付・徴収問題の処理を進めようとする方向である[47]。その意味で、これは納付・滞納問題に対する非強制的またはソフトな処理方法であり、従前の強制的な方法は真に必要な事案に対してだけ適用する例外的なものとされることになる。すでにオーストラリアの国税庁がこうした応答的方法を租税徴収手続に導入していることは前に示したとおりである[48]。これに対して、OECD租税委員会のFTAによる報告書では、「協力的税法遵守プログラム」が勧告され、大企業、特に多国籍企業などの積極的租税回避への対応として、部分的に導入することの有効性が述べられている[49]。また、アメリカのように、一方では、大企業に対して協力的税法遵守プログラムを取り入れながら、他方では、納税者に対する徴収手続上の権利保障措置を講じることによって対応するという行き方もみられる[50]。

したがって、ここで論じたような納税者（滞納者）を中心とする自主納付手

46　例えば、稲垣・前掲注(39) 6～9頁が税務調査について「調査（Enforcement）と、調査以外の手法による納税者の方々とのコミュニケーション（Cooperative Compliance）をバランスを考えながら行い、全体として納税者の方々のコンプライアンスを高めていこうとする」方向性を述べているのが注目される。

47　本章4を参照。

48　Job, Stout and Smith, *Ibid*. at 90-92.

49　宮崎・前掲注(35) を参照。

50　Lederman and Mazza, *Ibid*, at 123.

続は、内容的には国によって異なるといえるが、先進諸国を中心に応答による規制方法が部分的にあるいは全面的に徐々に採用されつつあるようにもみえる。例えば、前に紹介した申請による納税の猶予や申請による換価の猶予等といった通則法および徴収法の改正は、租税の納付・徴収手続としてはわが国における租税の自主納付の原則に整合するものであるといえるし、また、非常に遅れているが、前述の先進国の行き方に符合するものといえる。

　最後に、自主納付を基本とする租税の納付・徴収手続には二つの合理性があることが指摘できる。一つは徴税コストの軽減や租税徴収事務の効率化である。伝統的な租税の強制的徴収手続は滞納租税を各手続段階に応じて適法に進める必要があるので、徴収職員はあまり多くの事案を扱うことができず、また処理には多大な時間を要する。したがって、それは一般的には非効率的であり、徴税コストもかかる手続といえる。これに対し、自主納付原則に基づく租税の納付・徴収手続の場合には、通例、納税者から必要事項を記載した申請書類が提出されることになるので、その審査が中心となる。その際に問題があると認められる事案についてだけ、面談、相談等または調査等を行って確認すればよいことになる。したがって、基本的には自主申告の場合における申告書の処理および特定の納税者に対する対応（調査や課税処分）と類似することになるといえるので、効率的であり徴税コストもかさまないであろう[51]。

　また、このような自主納付を基本とする租税の納付・徴収手続の方が、従前とは大きく変容した社会とそこにおける国民意識の変化に対して適合的であるという点も、指摘しなければならない。対租税行政庁との関係や国民の権利意識等については、今日では、従前と比べようがないほどに大きな変化があると

51　この点について、例えば Alink and Victor van Kommer, *Ibid.* at 167 は、一般的に租税行政においては、国民の自主的な税法遵守による方が租税行政庁の強制行為による租税徴収よりも費用がかからないとしている。また、OECD は、「協力的税法遵守プログラム」について、多国籍企業にこれを適用することが、企業にも、租税行政機関、ひいては社会全体にも、双方に利益的であるとし、有効であるとしている（OECD (2016), *Ibid.* at 11）。この点について、宮崎・前掲注(35) 499〜503 頁では、OECD の 2013 年報告書で提唱された「協力的コンプライアンス」について、租税回避への対応、コンプライアンス・リスク管理、租税情報の収集および予測可能性の付与の各論点を取り上げて検討し、その意義を明らかにしているが、これによれば、協力的コンプライアンスについてこれを適用される企業に利益があるだけでなく、租税行政にもその効率化等において大きな意義があることが述べられている。

5 自主納付を基本とする納付・徴収手続の合理性

いえよう。こうした国民の権利意識等の点からも、申告納税制度の自発性を基礎とする自主納付原則に基づく租税の納付・徴収手続は合理的であり、適合的であるといえる。

第1章 総 論

1 国税徴収法の概要

1 徴収法の目的

　国税徴収法は、所得税法その他の国税に関する法律（国税通則法を除く）の規定により確定した国税（関税、とん税および特別とん税を除く）が法定納期限までに納付されず滞納となった場合に、その滞納税額を強制的に徴収することを目的とする。この点、徴収法1条（目的）は、「この法律は、国税の滞納処分その他の徴収に関する手続の執行について必要な事項を定め、私法秩序との調整を図りつつ、国民の納税義務の適正な実現を通じて国税収入を確保することを目的とする。」と規定している。つまり、徴収法1条において、①私法秩序との調整、②納税義務の適正な実現、③国税収入の確保の三つが徴収法の目的であることが明らかにされている[1]。

2 徴収法の特徴

(1) 私法秩序との調整

　滞納者に対する債権には滞納国税だけではなく、質権・抵当権・先取特権・留置権等の第三者の権利もあるので、これらの第三者の権利と国税債権との優劣について、徴収法15条から22条でどちらを優先させるかの調整がなされている。

(2) 納税義務の適正な実現

　租税回避を目的とした一定の者への資産の譲渡に対して、その一定の者を第二次納税義務者とする制度（徴32条〜39条、41条）、滞納者の生活を守るため

1　吉国・精解100頁。

第1章　総　論

の差押禁止財産の規定（徴75条～78条）等が、徴収の公正を確保し、または納税者の地位を合理的に保護するために規定されている[2]。

(3) 国税収入の確保

徴収法は、国税収入を確保するため、実体的な面で国税の優先権（徴8条～14条）、手続的な面で自力執行権（徴47条～147条）を認めている[3]。これは、国税収入が国庫に入らなければ「健全な国家活動に重大な支障を来すことは自明の理」[4]であり、健全な国家活動を行うためには、この法律により滞納税額を徴収し、国税収入を確保することが必要となるからである。

(ⅰ) 国税の優先権

徴収法8条（国税優先の原則）は、「国税は、納税者の総財産について、この章に別段の定がある場合を除き、すべての公課その他の債権に先だつて徴収する」と規定する。この規定は、原則として国税は、すべての公課その他の債権に優先して徴収されることを明らかにしたものである。国税の徴収に優先権が与えられている趣旨は**図表1-1**を参照されたい。

ただし、この国税優先の原則には、強制換価手続が行われ、これに国税が交付要求をした場合等いくつかの例外がある[5]。

(ⅱ) 自力執行権

自力執行権とは、租税について「任意の履行がない場合に自らの手で強制的

図表 1-1　国税の徴収に優先権が与えられている趣旨

国税の重要性	国税は、国家の財政収入の大部分を占め国家の活動の基礎をなすものであること（国税の共益費用性）から、国税の徴収は、国家の財政力を確保するうえで最も重要性を有するものであること。
国税の特殊性	国税は、法律に基づいて一律に成立するものであり、債務者の選定や債権の内容について債権者が自由に選択できる私債権とは根本的に異なること（国税の無選択制）、国税は直接的には何らの反対給付なしに成立するものであり、原則として反対給付を前提に成立する私債権と異なること（国税の無対価性）から、私債権に比べて履行される可能性が少ないこと。

出典：前川・図解2頁。

2　吉国・精解101頁。
3　前川・図解2頁。
4　吉国・精解101頁。
5　吉国・精解39頁。

実現を図る権限」[6]であり、強制徴収権として認められている。国税が滞納となった場合には、徴収法は租税行政庁に対し自力執行権を付与し、この自力執行権に基づいて「税務官庁の徴収職員が執行する滞納処分によって、国税債権の内容を強制的に実現」[7]することを認めている。このように租税債権の徴収の場合には自力執行権が認められるのに対して、一般の私債権については、「それが任意に履行されなかった場合に、債権者自身が権利の実現を行うことを認めると、権利の濫用を招くおそれがあるなどの弊害があるため」[8]、債権者が自らの手によってその権利の強制実現を図ることはできないとされ（いわゆる自力救済の禁止）、代わって裁判所の判断を経たうえで司法機関によって履行強制が行われることになる。こうした私債権の場合からみれば租税債権の場合の自力執行権は著しい例外といえる（図表1-2）。

自力執行権が徴収職員に付与されているのは、「租税の確実かつ能率的な徴収を図るため」[9]であり、国税の徴収が「大量性、反復性を有し、あまりに煩雑な手続を要求することがはなはだしく困難である」[10]ためである。

図表1-2 租税債権の徴収手続と私債権の回収手続の違い

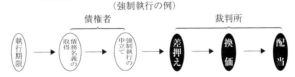

出典：中村・差押え93頁。

---

6 金子・租税法1015頁。
7 前川・図解3頁。
8 前川・図解3頁。
9 金子・租税法1015頁。
10 吉国・精解30頁。

第1章　総論

以上のように、国税の優先と自力執行権が付与された法律が徴収法である[11]。

3　通則法と徴収法の関係

昭和34年に制定された徴収法は、その1条（目的）で「国税の賦課、徴収及び還付に関する手続について必要な事項」を定めていたところから、「不完全ながらいわば『中間的な租税通則法』的な性格をもっていた」[12] といえる。しかし、その後「国税通則法の制定に関する答申」に基づいて昭和37年4月に通則法が制定されたことに伴い、徴収法における「従来の『中間的な租税通則法』的な性格をもつ条文はあげて国税通則法に移され、改正後の国税徴収法は、国税の徴収手続き、特に、滞納処分に関する手続きを中心に規定するいわば『国税滞納処分法』的な性格をもつものとして構成される」[13] に至り、通則法に移行した条項は徴収法から削除された。

国税に関する基本的な事項および共通的な事項を定める通則法の規定は、原則として、国税の徴収に関しても適用されるが、徴収法に特別の定めがある場合には、その特別の規定が適用される。つまり、通則法は、徴収法に対する一般法の地位を有し、徴収法は、通則法に対する特別法の地位を有していることになる[14]。

例えば、国税を納期限までに納付しなかった場合には、まず、通則法37条に規定する督促がなされるが、その督促がなされてもなお納付されない場合に、はじめて徴収法47条（差押え）に移行し、滞納処分が行われることになる。また、災害等により損失を受けた場合その他一定の要件に該当する場合の納税の猶予は、納付すべき税額の確定が災害等により遅延した場合における納税の猶予制度であることから、納付すべき税額が確定した後に未納付となった場合に行政庁がどのように徴収するかについて規定する徴収法ではなく、納付すべき税額の確定および納付手続について規定する通則法46条に規定されていることに注意する必要がある。

11　中村・差押え94頁。
12　吉国・精解25頁。
13　吉国・精解25頁。
14　前川・図解9頁。

4　各税法と徴収法の関係

各税法の規定により課せられた国税が滞納となった場合の滞納処分および国税の徴収に関しては、徴収法の規定が適用されるが、各税法に特別の定めがあるときは、その特別の規定が適用される。つまり、徴収法は、各税法に対する一般法の地位を有し、各税法は徴収法に対する特別法の地位を有していることになる[15]。

② 自主納付の原則

1　納税義務の成立から滞納処分までの流れ

国税の納付については、通則法の規定による納税義務が成立したことにより

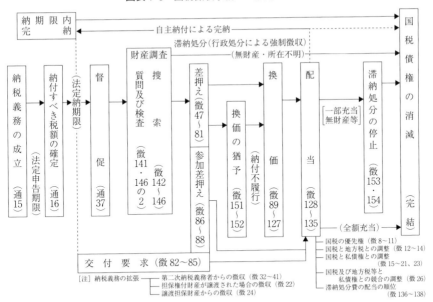

図表1-3　国税徴収手続の一般的な流れ

出典：税大講本6頁から筆者作成。

15　前川・図解9頁。

第1章　総　論

納付すべき税額が確定し、法定申告期限までに申告書を提出する等の手続を経て、法定納期限までに納付（自主納付）しなければならない。

この場合、自主納付が原則であるとしても、租税の納付が任意であることを意味しない。税法上、租税の納付については納税義務（一般規定として通則法35条、個別規定として所得税法128条、法人税法77条など）として規定されている。その納付が法定納期限までに納付されない場合には、督促が行われ、なお納付されない場合は、徴収法に規定する差押え等の滞納処分に移行することになる。

国税を納期限内に納付できなかった場合には、**図表1-3**のとおり督促 ⇒ 財産調査 ⇒ 滞納処分（差押え・交付要求→換価→配当）⇒ 国税債権の消滅（一定の場合は滞納処分の停止後）という流れで進むことになる。

ただし、滞納処分となった場合でも滞納者がその滞納税額を完納（自主納付）すれば、滞納処分は終了となる。

2　自主納付
(1)　納税義務の成立およびその納付すべき税額の確定

国税を納付する義務は、各税目に応じてそれぞれに定める時に成立し、一般的には申告手続によりその国税についての納付すべき税額が確定される。

納税義務の成立およびその納付すべき税額の確定について、通則法15条は次のように規定している。

「国税を納付する義務（源泉徴収等による国税については、これを徴収して国に納付する義務。以下「納税義務」という。）が成立する場合には、その成立と同時に特別の手続を要しないで納付すべき税額が確定する国税を除き、国税に関する法律の定める手続により、その国税についての納付すべき税額が確定されるものとする。

2　納税義務は、次の各号に掲げる国税（第1号から第13号までにおいて、附帯税を除く。）については、当該各号に定める時（当該国税のうち政令で定めるものについては、政令で定める時）に成立する。」

本条に従えば、各国税の納税義務は、**図表1-4**に掲げる時にそれぞれ成立する。

30

②　自主納付の原則

図表 1-4　国税通則法 15 条に規定する納税義務の成立の時期

号	税　目	納税義務の成立の時期
1	所得税	暦年の終了の時（源泉徴収による所得税を除く）
2	源泉徴収による所得税	利子、配当、給与、報酬、料金その他源泉徴収をすべきものとされている所得の支払の時
3	法人税および地方税	事業年度（連結所得に対する法人税については、連結事業年度）終了の時
4	相続税	相続または遺贈（死因贈与を含む）による財産取得の時
5	贈与税	贈与（死因贈与を除く）による財産の取得の時
7	消費税等	①課税資産の譲渡もしくは特定課税仕入れをした時 ②課税物件の製造場（石油ガス税は石油ガス充填場、石油石炭税は原油・ガス状炭化水素または石炭の採取場） ③保税地域からの引取りの時
12	印紙税	課税文書の作成の時
14	過少申告加算税、無申告加算税、重加算税	法定申告期限の経過の時（源泉徴収に係る重加算税を除く）
15	源泉徴収に係る不納付加算税、重加算税	法定納期限の経過の時

（注）表中の「号」は、通則法 15 条に規定されている号番号である。
出典：筆者作成。

　また、納税義務の成立と同時に特別の手続を要しないで納付すべき税額が確定する国税は、予定納税に係る所得税、源泉徴収による国税、自動車重量税、印紙税（印紙税法 11 条および 12 条の規定の適用を受ける印紙税および過怠税を除く）、登録免許税、延滞税および利子税である。

　このような通則法の規定は、税法理論的には、租税（課税）構成要件理論によって、所得税法などの各実体税法の課税要件規定の充足によって抽象的納税義務が成立すると一般に考えられているので、上記の通則法の規定はその成立の時期を明示的に法定したものと解されている。そして、この納税義務の成立は、国（政府）の側からみれば「国が国民に対して租税（国税）という金銭的給付を請求し得る権利の発生であり、国民の側からみれば、国税を納付しなければならない義務の発生である。」[16] つまり、納税義務の成立により、国民には租税を納税する義務（納税義務）が生じ、国は租税を徴収する権利（徴収権）を得ることになる。

16　税大講本 19 頁。

第1章　総　論

(2) 税額確定の方式

　租税の納付・徴収が行われるためには税額が確定していなければならない。
国税についての納付すべき税額の確定手続については、国税通則法は基本的に
申告納税方式と賦課課税方式のいずれかの方法によるものとしている（通16
条）。

(ⅰ) 申告納税方式

　原則として、「納付すべき税額」が納税者のする申告により確定する方式で
あり、その申告がない場合またはその申告に係る税額の計算が国税に関する法
律の規定に従っていなかった場合その他その税額が税務署長または税関長の調
査したところと異なる場合に限り、税務署長または税関長の処分により確定す
る方式をいい、国税に関する法律の規定により納付すべき税額を申告すべきと
されている国税がこの方式により確定される。つまり、申告納税方式による国
税に係る税額等の確定手続は、納税申告書を法定申告期限までに税務署長に提
出することにより確定する（通17条、期限内申告書）。

　ただし、期限内申告書を提出すべき者は、その提出期限後においても決定が
あるまでは納税申告書を税務署長に提出することができる（通18条、期限後申
告書）。

　また、納税申告書を提出した者は、更正があるまでは修正申告書を提出する
ことができる。この修正申告については、税務調査の結果に基づき修正申告書
を提出した場合には、その修正申告に係る不服申立てはできないが、更正の請
求をすることはできる。つまり、調査官が指摘した修正事項に納得ができない
場合には、安易に修正申告をしてはいけないことに留意する必要がある。

　なお、税務署長は、その納税申告書に記載された課税標準等または税額等の
計算が国税に関する法律の規定に従っていなかったとき、調査したところと異
なるときは、その調査により更正（通24条）し、納税申告書の提出がなかっ
た場合には調査により決定（通25条）をする、更正または決定は、税務署長
が更正通知書または決定通知書を送達して行われる（通28条）。

(ⅱ) 賦課課税方式

　「納付すべき税額」がもっぱら税務署長または税関長の処分により確定する
方式をいい、申告納税方式以外の国税がこの方式により確定される。

賦課課税方式による国税に係る税額等の確定手続は、その国税の課税標準等
を記載した申告書（以下「課税標準申告書」という）を提出すべき期限（課税標
準申告書の提出を要しない国税については、その納税義務の成立の時）後に、税務
署長または税関長（通33条）が納付すべき税額を決定し、その決定に係る課
税標準および納付すべき税額を記載した賦課決定通知書（課税標準申告書の提
出があった場合は、納税告知書）が送達される（通32条）。

　なお、上記の税額確定の2方式以外に、源泉徴収や印紙税のように上記二つ
の方法以外で、その成立と同時に特別の手続を要しないで納付すべき税額が確
定する国税もある。

　例えば、源泉徴収による所得税については、最判昭45・12・24（租税判例百
選第6版216頁）は、「申告納税方式による場合の納税者の税額の申告やこれを
補正するための税務署長等の処分（更正、決定）、賦課課税方式による場合の税
務署長等の処分（賦課決定）なくして、その税額が法令の定めるところに従っ
て当然に、いわば自動的に確定するものとされるのである。そして、右にいわ
ゆる確定とは、もとより行政上または司法上争うことを許さない趣旨ではない
が、支払われた所得の額と法令の定める税率等から、支払者の徴収すべき税額
が法律上当然に決定されることをいうのであって、たとえば、申告納税方式に
おいて、税額が納税者の申告により確定し、あるいは税務署長の処分により確
定するのと、趣を異にするのである。」とその位置づけが述べられている[17]。
このように、申告納税方式および賦課課税方式とは異なる方式（「自動確定方
式」と称している書籍等もあるため、以下、「自動確定方式」という）により、納
税義務が成立し、税額が確定する国税もある。

3　特別な手続を要しない納付制度（源泉徴収制度）

(1) 源泉徴収制度の概要

　源泉徴収制度は、支払者が国等に代わって本来の納税義務者から租税を徴収
し納付する租税徴収方法である。また租税の徴収方法のうち、納税義務者以外
の第三者に租税を徴収させ、これを国または地方公共団体に納付させる方法を
徴収納付という。

17　川田剛『平成30年度版　基礎から身につく国税通則法』71頁（大蔵財務協会、2018年）。

第1章 総 論

　徴収納付は、納税義務者から直接に租税を徴収することが困難であるとか、能率的かつ確実に租税を徴収する必要がある場合等に、租税の徴収の確保のために採用されている方法[18]である。

　また、市町村民税や軽油取引税などの広く地方税の徴収に導入されている特別徴収（地1条1項9号）は源泉徴収制度と類似する徴収手続であり、特に市町村民税などの個人住民の特別徴収は源泉徴収制度と基本的に異ならない[19]。しかし、例えば都道府県の普通税であるゴルフ場利用税（地75条以下、特に82条以下）や市町村の法定目的税である入湯税（地701条以下、特に701条の3以下）の特別徴収では、徴収の便宜を有する者（特別徴収義務者）がその利用料金を請求する際にこの料金にそれらの税額を加算して請求する形で徴収する点では、支払の際に税額を天引徴収する源泉徴収とは異なる。

　所得税は、納税者が自らその所得とそれに対する税額を計算して、これを自主的に申告し、その申告した税額を自主的に納付する、いわゆる「申告納税制度」を建前としている。歳入の確保およびその平準化を図ることその他徴税の便宜性などの見地から、一定の所得について、その所得の支払者が、その支払の際、所得の支払を受ける者の所得税を徴収してこれをあらかじめ納付する「源泉徴収制度」がとられている。源泉徴収制度の対象となる所得の代表的なものとして、利子所得、配当所得、給与所得、退職所得等があげられる。

　源泉徴収制度は、課税標準の把握が正確で徴税が確実であり、早期に国庫収入を確保でき、徴税コストも軽減されるなど徴税側にとって大変便利な制度といえる。一方、納税者にとっても、申告、納付等に関する煩雑な事務から免れるという利点がある[20]とされる。

(2) 源泉徴収制度の特徴

(i) 納税者

　源泉徴収制度の当事者となるのは、課税権者となる国と源泉徴収義務者たる支払者、本来の納税義務者たる受給者の三者である[21]。

18　金子・租税法992頁。
19　小林博志「源泉徴収の手続」日税研論集25号265頁（1994年）。
20　最判昭37・2・28刑集16巻2号212頁、中村芳昭＝三木義一編『演習ノート租税法〔第3版〕』114頁（法学書院、2013年）。
21　中村＝三木・前掲注(20) 114頁。

通則法では納税者を「国税に関する法律の規定により国税（源泉徴収等による国税を除く。）を納める義務がある者（国税徴収法に規定する第二次納税義務者及び国税の保証人を除く。）及び源泉徴収等による国税を徴収して国に納付しなければならない者をいう。」（通2条5号）と定義している。これに従えば源泉徴収義務者たる支払者は納税者でもあり、本来の納税義務者である受給者からみれば徴収機関[22]といえる。源泉徴収義務者が納税者として国との租税法律関係をもつことになるため、本来の納税義務者である受給者は、国との租税法律関係がないことになる。

（ii）納税義務の成立

申告納税による所得税は、暦年の終了の時に納税義務が成立するが、源泉徴収による所得税は、「源泉徴収をすべきものとされている所得の支払の時」（通15条2項2号）とあるため所得支払時に納税義務が成立する。

（iii）対象となる所得の範囲

源泉徴収の対象とされる所得の範囲は、その支払を受ける者が居住者であるか、非居住者であるか、内国法人、外国法人であるかの区分により異なる。そのため源泉徴収義務者は所得の支払をするときは、相手先の状況を調査して把握し、その支払が源泉徴収の対象に該当するのかどうかの判断を要求される。

（iv）納税義務の確定手続

源泉徴収の確定手続は、納税義務の成立と同時に特別な手続なく税額が自動的に確定される自動確定方式であるため、本来の納税義務者である受給者が税額の確定手続に関与できないことになる。

なお、自動確定方式である源泉徴収は4種類に分けることができ、次のとおりに分類される[23]。

（ア）利子所得等に係る源泉分離課税

利子所得、配当所得、定期積金の給付補填金等に係る源泉徴収が該当する。なお、非居住者の所得に係る源泉徴収の一部も、この性質を有する。このタイプの源泉徴収はいわば「取りきり」であり、後の確定申告が予定されず、受給者の他の所得との関係も想定されえない。

22　金子・租税法993頁参照。

23　佐藤英明「日本における源泉徴収制度」税研26巻2号24頁（2010年）。

第1章　総　論

（イ）給与所得に係る源泉徴収

　後に受給者が確定申告を行うことがありうるが、年末調整による税額精算が原則とされ、受給者は他の種類の所得が 20 万円以下である等の要件を満たす限り確定申告を行う必要がないものとされている（所 121 条 1 項）。

（ウ）退職所得に係る源泉徴収

　年末調整の対象とされていないが、申告不要の制度の適用があり（所 121 条 2 項）、所得税が分離課税を規定していることもあって、やはり源泉徴収の後に確定申告がなされることは、一定の場合を除き、通常はその必要がないとされている。

（エ）報酬・料金等に係る源泉徴収

　これらの収入は受給者の事業所得または雑所得の総収入金額となり、原則的には、後に受給者により確定申告がなされ、源泉徴収された税額と申告納付される税額との何らかの「調整」が行われることが予定されている。

　一般的に、税額の納付という観点からみると、源泉徴収は後に確定する受給者の税額の事前の納付という性格を有すると考えうるところ、この最後の類型の源泉徴収は、そのような性格を最も強く有しているということができる。

（ⅴ）源泉徴収制度の法律関係

　源泉徴収制度は、国と源泉徴収義務者、本来の納税義務者の三者間の法律関係で構成されており、その法律関係を明らかにした代表的な判決が、最判昭 45・12・24（民集 24 巻 13 号 2243 頁）と最判平 4・2・18（民集 46 巻 2 号 77 頁）である。

　両判決により三者間の関係をまとめると下記のとおりとなる。なお、このような源泉徴収の法律関係においては、特に支払者（源泉徴収義務者）と受給者（本来の納税義務者）の権利救済が問題とされてきたが、これについては以下の第 3 章で述べる。

（ア）国と支払者について

　支払者は国に対して源泉徴収による所得税の徴収・納付義務を負う[24]。源泉徴収義務者である支払者が納税者となり、支払者は、受給者に給与等を支

24　中村＝三木・前掲注(21) 114 頁。

払う際に法令に基づいて所定の所得税額を徴収し、徴収した所得税額を一定期日（徴収の翌月 10 日）までに国に納付しなければならない（所 183 条 1 項）。

また、支払者が納付すべき所得税額を納付しなかった場合には、国は支払者に対して納税の告知を行い、支払者から徴収することになる（所 221 条、通 36 条 1 項 2 号）。反対に、源泉徴収税額が過大である場合には、支払者は国に対して過誤納金の還付を請求することができる[25]。

（イ）支払者と受給者について

源泉徴収による所得税の徴収・納付に不足がある場合には、不足分について支払者は受給者に対して求償することが認められている（所 222 条）[26]。その求償権の行使については、賃金全額支払の原則（労基 24 条 1 項本文）との関係で、強制力が付与されている（所得税法 222 条は基本的には確認規定であるが、給与からの強制控除の点では、創設規定である）[27]。

また、源泉徴収税額に誤りがある場合、受給者は何ら特別の手続を経ることを要せず、直ちに支払者に対し、本来の債務の一部不履行を理由として、誤って徴収された金額の支払を直接に請求することができる（前掲最判昭 45・12・24）[28]。

（ウ）国と受給者について

国と法律関係を有するのは支払者のみであり、受給者との間には直接の法律関係を生じないものとされている。源泉徴収税額に過誤納金が生じた場合、受給者は国ではなく支払者に対して不当利得返還請求を行うことになる（最判昭 49・3・8 民集 28 巻 2 号 186 頁）[29]。

4 国税等の納付期限等

(1) 国税等の納付期限

納税義務が成立し、上記 2 により確定した税額は、次のそれぞれに掲げる期限までに国に納付しなければならない。

---

25 中村＝三木・前掲注(21) 115 頁。
26 中村＝三木・前掲注(21) 115 頁。
27 谷口勢津夫『税法基本講義〔第 6 版〕』173 頁（弘文堂、2016 年）。
28 中村＝三木・前掲注(21) 115 頁。
29 中村＝三木・前掲注(21) 115 頁。

第1章 総 論

　この場合において、条文上は「納付しなければならない」とされており、強制的に税金を取られるイメージがあるが、あくまでも納付の義務とその納期限について規定しているだけであり、納税者が申告等を行うことにより納付すべき税額が確定し、その納付すべき税額を納税者が自主的に納付すること（自主納付）が原則であることを忘れてはならない。

　自主納付が納期限までにできなかった場合に、国は督促を行って納税を催告し、それでも自主納付されなかった場合に、差押え・換価といった強制処分に踏み切るのである。

　ただし、上記のように申告納税制度のもとで申告納税方式が原則とされているところからすると、強制処分となっても換価の前までは自主納付の道が残されていることに留意する必要がある。以下の制度はこれに基づく制度と捉えることができる。

(i) 期限内申告書

　期限内申告書を提出した者は、国税に関する法律に定めるところにより、当該申告書の提出により納付すべきものとしてこれに記載した税額に相当する国税をその法定申告期限（延納に係る国税については、その延納に係る納期限）までに国に納付しなければならない（通35条1項）。

　法定申告期限とは、国税に関する法律の規定により納税申告書を提出すべき期限をいう（通2条7号）。なお、法定申告期限が日曜日、祝日、土曜日、12月29日から31日、その他一般の休日に当たるときは、これらの日の翌日をもってその期限とみなされることになっている（通10条）。

(ii) 期限後申告書・修正申告書

　期限後申告書の提出によりこれに納付すべきものとして記載した税額または修正申告により納付すべきものとして修正申告書に記載した税額は、その期限後申告書または修正申告書を提出した日までに国に納付しなければならない（通35条2項）。

(iii) 更正または決定

　更正通知書に記載された更正により納付すべき税額または決定通知書に記載された納付すべき税額は、その更正通知書または決定通知書が発せられた日の翌日から起算して1月を経過する日までに納付しなければならない（通35条3

項）。それらの通知書には1月後の納期限が記載されている。

(2) 納付の手続

申告納税制度においては税額の確定とともに、確定した税額の納付も自主納付原則がとられ、法律上はこの納付を義務として規定している。そのため、この租税の自主納付を行う納税者の便宜のために、さまざまな納付方法を定めている。

国税は金銭による納付が原則であるが、「証券をもつてする歳入納付に関する法律（大5年法律10号）」により、証券により納付することができる。また、物納の許可があった国税は、物納により納付することができる。なお、主な国税については一定の決済手数料がかかるが、クレジットカードによる納付も認められている。

納付の手続については、通則法34条に次のとおり規定されている。

「国税を納付しようとする者は、その税額に相当する金銭に納付書（納税告知書の送達を受けた場合には、納税告知書）を添えて、これを日本銀行（国税の収納を行う代理店を含む。）又はその国税の収納を行う税務署の職員に納付しなければならない。」

なお、納付書は第1片「納付書・領収済通知書」、第2片「領収控」、第3片「領収証書」の3片で構成されており、各片に共通する事項（あらかじめ印刷されている事項を除く）は複写により記入し、納税者の納税地および氏名または名称、年度、受入科目、取扱庁名、納期等の区分ならびに金額は、法令に別段の定めがある場合を除き、納税者が記載することになっている（通規16条備考4）。

相続税の連帯納付義務者の納付が争われた事案において、大阪高判昭62・9・29（行集38巻8=9号1038頁）は、次のように判示した。

「国税通則法第34条第1項は国税の金銭による納付は納付書を添えてすべき旨定め、同法施行規則第5条はその書面の様式を定めているところ、……大量かつ反復して発生する租税債権の特殊性を考慮すると、租税行政の公正かつ円滑な運営を図るためには、形式的な書面上の記載を重視する必要性があることは否定できないが、しかし反面、納税者の利益も考慮すると、右形式的な記載を絶対的なものとし、納付書の記載を納税者の納税義務消滅の要

第1章 総 論

件と解するのは相当ではない。納付書に記載された氏名の者を、特段の事情
のない限り、その納税者とみるべきではあるが、納付書に記載された納税名
義人でない連帯納付義務者が、右納税のため自らの資源を提供し、かつ、自
らの連帯納付義務を履行することを国税の収納を行なう税務署の職員に明ら
かにしているような場合にまで、納付書にその氏名の記載がないことだけを
理由に、右義務の履行を否定すべきものとは解されない。」（なお最判平元年
6月6日税資173号1頁は本件上告を棄却）。

さらに、納付書は納税義務者本人記載が原則であるが、税額が印字されてい
たり、徴収職員（主査）によって記載された納付書についても「納税者による
記載と同視で」きれば問題ないとする裁判例がある（京都地判平27・10・2税資
徴収関係判決順号27-33）。

③ 救済措置（納税緩和制度）

滞納納税者にとっては、強制徴収手続が適用されることになった場合にどの
ような適正手続に基づいてその手続が行われ、またこの場合にどのような基準
に基づいてどのような救済措置が認められるかが、もっとも重要な関心事とい
える。この点、国税の納付・徴収については、本来の目的である国税債権の確
保が必要であるが、納税者の生活や事業の状況に配慮することも必要であるこ
とから、「納税の緩和制度」や「滞納処分の停止」および「超過差押え及び無
益な差押えの禁止」ならびに「差押禁止財産」などが規定されている。なお、
滞納処分の詳細は第3章に譲り、ここでは納税緩和制度（延納、納税猶予）に
ついて説明する。

1 延納

国税は法定納期限内に納付するのが原則であるが、所得税および贈与税なら
びに相続税については、一定の要件に該当する場合には、延納をすることがで
きる。

３ 救済措置（納税緩和制度）

（1）所得税の延納

（ⅰ）確定申告税額の延納（所131条）

確定所得申告の規定による申告書を提出した居住者が、納付すべき所得税の額（延払条件付譲渡に係る延納所得税額を控除した額）の２分の１に相当する金額以上の所得税を納付の期限までに国に納付したときは、その残額をその納付した年の５月31日までの期間、その納付を延期することができる。

なお、延納の適用を受ける居住者は、延納に係る所得税の額に、その延納期間の日数に応じ、年7.3％の割合を乗じて計算した金額に相当する利子税をその延納に係る所得税にあわせて納付しなければならない。

（ⅱ）延払条件付譲渡に係る所得税額の延納（所132条）

税務署長は、居住者が山林所得または譲渡所得の基因となる資産の延払条件付譲渡をした場合において、一定の要件をすべて満たす場合には、その者の申請により５年以内の延納を許可することができる。

ただし、税務署長は、延払条件付譲渡に係る所得税額の延納の許可をする場合には、その延納に係る所得税の額に相当する担保を徴さなければならない（延納税額が100万円以下でその延納期間が３年以下である場合またはその延納期間が３か月以下である場合を除く）ことになっている。

（2）相続税・贈与税の延納（相38条）

税務署長は、納付すべき相続税額または贈与税額が10万円を超え、かつ、納税義務者について納期限までに、または納付すべき日に金銭で納付することを困難とする事由がある場合においては、その納付を困難とする金額として政令で定める金額を限度として、５年以内（相続税額については、一定の場合には15年以内）の年賦延納の許可をすることができる。

ただし、税務署長は、延納の許可をする場合には、その延納税額に相当する担保を徴さなければならない（延納税額が100万円以下、かつ、延納期間が３年以下である場合を除く）ことになっている。

（3）延納における利子税の納付

延納もしくは物納または納税申告書の提出期限の延長に係る国税の納税者は、その国税にあわせて利子税を納付しなければならない（通64条）。

なお、法人税の申告期限の延長に係る利子税は、延滞税のように損金不算入

41

第1章　総　論

ではなく、損金に算入される。また、所得税の延納に係る利子税は、不動産所得、事業所得または山林所得を生ずべき事業から生ずべき所得の金額の計算上、一定の金額を必要経費に算入することができる（所令97条）。

①確定申告税額の延納に係る利子税　　その利子税の額に、その利子税の基礎となった所得税に係る年分の給与所得の金額および退職所得の金額以外の各種所得の金額の合計額のうちにその年分のその事業から生じた不動産所得の金額、事業所得の金額および山林所得の金額の合計額の占める割合を乗じて計算した金額

②山林所得の基因となる資産の延払条件付譲渡に係る所得税額の延納に係る利子税　　その利子税の額

　その他、事業所得を生ずべき事業を行う居住者が納付した国外転出をする場合の譲渡所得等の特例の適用がある場合の納税猶予（所137条の2）に係る利子税についても、一定の割合で計算した金額を必要経費に算入することができる。

2　納税の猶予および換価の猶予

　納税者によっては、災害を受けたことにより国税を一時に納付することができない場合や、国税を一時に納付することにより、事業の継続または生計の維持を困難にするおそれがある場合等の一定の要件に該当するときは、「強制的な徴収手続を緩和し、その個々の実情に即した適切な措置を講ずることにより、納税者との信頼関係を醸成し、税務行政の適正かつ円滑な運営を図ることを目的」[30] として、納税の猶予および換価の猶予の制度が規定されている。

(1)　納税の猶予

（ⅰ）納税の猶予の要件等（通46条）

　下記の要件に該当する場合には、一定の手続により1年以内の期間に限り納税が猶予される。

①震災、風水害、落雷、火災その他これらに類する災害により納税者がその財産につき相当な損失を受けた場合

30　国税庁 HP『別冊「納税の猶予等の取扱要領」平成27年3月国税庁徴収課』9頁、https://www.nta.go.jp/law/jimu-unei/tyousyu/150302/01.pdf（2018.06.17）。

なお、この場合には、その災害の止んだ日から2か月以内に税務署長に納税の猶予の申請書を提出する必要がある。

②次のいずれかに該当する事実がある場合（上記①の場合を除く）において、その該当する事実に基づき、納税者がその国税を一時に納付することができないと認められるとき

　⑦納税者がその財産につき、震災、風水害、落雷、火災その他の災害を受け、または盗難にかかったこと

　⑦納税者またはその者と生計を一にする親族が病気にかかり、または負傷したこと

　⑦納税者がその事業を廃止し、または休止したこと

　⑦納税者がその事業につき著しい損失を受けたこと

　⑦上記のいずれかに該当する事実に類する事実があったこと

　なお、災害等により相当の損失を受けた場合の納税の猶予の適用を受けた場合であっても、その猶予期間内に猶予をした金額を納付することができないと認めるときも同様に適用される。

③法定申告期限から1年を経過した日以後に納付すべき税額が確定した場合等

　次に掲げる国税（延納に係る国税を除く）の納税者につき、それぞれに定める税額に相当する国税を一時に納付することができない理由があると認められる場合

　⑦申告納税方式による国税（その附帯税を含む）

　　その法定申告期限から1年を経過した日以後に納付すべき税額が確定した場合における当該確定した部分の金額

　⑦賦課課税方式による国税（その延滞税を含み、過少申告加算税、無申告加算税、不納付加算税ならびに重加算税および過怠税を除く）

　　その課税標準申告書の提出期限（当該申告書の提出を要しない国税については、その納税義務成立の日）から1年を経過した日以後に納付すべき税額が確定した場合における当該確定した部分の金額

　⑦源泉徴収による国税（その附帯税を含む）

　　その法定納期限から1年を経過した日以後に納税告知書の送達があっ

第1章　総　論

た場合における当該告知書に記載された納付すべき税額

　なお、税務署長等は、上記②および③の規定による納税の猶予をする場合には、その猶予をする期間内において、その猶予に係る金額をその者の財産の状況その他の事情からみて合理的かつ妥当なものに分割して納付させることができることになっている。

(ⅱ) 担保

　税務署長は、納税の猶予をする場合には、猶予を受けようとする金額に相当する担保を徴さなければならない。ただし、猶予を受ける金額（未確定の延滞税含む）が 100 万円以下である場合、猶予を受ける期間が 3 か月以内である場合、担保を提供することができない特別の事情がある場合のいずれかに該当する場合には、担保は必要ないことになっている。

　なお、担保の詳細については、換価の猶予に係る担保と同様であるため、4において述べる。

(ⅲ) 納税の猶予の申請手続等（通 46 条の 2）

　納税の猶予を申請する場合には次のそれぞれの書類が必要である。

①猶予を受けようとする金額が 100 万円以下の場合

　㋐納税の猶予申請書

　㋑災害等により納付困難となった場合の納税の猶予の申請をする場合には、猶予該当事実があることを証する書類

　　この場合の猶予該当事実があることを証する書類として、次のものが定められている。

　　ⅰ災害または盗難のとき　　　被災証明書、盗難の被害届の写しなど

　　ⅱ病気または負傷のとき　　　医師による診断書、医療費の領収書など

　　ⅲ事業の廃止または休止のとき　　廃業届など

　　ⅳ事業について著しい損失を受けたとき　　調査機関と基準期間のそれぞれの期間の仮決算書など

　㋒財産収支状況書

　　　預貯金等の残高から算出した「現在納付可能資金額」、「今後の平均的な収入及び支出の見込金額（月額）」（月単位の今後の平均的な収入見込額から費用の見込額に借入返済額や生活費を加算した支出額を控除した納付可

44

能基準額を基に計算した毎月の分割納付額）、「財産等の状況」（売掛金・貸付金その他の財産の状況および借入金・買掛金の状況）といった項目に必要事項を記載したもの。

②猶予を受けようとする金額が 100 万円を超える場合

上記①の書類のほかに「財産目録」と「収支の明細書」および、担保の提供が必要な場合には「担保提供書」や抵当権設定のための書類（不動産等を担保とする場合）等が必要となる。

(iv) 納税の猶予の効果（通 48 条）

税務署長等は、納税の猶予をしたときは、その猶予期間内は、その猶予に係る金額に相当する国税につき、新たに督促および滞納処分（交付要求を除く）をすることができない。

また、税務署長等は、納税の猶予をした場合において、その猶予に係る国税につきすでに滞納処分により差し押さえた財産があるときは、その猶予を受けた者の申請に基づき、その差押えを解除することができる。

なお、納税の猶予が認められた期間中の延滞税は、その全部または一部が免除される（通 63 条）

その他、農地等を贈与した場合の贈与税の納税猶予および免除（措法 70 条の 4）、農地等についての相続税の納税猶予および免除等（措法 70 条の 6）、山林についての相続税の納税猶予および免除（措法 70 条の 6 の 4）、非上場株式等についての贈与税の納税猶予および免除の特例（措法 70 条の 7 の 5）、非上場株式等についての相続税の納税猶予および免除の特例（措法 70 条の 7 の 6）、医療法人の持分に係る経済的利益についての贈与税の納税猶予および免除（措法 70 条の 7 の 9）等がある。

（v）裁判例

納税の猶予については、納税の猶予の不許可処分が取り消された名古屋地判平 25・4・26（税資徴収関係判決順号 25-17）がある。

この事案は、納税の猶予の不許可処分を受けた 3 名（X_1, X_2, X_3）が、納税の猶予の不許可処分の取消しを求めた裁判で、通則法 46 条 2 項に規定する「納税者がその事業につき著しい損失を受けたこと」および「前各号の一に該当する事実に類する事実があったこと」という要件の解釈について、税務署長

第1章　総　論

の裁量権の範囲が逸脱しまたはこれを濫用した違法なものであるか否かが争点
となったものである。裁判所は本件について次のように判示した。

「通則法 46 条 2 項の規定は、納税の猶予の申請をした納税者に納税の猶予を
許可するか否かを税務署長等の裁量的判断に委ねていると解するのが相当であ
るから、納税の猶予を許可しない処分が違法と評価されるのは、当該処分をし
た税務署長等の判断に、裁量権の範囲の逸脱又はその濫用があると認められる
場合に限られる」と税務署長等の裁量権について判示し、猶予取扱要領の定め
について次のように述べた。

「納税者間の負担の公平を図り、税務行政の適正妥当な執行を確保するため
には、一定の基準ないし運用方針に基づいて、納税の猶予の許否の判断がされ
ることが望ましいところであり、猶予取扱要領は、このような趣旨の下に定め
られたものと解される。このような猶予取扱要領が定められた趣旨に鑑みると、
猶予取扱要領の定めが合理性を有するものである場合には、納税の猶予の許否
に関する税務署長等の判断がその定めに従っている限り、その判断は、裁量権
の範囲の逸脱又はその濫用があるとの評価を受けることはないというべきであ
る。」と述べた。そして「他方、……猶予取扱要領において納税者間の負担の
公平を図るために画一的な数値的基準が設けられている部分について、その定
めが合理性を有するものである場合には、税務署長等の判断が当該基準に合致
しないときは、当該基準によらないことについて合理的な理由がない限り、裁
量権の範囲の逸脱があると評価することが相当である。」と裁量権の範囲の逸
脱・濫用についての考え方が示された。

その考えから判断すると、猶予取扱要領第 2 章第 1 節 1(3)ニ(イ)では、通
則法 46 条 2 項 4 号にいう「事業につき著しい損失を受けた」とは、調査期間
の損益計算において、調査期間の直前 1 年間である基準期間の利益金額の 2 分
の 1 を超えて損失が生じていると認められる場合をいうものとする旨定めてお
り、その数値的な基準は合理性を有するとし、「納税者間の負担の公平を図る
ためには、画一的な基準を定めることはやむを得ない」との判断を示している。
その判断から、売上げが 5.9％減少しているに過ぎない X_1 と売上げが増加して
いる X_3 については猶予該当事実が認められず両処分は適法とされた。

一方、X_2 については、いわゆるリーマン・ショックの影響により平成 20 年

46

11月1日以降、得意先であったG株式会社からの加工注文数が激減し、平成20年11月から平成21年3月までの期間に181万1734円の損失が生じた。この損失は、平成19年11月から平成20年3月までの修正基準期間の利益金額86万7282円の2分の1を超えていることから、その事業につき著しい損失を受けたと認められ、通則法46条2項4号「事業につき著しい損失を受けた」に該当する事実が認められないとした判断は、この基準に合致しないものであり、当該基準によらないことについて合理的理由もないため、処分行政庁がした判断（不許可処分）には裁量権の範囲の逸脱があるといわざるを得ないと判示し、不許可処分を取り消した。

本判決は、猶予取扱要領の定めが合理性を有するならば、その定めによらないことについて、税務署長等の判断に合理的な理由がない限りは裁量権の範囲の逸脱があると判示している点で、注目すべき判決であり、今後の税務行政に一石を投じたものと評価できる。

(2) 換価の猶予[31]

国税を一時に納付することにより事業の継続または生活の維持を困難にするおそれがある場合に、申請（または職権）に基づいて差押財産の換価（売却）が猶予される制度で、換価の猶予が認められると、すでに差押えを受けている財産の換価が猶予される場合や、差押えが猶予される場合がある。また、換価猶予期間中の延滞税の一部が免除となる。

なお、滞納者の財産の換価を直ちにすることにより、その事業の継続またはその生活の維持を困難にするおそれがあるときその他一定の場合（納税の猶予または申請による換価の猶予の適用を受けているものを除く）において、滞納者が納税について誠実な意思を有すると認められるときは、滞納者の申請ではなく税務署長の判断により滞納処分による財産の換価が最高1年間猶予される、職権による換価の猶予規定もある（徴151条）。

(i) 換価の猶予の要件

税務署長は滞納者が次の要件に該当する場合には、その者の申請により滞納処分による財産の換価を猶予することができる（徴151条の2、徴令53条）。

---

31 国税庁HP「猶予の申請の手引き」https://www.nta.go.jp/publication/pamph/sonota/yuyo-tebiki/index.htm（2018.06.17）参照。

第1章　総　論

①事業の継続または生活の維持を困難にするおそれがあること

⑦「事業の継続を困難にするおそれがある」とは、事業に不要不急の資産を処分するなど事業経営の合理化を行った後においても、なお国税を一時に納付することにより、事業を休止または廃止させるおそれがある場合をいう。

⑦「生活の維持を困難にするおそれがあること」とは、国税を一時に納付することにより、必要最低限の生活費程度の収入が確保できなくなる場合をいう。

②納税について誠実な意思を有すると認められること

③換価の猶予を受けようとする国税以外の国税の滞納がないこと

④納付すべき国税の納期限から6か月以内に「換価の猶予申請書」が所轄税務署に提出されていること

⑤納付を困難とする金額があること

⑥原則として、猶予を受けようとする金額に相当する担保の提供があること

担保の提供が必要ない場合の要件は、納税の猶予と同様である。

(ⅱ) 換価の猶予期間

換価の猶予を受けることができる期間は、納税の猶予と同様であるが、換価の猶予を受けた国税は、原則として猶予期間中の各月に分割して納付する必要がある。

(ⅲ) 申請のための書類

換価の猶予を受けるためには、次の書類を所轄税務署に提出しなければならない。

①換価の猶予申請書

②財産収支状況書

なお、猶予を受けようとする金額が100万円を超える場合には、「換価の猶予申請書」のほかに「財産目録」と「収支の明細書」が必要となる。また、担保の提供が必要な場合は、「担保提供書」や抵当権設定のための書類（不動産等を担保とする場合）等が必要となる（**4**参照）。

(ⅳ) 審査

換価の猶予の申請がされると、換価の猶予の許可・不許可、猶予を許可する

③ 救済措置（納税緩和制度）

金額・期間などの審査が税務署で行われ、必要な書類が提出されていない場合や書類の記載に不備があると、電話連絡や補正通知書が送付される。

なお、補正通知書の送付を受けた日の翌日から起算して20日以内に補正されない場合は、猶予の申請を取り下げたものとみなされるため、注意する必要がある。

(ⅴ) 換価の猶予が許可された場合

換価の猶予が許可された場合には、「換価の猶予許可通知書」が申請者に送付されるが、許可は猶予申請額や猶予申請期間と異なる猶予額・猶予期間となる場合もある。その許可に不服がある場合には、所定の期間内に限り不服申立てをすることができる。

換価の猶予の詳細については、第3章第1節③1で述べる。

(3) 猶予期間の延長

納税の猶予および換価の猶予については、一定の場合には猶予期間の延長をすることができる。

なお、猶予期間の延長は、通則法46条の納税の猶予に規定されているが、換価の猶予の期間延長については、徴収法152条において通則法46条の規定を準用することとされている。

(ⅰ) 猶予期間の延長ができる場合

税務署長等は、その猶予をした期間内にその猶予をした金額を納付することができないやむを得ない理由があると認めるときは、納税者の申請に基づきその期間を延長することができる。ただし、その期間は猶予をした期間とあわせて2年を超えることができない（通46条7項）。

(ⅱ) 職権による換価の猶予に係る猶予期間の延長

職権による換価の猶予に係る猶予期間の延長については、滞納者の申請に基づくものではなく、税務署長が職権をもって行うものとなるが、「納税の猶予等の取扱要領」によれば、滞納者から猶予期間内に完納することができない事情の申出、新たな分割納付計画の提出等があった場合には、猶予期間の延長の適否につき検討するとされており（徴152条3項、通46条7項）、必要があると認めるときは、分割納付計画書、財産目録、収支の明細書、担保関係書類の提出を求めることができることになっている（徴53条1項、徴令53条1項、徴基

第1章　総　論

通 151 条関係 13-2)。

(iii) 猶予期間の延長事由

　猶予期間延長要件の「やむを得ない理由があると認めるとき」とは、概ね次に掲げる事情がある場合をいう（通基通 46 条関係 16）。

①納税の猶予をした時において予見できなかった事実（納税者の責めに帰することができない理由により生じた事実に限る）の発生により予定していた入金がなかったため、猶予金額を猶予期間内に納付できなかった場合

②納税の猶予をした時において予見できなかった事実（納税者の責めに帰することができない理由により生じた事実に限る）の発生により、臨時の支出（事業の継続または生活の維持のため必要不可欠なものに限る）を行ったため、猶予金額を猶予期間内に納付できなかった場合

③納税の猶予をした時において、猶予に係る国税の完納までに要する期間が 1 年を超えると見込まれた場合であって、納税者の資力がその猶予をした時に見込んだ状態で概ね推移していると認められる場合

(iv) 猶予期間の延長の申請

　納税の猶予または申請による換価の猶予を受けている納税者で猶予期間の延長を申請しようとする者は、猶予期間内にその猶予を受けた金額を納付することができないやむを得ない理由、猶予期間の延長を受けようとする期間、分割納付の方法により納付を行うかどうかその他一定の事項を記載した「納税の猶予期間延長申請書」または「換価の猶予期間延長申請書」に、財産目録、担保の提供に関する書類その他一定の書類を添付して、税務署長等に提出しなければならない（通 46 条の 2 第 4 項、徴 152 条 4 項）。

3　国税庁の事務運営指針

　猶予制度は従来国税当局の職権による猶予しかなかったが、平成 27 年 4 月より納税者の申請による猶予制度が創設された。この猶予制度の拡充は、申請制度の創設により不服申立てが可能になった点から納税者の権利がある程度認められたと解釈できるとともに、徴収コストを抑える意味もあるものと推察される。

　納税者の権利という意味では、国税庁は、国税庁 HP において納税の猶予等

50

3 救済措置（納税緩和制度）

についての基本的考え方を公表しており、納税者から滞納となっている国税を直ちに納付することが困難である旨の申出があった場合には、納税者の視点に立ってその申出の内容を充分に聴取し、納税についての誠実な意思を有していると認められる場合などについては、換価の猶予等の活用を図るよう配意することとされている。

しかし、その一方で、納税の猶予等は納税者に期限の利益を与えるものであるから、その適用にあたっては期限内に納付を行った納税者との間に公平を欠くことがないよう、また、安易に猶予処理することによって、納税意識を希薄にする等の弊害が生じることのないよう、法令等に定める要件を満たしているかどうかを十分に調査することとされている。

納税についての誠実な意思があると認められる場合には、納税者の視点に立って換価の猶予等の活用を図るといいながら、他方では、安易に猶予処理をしてはいけないという一見矛盾した事務運営指針となっている。

たとえ申請が許可されたとしても、その後きちんと分納計画に従って納付しないと猶予が取り消されるとの説明はあるが、売掛金入金予定の遅れや回収不能、材料費が高騰した場合、あるいは、災害・病気等、猶予をした時において予見できなかった事実があった場合に、税務署長がやむを得ない理由があると認めるときには猶予の許可が取り消されない旨の説明がされているかどうかは不明である。現に筆者が関与した事例では、当該説明はされていない。

また、消費税の納付ができないとの相談を受けた場合には、税務署に分納の相談に行って納付する意思があるところを見せたほうがよい旨を説明するが、1回当たりの分納申出額が少額で分納期間が長くなる場合には、猶予申請書を提出するようにと言われる場合もあるようである。

税務署にとっては、発生税額が最終的には全額回収できればコストもそれほどかからずに済むのであるから、少額で長期分割納付となるとしても、分納による自主納付を許容するようにすべきであろう。

徴収職員は、徴収コストの面からも、滞納者については自主納付を促すと同時に、差押え処分をする前に、猶予制度の申請や分納について滞納者に積極的に的確なアドバイスを行うことが肝要であると考える。同様のことは、税理士にも求められるといえる。

51

第1章 総 論

4 担保[32]

納税の猶予および換価の猶予については 3 で触れたとおり一定の場合を除き、担保を提供する必要がある。担保に提供することができる財産の種類、担保の価額、担保の提供手続等については、通則法50条に規定されている。

1 担保の種類（通50条）

国税に関する法律の規定により提供される担保の種類は、**図表1-5**に掲げるとおりである。

図表1-5　担保の種類

1	国債および地方債
2	社債その他の有価証券で税務署長等が確実と認めるもの
3	土地
4	建物、立木および登記される船舶ならびに登録を受けた飛行機、回転翼航空機および自動車ならびに登記を受けた建設機械で、保険に附したもの
5	鉄道財団、工場財団、鉱業財団、軌道財団、運河財団、漁業財団、港湾運送事業財団、道路交通事業財団および観光施設財団
6	税務署長等が確実と認める保証人の保証 (注) 金融機関その他の保証義務を果たすための資力が十分であると認められるものおよび一定の法人（通令50条6項、7項）
7	金銭

2 担保の額および見積価額

国税の担保財産は、その担保に係る国税が完納されるまでの延滞税、利子税および担保の処分に要する費用をも十分に担保できる価額のもの（通基通50条関係9）でなければならず、その担保財産の見積価額は、担保財産の種類に応じ、それぞれの金額となる（通基通50条関係10）。

①国債　　国債の券面額

②地方債、社債その他の有価証券　　時価の8割以内において担保の提供期間中に予想される価格変動を考慮した金額

③土地　　時価の8割以内において適当と認める金額

④建物および鉄道財団等の財団　　時価の7割以内において担保提供期間中

32　国税庁 HP・前掲注(30) 参照。

52

　　　　　　　　　　　　　　　　　　　　　　　　　　　　4 担保

に予想される価値の減耗等を考慮した金額

　なお、担保の選定にあたっては、可能な限り処分が容易であって、かつ、価額の変動のおそれが少ないものから提供を受けるものとすることになっており（通基通50条関係7）、完納までの延滞税等や処分費用を考慮するため、担保の評価額は時価よりも低い金額となることに留意する必要がある。

3　担保の提供手続（通令16条、通基通54条関係）

　担保の提供については、担保を提供する旨の書面のほか、以下の書類等が必要となる。

(1)　国債等

　国債、地方債その他の有価証券を担保として提供しようとする者は、これを供託してその供託書の正本を国税庁長官等に提出しなければならない。なお、供託は、可能な限り担保の提供を受けるべき税務署（国税局および沖縄国税事務所を含む）の所在地にある供託所（供託有価証券の受入れを取り扱う法務局もしくは地方法務局またはその支局もしくは出張所をいう）にすることになる（通基通54条関係2、供託法1条）。

(2)　土地、建物等および鉄道財団等の財団

　土地、建物等および鉄道財団等の財団を担保として提供しようとする者は、抵当権を設定するために必要な書類を国税庁長官等に提出しなければならない（通令16条3項）。なお、この抵当権設定登記については、登録免許税法4条1項の規定により、登録免許税が課されない。

　　(注)「抵当権を設定するために必要な書類」（通基通54条関係3）

　　　①担保財産の所有者の抵当権設定登記についての承諾書

　　　②担保財産の所有者の印鑑証明（印鑑証明書に有効期限制限なし）

4　担保の変更等（通51条）

　税務署長等は、その担保として提供された財産の価額または保証人の資力の減少その他の理由によりその国税の納付を担保することができないと認めるときは、その担保を提供した者に対し、増担保の提供、保証人の変更その他の担保を確保するため必要な行為をすべきことを命ずることができることになって

第1章 総論

いる。この担保の変更等の命令をする場合には、納税者に対し「担保変更（増担保）要求通知書」の送付が行われる。

また、国税について担保を提供した者は、税務署長等の承認を受けてその担保を変更することができることになっている。この担保の変更について承認を受けようとする者は、「担保変更の承認申請書」を担保提供先の税務署等に提出することが必要である。

5 担保の解除 （通令 17 条）

担保の提供があった場合において、担保の提供されている国税が完納されたこと、担保を提供した者が通則法 51 条 2 項（担保の変更）の承認を受けて変更に係る担保を提供したこと、その他の理由によりその担保を引き続いて提供させる必要がないこととなったときは、その担保を解除しなければならない。

なお、担保の解除は、「担保解除通知書」により担保を提供した者に通知される。

6 金銭担保による納付の手続

国税の担保として金銭を提供した者は、政令で定めるところにより、その金銭をもってその国税の納付に充てることができる（通 51 条 3 項）。この場合には、その旨を記載した書面を税務署長または税関長に提出しなければならないことになっており（通令 18 条）、その書面の提出によりその担保として提供された金銭の額（その額が納付すべき国税の額を超えるときは、その国税の額）に相当する国税の納付があったものとみなされる（通令 18 条 2 項）。

5 連帯納付

1 相続税・贈与税の連帯納付義務

相続税および贈与税には連帯納付義務が定められている。相続税法 34 条はこの連帯納付義務について次のように定めている。

「同一の被相続人から相続又は遺贈（相続時精算課税の規定の適用を受ける財産に係る贈与を含む。）により財産を取得した全ての者は、その相続又は遺

贈により取得した財産に係る相続税について、当該相続又は遺贈により受けた利益の価額に相当する金額を限度として、互いに連帯納付の責めに任ずる。……

2　同一の被相続人から相続又は遺贈により財産を取得した全ての者は、当該被相続人に係る相続税又は贈与税について、その相続又は遺贈により受けた利益の価額に相当する金額を限度として、互いに連帯納付の責めに任ずる。

3　省略

4　財産を贈与した者は、当該贈与により財産を取得した者の当該財産を取得した年分の贈与税額に当該財産の価額が当該贈与税の課税価格に算入された財産の価額のうちに占める割合を乗じて算出した金額として政令で定める金額に相当する贈与税について、当該財産の価額に相当する金額を限度として、連帯納付の責めに任ずる。」

同一の被相続人から相続または遺贈により財産を取得したすべての者に、その相続により取得した財産に係る相続税について、互いに連帯納付の責めを課している。同一の相続人から相続または遺贈により財産を取得した他の相続人が、その納付すべき相続税を納付しない場合には、他の相続人にその滞納相続税を納付させようとするものである。なお、連帯納付税額は、その相続または遺贈により受けた利益の価額に相当する金額が限度となる。

また、財産の贈与者も、一定の金額を限度として、その財産の受贈者の贈与税について連帯納付義務の対象とされている。

2　第二次納税義務による納付

(1)　第二次納税義務の意義

納税者が納付すべき国税を滞納した場合には、一定の者がその滞納税額を納付する義務を負う（徴32条～39条、41条）。その義務を第二次納税義務という（詳細については第2章）。

第二次納税義務制度とは、「本来の納税義務者の財産につき滞納処分をしても徴収すべき国税に不足すると認められる場合に限り、その者と一定の関係がある者に対し、第二次的にその納税義務を負わせようとする制度」[33]とされて

第 1 章　総　論

図表 1-6　第二次納税義務の要件

個別の要件		共通の要件
徴収法 33 条〜 39、41 条に規定	+	主たる納税者の財産につき滞納処分を執行しても、なお徴収すべき国税の額に不足すると認められること

出典：前川・図解 75 頁。

おり、滞納者が財産を持っていないために納税者の財産につき滞納処分を執行してもなおその徴収すべき額に不足すると認められるときに、「一定の者に対して、二次的にその納税義務を負わせる制度」[34] である。

　この一定の者に該当するかどうかについて、徴収法では 33 条から 39 条および 41 条において個別の要件が規定されている。

　第二次納税義務制度における共通の要件を定めた徴収法 32 条（第二次納税義務の通則）をはじめとして、徴収法 33 条から 39 条および 41 条において個別の要件についての規定が設けられている。第二次納税義務制度に係る納税義務者は、①合名会社等の社員（徴 33 条）、②清算人等（徴 34 条）、③同族会社（徴 35 条）、④実質課税額等（徴 36 条）、⑤共同的な事業者（徴 37 条）、⑥事業を譲り受けた特殊関係者（徴 38 条）、⑦無償または著しい低額の譲受人等（徴 39 条）、⑧人格のない社団等（徴 41 条）であり、これらの条文に「規定する特定の納税者が国税を滞納し、かつ、それらの条に規定する要件を満たすことによって」[35] 第二次納税義務は成立する。

　ただし、徴収法 33 条から 39 条および 41 条に掲げる者が第二次納税義務を負う前提条件として、滞納者につき滞納処分を執行してもなおその徴収すべき額に不足すると認められることが必要である（図表 1-6）。

　滞納者が滞納処分を免れるために、親族その他の者に事前に財産を移転することを防止する観点から規定されているものであるが、本来徴収すべき滞納者以外の者に納税義務を課す規定であることから、その運用にあたって争いも多く生じている。

33　吉国・精解 318 頁。

34　前川・図解 75 頁。

35　『国税徴収総覧』882 頁（新日本法規、改訂版、1966 年）。

5 連帯納付

(2) 第二次納税義務者に対する徴収手続

第二次納税義務者に対する徴収手続は、**図表1-7**のような流れにより行われる。

第二次納税義務者に対する徴収手続は、第二次納税義務者に対して「納付通知書」による告知（徴32条1項）がまず行われ、その納付通知書に記載された納付の期限までにその第二次納税義務者からの納付が完了しない場合には、繰上請求（通38条1項・2項）をする場合を除き、「納付催告書」により督促がなされる（徴32条2項）。

なお、「納付催告書」は、国税に関する法律に別段の定めがある場合を除き、「納付通知書」に記載された納期限から50日以内に発せられ、徴収職員は、督

図表1-7　第二次納税義務者に対する徴収手続の流れ

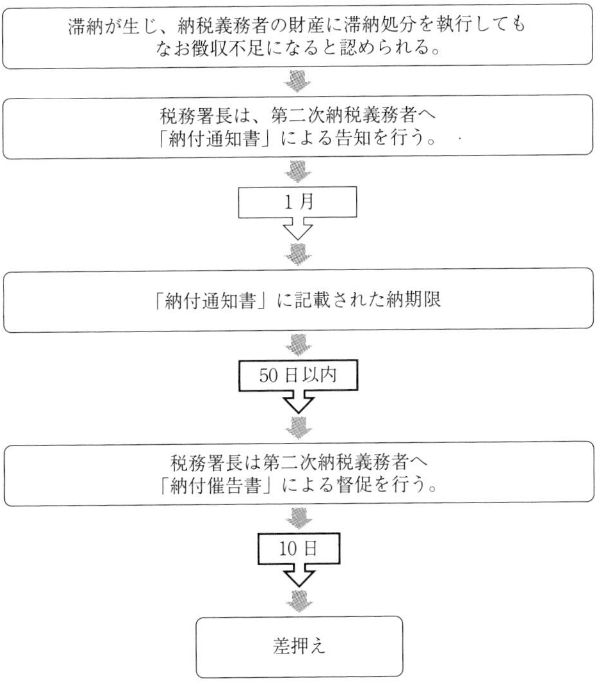

滞納が生じ、納税義務者の財産に滞納処分を執行してもなお徴収不足になると認められる。

↓

税務署長は、第二次納税義務者へ「納付通知書」による告知を行う。

↓

1月

↓

「納付通知書」に記載された納期限

↓

50日以内

↓

税務署長は第二次納税義務者へ「納付催告書」による督促を行う。

↓

10日

↓

差押え

出典：筆者作成。

57

第1章　総　論

促状（「納付催告書」）を発した日から起算して 10 日を経過した日までに完納が
されないときは、その財産を差し押さえなければならない（徴 47 条）。

　第二次納税義務者の財産の換価は、その財産の価額が著しく減少するおそれ
があるときを除き、滞納者の財産を換価に付した後でなければ、行うことがで
きないこととされている（徴 32 条 4 項）。

6　延滞税

1　延滞税の納付

　納税者は、次のいずれかに該当するときは、延滞税を納付しなければならな
い、とされている（通 60 条）。

　①期限内申告書を提出した場合

　　その法定納期限までに完納しないとき

　②期限後申告書もしくは修正申告書を提出、または更正もしくは決定を受け
　　た場合

　　その期限後申告書もしくは修正申告書、または更正通知書もしくは決定通
　　知書に、納付すべき税額が記載されているとき

　③納税の告知を受けた場合

　　その告知により納付すべき国税を、その法定期限後に納付するとき

　④予定納税

　　予定納税に係る所得税をその法定納期限までに完納しないとき

　⑤源泉徴収

　　源泉徴収による国税をその法定納期限までに完納しないとき

2　延滞税の計算

　延滞税の額は、国税の法定納期限（保税地域から引き取られる物品に対する消
費税等その他政令で定める国税については、政令で定める日）の翌日からその国税
を完納する日までの期間の日数に応じ、その未納の税額に年 14.6％の割合を乗
じて計算する。

　ただし、納期限の翌日から 2 月を経過する日までの期間については、年

6 延滞税

図表1-8 延滞税の計算方法

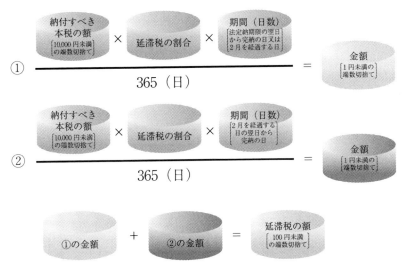

出典:国税庁 HP「延滞税の計算」

7.3%の割合を乗じて計算した額となる(通60条)。

なお、延納または物納の許可の取消しがあった場合には、その取消しに係る書面が発せられた日の翌日から延滞税を計算する。

この延滞税の割合については、平成26年1月1日以後の各年の特例基準割合が年7.3%の割合に満たない場合には下記の特例がある(措法94条1項)。

①納期限の翌日から2月を経過する日までの期間

年「7.3%」と「特例基準割合+1%」のいずれか低い割合

＊平成30年は特例基準割合が1.6%なので、2.6%となる。

②納期限の翌日から2月を経過する日の翌日以降

年「14.6%」と「特例基準割合+7.3%」のいずれか低い割合

＊平成30年は特例基準割合が1.6%なので、8.9%となる。

(注) 特例基準割合とは、各年の前々年の10月から前年の9月までの各月における短期貸付けの平均利率(その各月において銀行が新たに行った1年以内貸付けに係る利率の平均)の合計を12で除して計算した割合として各年の前年の12月15日までに財務大臣が告示する割合に、年1%の割合を加算した割合をいう

第1章　総　論

（措法93条2項）。

　延滞税は、その基礎となる国税にあわせて納付しなければならないが（通60条3項）、実務上は、納期限後に国税を納付した場合には、税務署より延滞税の納税通知書および納付書が送付されてくるため、通常はわざわざ計算してその国税にあわせて納付する必要はない。延滞税には納期限が定められていないため、延滞税に延滞税はかからないのである。

3　延滞税の額の計算の基礎となる期間の特例

　修正申告書（一定の場合を除く）の提出または更正（一定の場合を除く）があった場合において、次のいずれかに該当するときは、延滞税の計算期間の特例の規定が適用される（通60条）。

①修正申告または更正に係る国税について期限内申告書が提出されている場合で、その法定申告期限から1年を経過する日以後にその修正申告書が提出され、またはその更正に係る更正通知書が発せられたとき

　　その法定申告期限から1年を経過する日の翌日からその修正申告書が提出され、またはその更正通知書が発せられた日までの期間を控除して計算。

②修正申告または更正に係る国税について期限後申告書が提出されている場合で、その期限後申告書の提出があった日の翌日から起算して1年を経過する日後にその修正申告書が提出され、またはその更正に係る更正通知書が発せられたとき

　　その期限後申告書の提出があった日の翌日から起算して1年を経過する日の翌日からその修正申告書が提出され、またはその更正に係る更正通知書が発せられた日までの期間。

　期限内申告書を提出している場合の延滞税の計算は法定申告期限から1年が限度となるため、例えば、法定申告期限から3年後に修正申告書を提出した場合の延滞税の計算期間は3年ではなく1年ということになる。

　ただし、修正申告書を提出した日の翌日以降にその修正申告に係る国税を納付した場合には、その提出日の翌日から納付日までの期間については延滞税の計算期間に含まれる。

　したがって、税務調査等により修正申告書を提出する場合には、納税者が納

60

6　延滞税

付する日に修正申告書を提出しないと延滞税が過重に発生することになるので、必ず納税者に納付日を確認し、その納付日にあわせて修正申告書を提出することが、税理士の責務であると考えられる。

4　裁判例

上述のような延滞税には問題が少なくないが、延滞税をめぐって更正処分の誤りに基づく延滞税の賦課が問題とされた事案がある（最判平26・12・12判時2254号18頁）。

【事実の概要】

原告納税者が本件相続土地の評価額が時価よりも高いとして平成22年7月12日に更正の請求をしたところ、被告税務署長が同年12月21日その一部を認めて減額更正をし、過誤納金還付がなされた。本件還付金の起算日は平成22年10月13日である。原告は平成23年2月1日、さらに土地評価額がまだ時価よりも高額であるとして被告税務署長に異議申立てをしたところ、同年4月27日これが棄却された。同年5月31日、被告税務署長は減額更正における土地の評価額が時価よりも低いとして増額更正をした。原告納税者は同年6月3日、増差本税額を納付したところ、被告税務署長は同年7月27日、平成21年8月26日から平成23年6月3日までの期間（ただし、平成22年8月26日（法定申告期限の1年後の翌日）から平成23年5月31日（増額更正通知書送達日）までの期間を除く）に係る延滞税の催告を行った。本件は、原告納税者がこの延滞税の催告を争った事件である。

【判　　旨】

最高裁は、本件について、①当初から正しい土地の評価に基づく減額更正がなされた者と比べて税負担が不衡平になること、②延滞税の趣旨・目的に照らし本件各相続税のうち本件各増差本税額の部分について本件各増額更正によって改めて納付すべきものとされた本件各増差本税額の納期限までの期間に係る延滞税の発生を法は想定していないこと、を理由として、本件延滞税の賦課処分を違法とした。

【解　　説】

本件においては、確定申告によって更正処分による税額を上回る税額が納付され、国がこれを保有していたこと、再更正の理由が更正処分と同一の土地の相続財産評価に係るものであるから当該増差税額の納期限までの期間について

61

第1章　総　論

は延滞税を賦課する前提が欠けていたことを考えると、この判決は妥当なものとされるべきである[36]。

7 滞納となった場合

　納付期限までに納付（自主納付）できなかった場合には督促が行われ、その督促によっても納付されない場合には差押え等の滞納処分（強制納付）に移行することになる。

　滞納処分は私債権を取り扱う民法とは異なり、裁判所に提訴しなくても徴収職員がその権限に基づき、差押え等により強制的に租税債権を徴収するものである。この権限を「自力執行権」といい、徴収職員には徴収法により強い権限が付与されている。

　ただし、すでに述べたように換価されるまでであれば、納税者は滞納税額を自主納付することができることに留意すべきである。

　以上、納税義務の成立から納付、納期限までに納付できなかった場合の救済制度、納付期限までに納付できなかった場合の延滞税等について説明した。督促以降の滞納処分の論点は、第3章を参照されたい。

8 滞納処分の停止

1　滞納処分の停止の要件等

　滞納者が下記の要件に該当する事実がある場合には、税務署長は職権で滞納処分の停止をすることができる、とされている（徴153条1項）。

　①滞納処分の執行および租税条約等の規定に基づく当該租税条約等の相手国等に対する共助対象国税の徴収の共助の要請による徴収をすることができる財産がないとき

　②滞納処分の執行等をすることによって、その生活を著しく窮迫させるおそれがあるとき

　③その所在および滞納処分の執行等をすることができる財産が、ともに不明

36　金子・租税法879頁参照。

であるとき

　上記①から③のいずれかの要件に該当する事実があると税務署長が認めて滞納処分の執行の停止がされた場合には、滞納者に滞納処分の執行を停止した旨が通知される（徴153条2項）。

2　滞納処分の停止の取消し

　税務署長は、上記1①〜③の要件により滞納処分の執行を停止した後3年以内に、その停止に係る滞納者につき上記1①〜③に該当する事実がないと認めるときは、その執行の停止を取り消さなければならない（徴154条1項）。

3　滞納処分の停止の手続

　税務署長は、滞納処分の執行の停止を取り消したときは、その旨を滞納者に通知しなければならない（徴154条2項）。

4　滞納処分の停止の効力

　税務署長は、滞納処分の停止をした場合において、その停止に係る国税について差し押さえた財産があるときは、その差押えを解除しなければならない（徴153条3項）。なお、滞納処分の執行を停止した国税を納付する義務は、その執行の停止が3年間継続したときは消滅する（徴153条4項）。

　つまり、滞納処分の執行の停止がされた場合には、その停止から3年以内に滞納処分の停止要件に該当しないと認められない限り納税義務が消滅することになる。

　ただし、滞納者が自己破産し免責許可の決定が確定した場合であっても、租税等の請求権は免責されないため（破産法253条1項）、自己破産の事実だけで滞納処分の執行が停止されるわけではなく、あくまでも税務署長が執行処分停止の要件に該当すると認めてくれないと執行処分は停止されないことに留意する必要がある。

第2章　第二次納税義務

1 第二次納税義務の制度趣旨と共通の要件・納付通知

1　第二次納税義務制度の趣旨と種類

(1) 趣旨

　第二次納税義務制度は、納税義務者が滞納した場合において、納税義務者本人の財産に対して滞納処分を執行してもなお徴収すべき額に不足すると認められる場合に、当該滞納者と一定の関係を有する者にその不足額を納付させる特別な制度である。この第二次納税義務制度の趣旨は、「形式的に第三者に財産が帰属している場合であっても、実質的には納税者にその財産が帰属していると認めても、公平を失しないときにおいて、形式的な権利の帰属を否認して、私法秩序を乱すことを避けつつ、その形式的に権利が帰属している者に対して補充的に納税義務を負担させることにより、徴税手続の合理化を図るために認められている制度である」[1] とされている。そして昭和34年に徴収法が全面改正された際に、「この趣旨にそうと認められるものについては（…）現行制度を維持し、又はこれを改善し、かつ、新たにその制度の拡充を図ることとすべきである」[2] として、現在の形となった。

(2) 種類

　現行の国税徴収法は第二次納税義務として次のような8種類のものを限定列挙している。同法に規定される8種類の第二次納税義務の類型は次のとおりである。

　①合名会社等の無限責任社員の第二次納税義務

　1　租税徴収制度調査会「昭和33年12月租税徴収制度調査会答申」第三・一・1。
　2　租税徴収制度調査会・前掲注(1)。

第2章　第二次納税義務

②清算人等の第二次納税義務

③同族会社の第二次納税義務

④実質課税額等の第二次納税義務

⑤共同的事業者の第二次納税義務

⑥事業譲受人の第二次納税義務

⑦無償譲受人等の第二次納税義務

⑧人格のない社団等の第二次納税義務

　これら8種類の第二次納税義務の成立要件については、第二次納税義務の類型ごとに、共通のものと格別のものとが定められている。これらの要件のうち、主たる納税義務者が滞納した場合に、その財産につき滞納処分を執行してもなおその徴収すべき額に不足すると認められることが、その共通の要件とされている。また、第二次納税義務は、その手続においても共通している。

　そこで、まず8種類の第二次納税義務に共通する要件や手続について述べることにすることとする。8種類の類型の格別の要件等については本章2および3で触れることとする。これらのうち、徴収法39条の第二次納税義務については、その適用が広く滞納者と第三者との取引にも及ぶこととされているため、以下では、別途取り上げて説明・検討する。

2　第二次納税義務の共通の成立要件・納付通知等

(1) 共通の成立要件

　第二次納税義務は、前述のとおり、本来の納税義務者が滞納した場合にその財産につき滞納処分を執行してもなおその徴収すべき額に不足すると認められることをその共通の要件として、その納税義務が成立するとされる。すなわち、この共通の納税義務成立のための要件は、主たる納税義務者の徴収不足である。ここではまず、この共通の要件である主たる納税義務者の徴収不足額についてみておくことにする。

　第二次納税義務が成立するためには、主たる納税義務者が自己の租税を滞納していることが必要である。そのうえで、主たる納税義務者の財産につき滞納処分を執行してもなおその徴収すべき額に不足すると認められることが成立の要件となっている。この場合において、この「徴収すべき額に不足すると認め

られる場合」とは具体的にどのような場合にこの要件を充足すると判断され、また、その場合はどの段階で判断されることになるのかが問題となる。このような要件について下記のような通達が行政解釈を示し、またそこにはこれに関係する最高裁判例が引用されている。

（i）行政解釈

国税徴収法基本通達32条関係1は、第二次納税義務の成立について次のように規定する。

「第二次納税義務は、法第33条から第39条まで又は第41条《第二次納税義務》に規定する特定の納税者が国税を滞納し、かつ、それらの条に規定する要件を満たすことによって成立する。

なお、第二次納税義務が成立し、納付通知書による告知を行うことにより確定した後にその成立要件となった事実に変更があっても、いったん確定した第二次納税義務には影響がない（昭和47・5・25最高判参照）。」

そのうえで、同通達は第二次納税義務の最初の種類である無限責任社員の第二次納税義務関係通達である33条関係1で、徴収不足額の判定について次のように定める。

「法第33条の『徴収すべき額に不足すると認められるとき』の判定は、第22条関係4と同様である。

なお、不足するかどうかの判定は、納付通知書を発する時の現況によるものとする（平成27・11・6最高判参照）。」

この通達で同様とするとして引用された同通達22条関係4は「国税に不足すると認められるとき」の意義およびその判定方法について、次のように定めている。

「法第22条第1項の『国税に不足すると認められるとき』とは、法第22条第4項の通知を発する時の現況において、納税者に帰属する財産（国税につき徴している担保財産で、第三者に帰属しているもの及び保証人の保証を含み、法施行地域内にある財産に限る。）で滞納処分（交付要求及び参加差押えを含む。）により徴収できるものの価額が、納税者の国税の総額に満たないと客観的に認められるときをいう（平成27・11・6最高判参照）。

なお、上記の判定は、滞納処分を現実に執行した結果に基づいてする必要

第2章　第二次納税義務

はないものとする（昭和47・5・25最高判参照）。」

　この場合における財産の価額の算定については、平成26・6・27付徴徴3-7「公売財産評価事務提要の制定について」（事務運営指針）に定めるところによるが、次のことに留意する。なお、徴収法33条から41条に規定する「徴収すべき額に不足すると認められる場合」の判定は、22条関係4と同様であり、また、その判定の時期は、33条関係1と同様である、とされている。

　この行政解釈の要点は次の3点にある。

①徴収法33条から41条に規定する第二次納税義務の要件である「徴収すべき額に不足すると認められる場合」の判定は、22条関係4と同様に解釈する。

②その場合の「徴収すべき額に不足すると認められるとき」とは、納税者に帰属する財産で滞納処分により徴収できるものの価額が、納税者の国税の総額に満たないと客観的に認められることをいう。

③その判定は納付通知書を発する時の現況で行い、滞納処分を現実に執行した結果に基づいてする必要はない。

　これらのうち、①は、通達の同条で示した徴収不足の意義が徴収法に規定する8種類の第二次納税義務に共通するものであることを明示的に示したものであるに過ぎない。したがって、行政解釈としては②と③の同通達の解釈が重要である。これらの解釈はその論拠として、それぞれ最高裁判例を引用していることが注目される。

(ⅱ)　司法解釈

　前述の通達で引用する最高裁の司法解釈を念のために確認しておくことにしよう。

　まず、前掲最判平27・11・6（民集69巻7号1796頁）では、地方税法11条の8に定める滞納者の地方団体の徴収金に対する第二次納税義務が争われた事案であるが、最高裁は次のように判示した。

　「同条に定める第二次納税義務が、上記のような関係にある第三者に対して本来の納税義務者からの徴収不足額につき補充的に課される義務であることに照らすと、同条にいう『滞納者の地方団体の徴収金につき滞納処分をしてもなおその徴収すべき額に不足すると認められる場合』とは、第二次納税義務に係

68

る納付告知時の現況において、本来の納税義務者の財産で滞納処分〔交付要求及び参加差押えを含む。〕により徴収することのできるものの価額が、同人に対する地方団体の徴収金の総額に満たないと客観的に認められる場合をいうものと解される。」

　上記の通達が徴収不足額の意義およびその判定時期について、確かに本判決に基づいていることが確認される。また、本判決が地方税法上の第二次納税義務に関するものであるにもかかわらず、前記通達がこの本判決を引用する点については、地方税法における第二次納税義務も国税徴収法における第二次納税義務も条文構成、内容的な違いがないと解されることによると考えられる。

　次に、もう一つの引用判例である最判昭47・5・25（第二次納税義務関係判例集（昭和49年2月版）534頁）であるが、事実関係が少し複雑であるのでこれを簡単に述べると、次のとおりである。本件は、国が原告となって提起された滞納国税の納付義務確認請求であり、国税の滞納状態にあった被告会社 Y_1 がその当時に資産として不動産を有するのみであったところ、これを被告 Y_2 に無償譲渡（所有権移転登記済み）したことに対し、この Y_2 に対し第二次納税義務の処分がなされた。しかし、Y_2 もまたすでに本件不動産を別の訴外Aに売り渡して無資産状態であったことから、国が上記売買を詐害行為として取消しを求める訴訟中であったため、この事件の終結までに徴収権が時効により消滅するおそれがあるとして本件確認請求がなされた。本判決は本件請求をそれぞれ Y_1 についてすべて正当、Y_2 については納付義務の限度で正当であるとした原原審判決を、原審とともに認容したものである。この最高裁判決から上記通達の該当部分が基礎づけられるかは必ずしも明らかではないようにもみえる。

(iii)　この最判の要件解釈に対する問題点

（ア）徴収不足について

　この要件の解釈については、第二次納税義務は主たる納税義務との関係において附従性と補充性を有するので、例えば、その補充性からは、第二次納税義務者の財産の換価は原則として主たる納税義務者の財産を換価に付した後でなければ行うことができないとされ（徴32条4項）、また、その附従性からは、主たる納税義務が履行、充当または免除によって消滅したときは第二次納税義務も消滅することになる。したがって、前述の問題については、それら補充性

第2章　第二次納税義務

と附従性をどのように考えるかによってその解釈が異なる。

　第1に、行政解釈も司法解釈も、「徴収すべき額に不足すると認められる」とは、実際の判定においては、第二次納税義務の納付通知書を発する時において、納税者に帰属する財産が客観的に滞納国税に満たない場合と判断されればよいことになるので、滞納者本人の財産につき、まず滞納処分をした結果として徴収不足が生じることに基づく必要はないとして取り扱われることが起こる。つまり、この取扱いによれば、第二次納税義務の成立に関しては、必ずしも滞納者の財産に滞納処分を執行することは必要ないのであり（前掲最判昭47・5・25）、本来の納税義務者に対する滞納処分を行う前であっても、その滞納者に滞納処分をしてもなおその徴収すべき額に不足すると認められる不足額を第二次納税義務者にいきなり納付請求することができることを意味する。ただし、徴収不足の判断は、少なくとも、後から判明した事実も含め客観的に認められる場合でなければならないものと考えられるから（前掲最判平27・11・6）、慎重な判断が求められることはいうまでもない。このような解釈は第二次納税義務の補充性を緩やかに解することによるものといえるであろう。

　なお、第二次納税義務者に対する納付請求額はこの主たる納税義務者の徴収不足の見込み額が限度となる。無限責任に対する第二次納税義務の場合は、徴収不足の見込み額がそのまま第二次納税義務の限度額となるが、その他の第二次納税義務においては受けた利益の額を限度とされるから、結果として、徴収不足の見込み額と受けた利益の額の小さい方が第二次納税義務の限度となる[3]。受けた利益の額については③2(4)の受益の限度で詳述する。

　第2に、前述のように徴収不足と解して第二次納税義務の処分を行った後に、主たる納税義務者の資力に変動があった場合に、この第二次納税義務の処分にどのような影響があるのかが問題となる。この問題は、第二次納税義務の確定後に、本来の納税義務者の財産が増加するなど、資力が回復したこと等により徴収不足の見込み額が減少もしくは消滅した場合、または、第二次納税義務の確定後に本来の納税義務者の財産が減少もしくは資力を喪失したことにより徴収不足の見込み額が増加した場合に生ずる。

　この点、例えば主たる納税義務が時効により消滅した場合に第二次納税義務

3　金子・租税法170頁。

　　　　　　　　　　　　　　　　　　　　1 第二次納税義務の制度趣旨と共通の要件・納付通知

も消滅するのかについては見解が分かれるが、後者の附従性（利益的効果）を
重視すれば積極に解すべきことになるのに対し[4]、主たる納税義務の時効の中
断等の効果についても見解が分かれるが、この場合の附従性（不利益的効果）
を認める規定もないのでその効果は遮断されると解するべきであろう[5]。

（イ）判定時期について

　行政解釈は、第二次納税義務関係事務提要 22 において、「徴収不足かどうか
の判定は、納付通知書を発する時の現況により行うものとするが（徴基通第 22
条関係 4、前掲最判平 27・11・6）、その判定が最近時においてされている場合に
は、便宜それによることとして差し支えない。」とする。

　これに対して、徴収不足の判定時期について争われた事例について確認する。

　裁決平 23・2・18（裁決事例集 82 集 354 頁）では、その要旨において、請求
人は、徴収不足の判定時期について、本件滞納法人がその所有財産に対する差
押処分を原処分庁に要請した時点とすべきである旨主張する。しかしながら、
徴収不足の判定時期を請求人主張の時期とすると、その後、納付告知書を発す
る時点までの間に無償譲渡等の処分がされた場合に、その譲渡等を受けた者に
対し第二次納税義務を負わせることができないこととなり、同条の存在意義の
大半が失われる結果となるから、請求人の主張は採用できないとした。

　続けて争われた東京地判平 25・4・26（税資徴収関係判決 25-18）では、滞納
会社および原告が、回収可能性のある本件申出債権を関東信越国税局に提供し、
そこからの本件滞納国税の回収を求めたことからするとすれば、本件におい
ては、少なくともその提供の時期において、その価値を含めたうえで徴収不足額
が認定されるべきであった。

　すなわち、第二次納税義務者に対する納付告知処分は、一般に単なる徴収処
分ではなく、徴収法所定の要件を充足してすでに成立している第二次納税義務
を具体的に確定させる賦課処分としての性質を有するとされている。そして、
徴収不足額の判定時期については何ら法的な手当はされていないものの、そも
そも申告納税方式のもとにおいては、自発的な納税を基本としていることから

4　北野・原論 234 頁、金子・租税法 169 頁等、反対、吉国・精解 321 ～ 322 頁。
5　北野・原論 234 頁、金子・租税法 169 頁、反対、通達 32 条関係 28、これを含み主たる納税義務
　者に対する各種の納税猶予措置等の効果については通達 32 条関係 17 ～ 28 を参照。

第 2 章　第二次納税義務

すれば、納税者が税務官庁による滞納処分のために、その財産を必要な関係書類とともに自発的に提示する。これに積極的に協力している場合には、第二次納税義務の判定時期は、滞納者によるその財産の提示が適切であると認められるときは、そのように認められる時まで遡及させて、その財産および関係書類等の提示があった時期とすることができると解すべきである。

　以上により、行政上の取扱いは、納付通知書を発する時の現況により徴収不足の判定が行われるものとされている。また、最近時における判定によることも差し支えないものとして取り扱われている。しかしながら、徴収不足の判定時期について、徴収法 39 条に明記されていないため、徴収不足の成立要件の認定に関わる特別の事情があるときは、その事情があった時期を判定時期と解することができるとする場合があると考えられる。

(2) 納付通知書とその法的性格

　第二次納税義務は、本来、主たる納税義務者から徴収できない徴収不足額を限度として、第二次納税義務者に納税義務を負わせることから、主たる納税義務との関係では補充性を有するにすぎない。また、第二次納税義務は主たる納税義務なしには成立することはないので、主たる納税義務者の納税義務が納付・充当・免除により消滅または変更すれば、第二次納税義務者の納税義務も消滅または変更することが原則とされ、こうした関係を第二次納税義務の附従性として捉えられている[6]。このため、一般には第二次納税義務は主たる納税義務との関係では民法の保証債務に類似する性格を有する[7]とみられている。

　このような第二次納税義務を負わせるには、手続上その納付通知書による告知が法的に重要になる。徴収法 32 条は、主たる納税者の納付不足について第二次納税義務者から徴収しようとするときは納付通知書による告知が必要であることを次のように規定する。

　「税務署長は、納税者の国税を第二次納税義務者から徴収しようとするときは、その者に対し、政令で定めるところにより、徴収しようとする金額、納付の期限その他必要な事項を記載した納付通知書により告知しなければならない。

6　清永・税法 303 頁。

7　北野・原論 234 頁、浅田久治郎ほか『租税徴収実務講座 3 特殊徴収手続（改訂版）』59 頁（ぎょうせい、1999 年）等参照。

この場合においては、その者の住所又は居所の所在地を所轄する税務署長に対しその旨を通知しなければならない。」

(i) 納付通知書による告知

　滞納者の所轄税務署長が第二次納税義務者に納付通知書を送付することにより、滞納者の徴収不足についてその者以外の特定の関係を有する者に一定の範囲で第二次納税義務が確定する。すなわち、徴収法33条以下所定の第二次納税義務の要件を充足することによって抽象的に成立していた第二次納税義務がこの納付通知書の送付によって具体的に確定されることとなると解するのが判例・通説であるといえよう[8]。そして、この納付通知は第二次納税義務の履行請求でもあるので徴収処分でもある（最判昭50・8・27民集29巻7号1226頁）。

　納付通知書に記載される事項については、同法施行令で下記の事項が定められている（11条1項）。

　①滞納者の氏名および住所等

　②滞納に係る国税の年度、税目、納期限および金額

　③第二次納税義務者が納付する金額ならびにその納付の期限および場所

　④第二次納税義務を課されることの根拠となる法律の規定

　　「国税徴収法第＊＊条第＊＊項第＊＊号」

　納付通知書の記載事項である第二次納税義務の納付期限は、その通知書で指定されるが、通知書が発された日の翌日から1月を経過する日が指定されるので（徴令11条4項）、この指定期日までに、第二次納税義務者は通知書に記載のある国税の納付をしなければならない。

　なお、行政庁は、滞納者から滞納税額の全額の徴収ができないと判断される場合には、滞納者に督促をすることなしに第二次納税義務者に納付通知書を送達することができるとされている（徴基通32条関係2(注)1）。

8　北野・原論234頁、三木義一『現代税法と人権』89頁（勁草書房、1992年）、清永・税法304頁、金子・租税法168頁、深井剛良編著『租税徴収関係判例要旨集（三訂版）』105頁（大蔵財務協会、2017年）等、裁判例として名古屋地判昭42・11・21第二次納税義務関係判例集（昭和49年2月版）246頁、反対、山田二郎『税法講義（第2版）』229頁（信山社、2001年）。この点は、第二次納税義務の要件である「徴収すべき額に不足すると認められる場合」が、各第二次納税義務の成立要件を満たすときに客観的に成立すると解するのか、それともその場合は租税行政庁の判断を解して成立すると解するのかによって解釈が異なっているといえる。

第2章　第二次納税義務

図表 2-1　納付通知書

別紙第4号書式

<table>
<tr><td colspan="12" align="center">納　付　通　知　書</td></tr>
<tr><td colspan="6">保証人</td><td colspan="6" align="right">年　　月　　日</td></tr>
<tr><td colspan="6">住　所</td><td colspan="6"></td></tr>
<tr><td colspan="6">氏名又は名称　　　　　　殿</td><td colspan="6" align="right">税務署長
官　氏　　名㊞</td></tr>
<tr><td colspan="12">　あなたは、保証人として、下記納税者の滞納国税及び滞納処分費につき、下記金額の国税を納付しなければならないこととなりましたので、納付の期限までに納付して下さい。</td></tr>
</table>

納税者	納税地					氏名又は名称					
滞納国税等	年　度	税　目	納期限	本　税	加算税	加算税	延滞税	利子税	滞納処分費	備　考	
				円	円	円	法律による金額　　円	円	法律による金額　　円		
							〃		〃		
							〃		〃		
							〃		〃		

<table>
<tr><td colspan="10">上記納税者の滞納国税及び滞納処分費につき、あなたが保証人として納付すべき金額</td><td colspan="2" align="right">円</td></tr>
<tr><td colspan="2">納付の期限</td><td colspan="5" align="center">年　　　　月　　　　日</td><td colspan="2">納付場所</td><td colspan="3">日本銀行の本店、支店、代理店若しくは歳入代理店又は当税務署</td></tr>
</table>

備　考
1　用紙の大きさは、日本産業規格A列4とする。
2　国税局又は税関において発行する場合には、この書式中「税務署長」又は「税務署」とあるのは、それぞれ「国税局長」若しくは「国税局」又は「税関長」若しくは「税関」とする。
3　第1号書式備考5及び15は、この書式について準用する。この場合において、同書式備考中「納税者の納税地」とあるのは、「保証人の住所」と読み替える。

　以上の納付通知については、行政実務上は、滞納者の所轄税務署長は、第二次納税義務者の所轄税務署長にも、第二次納税義務者に納税通知書を送達したことを通知することとされている。通知する事項は、前述の納付通知書に記載の事項のほか、第二次納税義務者の氏名および住所または居所ならびに納付通知書を発した日とされている（徴令11条2項）。第二次納税義務者が、自分の本来の国税を滞納している場合には、この二つの税務署間で徴収の調整をする必要があるので、第二次納税義務者の所轄税務署長にもこのような通知がされるのである。

(ii) 法的性格

　第二次納税義務は、滞納者から徴収できない租税を、滞納者と一定の関係の

　　　　　　　　　　　　　　　　　　　　　 1 第二次納税義務の制度趣旨と共通の要件・納付通知

ある第三者に納税義務を負わせるものである。税務署長がその第三者に納付通知書を送付することにより、第二次納税義務を確定させることになる。

　第二次納税義務の処分を行うか否かは、一定の要件のもとに滞納者の所轄税務署長が第二次納税義務の要件に基づいて判断することができる。そのため、第二次納税義務は、その態様によっては、滞納者の特殊関係者以外のまったくの第三者にも負担させる場合（例えば、徴収法39条の滞納者との取引を行った第三者等）がある。この場合には、特に前記のような納付通知書の記載内容だけからは、その第三者がどのような経緯で第二次納税義務者として納税義務を負わせられるのか、また、滞納者から徴収することができない徴収不足がいくらなのかということが判然としないことが多いであろう。

　このような場合を考えると、第二次納税義務の納付通知書の記載事項に関して、いわゆる理由附記が問題とされることになる。しかし、これについては従来、「あなたがこの第二次納税義務を課されることの根拠となる法律の規定」欄には、その告知の根拠となった適用条項の記載に加えて、処分理由を具体的に記載することは消極に解されてきた。例えば、そのような処分理由の「記載を命ずる規定はなく……右法令の要件事実はすべて記載されていることを明認しうる」（東京地判昭49・12・20訟月21巻3号694頁）、あるいは「納付通知書の記載から処分理由を理解できる」（広島地判昭50・4・23行集26巻4号582頁）等とされ、根拠条文以外の理由附記は不要とされてきた[9, 10]。

　しかし、この点は税法でも現代の処分理由の記載（その程度の差異がある）が基本とされる環境となっているなかで、むしろ第二次納税義務の処分にも理由附記が必要であると解すべきであるというべきである。主な理由として2点だけあれば、一つは、一連の青色申告の取消通知書等の理由附記の趣旨・目的として確立された①処分庁による処分の判断の慎重性の担保と、②相手方の不服申立ての便宜のためという法理であり、もう一つは、第二次納税義務者の権利救済は自身への納付告知処分はもとより主たる納税義務者の課税処分についても、納付告知処分の日を基準に認められるとした最判平18・1・19（民集60

9　浅田ほか・前掲注(7) 68頁。

10　浅田久治郎ほか『第二次納税義務制度の実務と理論（改訂新版）』282頁（大蔵財務協会、2006年）。

75

第 2 章　第二次納税義務

巻 1 号 65 頁）が税務実務上実効性をもちうるためには、第二次納税義務の納付告知処分の理由附記は不可欠であるといえるからである[11]。

（ア）納付告知の消滅時効

　第二次納税義務のこのような法的性格により、納付通知書による告知については、通則法 70 条が類推適用されず、期間制限を設ける必要がないとされている。この解釈は、第二次納税義務がすでに確定している主たる納税義務者の納税義務を補完するものにすぎず、これと別個独立に発生するものではなく、第二次納税義務は、主たる納税義務が発生し存続する限り、必要に応じいつでも課せられる可能性を有するものであって、納付告知はただその義務の発生を知らしめる徴収のための処分にほかならないという考え方に基づいている（最判平 6・12・6 民集 48 巻 8 号 1451 頁）。

　納付告知に消滅時効がないことは、第二次納税義務と民法の詐害行為取消権の大きな違いである。

（イ）納付告知と遺産分割

　共同相続人のなかに、滞納者である相続人がいる場合には、遺産分割の割合に留意する必要がある。最判平 21・12・10（民集 63 巻 10 号 2516 頁）では、滞納者が法定相続分に満たない財産を相続し、他の共同相続人が法定相続分を超える財産を相続したことは、「国税徴収法 39 条にいう第三者に利益を与える処分に当たり得るものと解するのが相当である」とし、租税行政庁が法定相続分を超える財産を相続した者に第二次納税義務の納付告知をしたことは、正当であるとしている。

（3）納付・徴収・求償権

　徴収法 32 条の第二次納税義務の納付告知についてはすでに述べたが、同条 2 項および徴収法 47 条はさらに第二次納税義務者に対する納付の督促や主たる納税義務者に対する求償権等を次のように規定している。

　徴収法 32 条 2 項および 5 項は次のように規定する。

11　この点、浅田ほか・前掲注(7) 228 頁は最判の理由附記の法理に関係して、前記法理の①については、第二次納税義務の告知処分が第二次納税義務につき成立要件の比較的詳細な規定振り、特殊な関係者を対象とすることおよび異例の事実が主要な要件事実となっていることの 3 点をあげて現行の記載で十分であるとし、また、②についても、現行の特定した適用条項の記載は十分とはいえないとしてもその要請には応えている、としている。

「2 第二次納税義務者がその国税を前項の納付の期限までに完納しないとき
は、税務署長は、次項において準用する国税通則法第38条第1項及び第2
項(繰上請求)の規定による請求をする場合を除き、納付催告書によりその
納付を督促しなければならない。この場合においては、その納付催告書は、
国税に関する法律に別段の定めがあるものを除き、その納付の期限から50
日以内に発するものとする。

(中略)

5 この章の規定は、第二次納税義務者から第1項の納税者に対してする
求償権の行使を妨げない。」

また、上記の規定を受けて同法47条は次のとおり規定する。

「次の各号の一に該当するときは、徴収職員は、滞納者の国税につきその
財産を差し押えなければならない。

一 滞納者が督促を受け、その督促に係る国税をその督促状を発した日か
ら起算して10日を経過した日までに完納しないとき。

(中略)

3 第二次納税義務者又は保証人について第1項の規定を適用する場合に
は、同項中『督促状』とあるのは、『納付催告書』とする。」

(i) 第二次納税義務者が納付をした場合

納付をした税額の法人税法の取扱いについては、法人税法39条に規定があ
り、第二次納税義務による納付額を法人税の計算上損金に算入することはでき
ないとされている。ただし、解散による残余財産の分配を受け受取配当等の益
金不算入に掲げる金額とみなされた金額(法24条)で、その益金不算入金額
もしくは外国子会社から受ける配当等の益金不算入(法23条の2第1項)また
は現物分配による資産の譲渡(法62条の5第4項)の規定により各事業年度の
所得の金額の計算上益金の額に算入されなかったものがある内国法人が、その
みなされた金額に係る残余財産の分配をした法人の第二次納税義務者として納
付したことにより生じた損失の額(その納付に係る求償権につき生じた損失の額
を含む)のうち、当該益金の額に算入されなかった金額を超える部分の金額に
相当する金額については、この限りでないとされている。

滞納者に資力があるにもかかわらず、法人である第二次納税義務者が納付し

第 2 章　第二次納税義務

図表 2-2　納付催告書

別紙第 5 号書式

```
                          納　付　催　告　書

                         あなたにまえに納付通知をした保証に係る国税が下記のとおり
   保証人                 滞納となつています。納付書で、日本銀行（本店、支店、代理店
                         若しくは歳入代理店）又は当税務署に、至急納付して下さい。
   住　所
                                            納 税 地
   氏名又は名称　　　　殿      第　　号
                                            氏名又は
                                            名　　称

   納付催告書発付　年　　月　　日     上記納税者に係る保証人として                円
                                  あなたが納付すべき滞納金額

   税務署長 官 氏 　名印          ◎納付書は、収納機関の窓口に備えてあります。
```

備　考

　　第 4 号書式備考は、この書式について準用する。

た場合には、納付したのち、滞納者に、第二次納税義務者が負担した税金を返すよう請求することができる。このような請求をすることを求償権の行使という。求償権の行使をして本来の納税義務者から回収できた額は、法人の益金には算入しない（法基通 9-5-6）。

　滞納者に資力がない場合は、求償権を行使したとしても納付した額の回収は期待できないこともありうる。求償権が回収不能となったことによる貸倒損失のほか、その求償権を放棄したことによる損失の額等その求償権につき生じる一切の額は、結果として第二次納税義務者が負担するが法人の損金の額に算入できない（法 39 条 1 項括弧書）。

　所得税法においても、第二次納税義務による納付は、収入金額を得るため直接に要した費用でなく、また、所得を生ずべき業務について生じた費用でもないため、必要経費とはならないと解される。

(ii) 第二次納税義務者が納付をしなかった場合

　納付通知書に記載されている納付の期限から 50 日以内に納付催告書が送付される。納付催告書は、督促状と同じ法律上の効力をもつため、さらに納付をしないで 10 日が経過すると、第二次納税義務者の財産が差し押さえられる。

78

行政庁が督促を行う際、本来の納税義務者に対する手続は、通則法37条の規定により督促状により行われる。第二次納税義務者に対する督促は、同条に規定されておらず、徴収法32条において納付催告書により行われることが規定されている。

　第二次納税義務者に対する納付通知は、「納税告知と督促との性格を兼備したものとして、その後あらためて督促を要せずに滞納処分をすることができることとされていたが、納付通知は納税告知に相当する性格を有するにとどめるものとして、別途督促に関する手続を経てはじめて滞納処分手続に進みうることとされる等その徴収手続の整備合理化及びその明確化が図られた。」[12] これにより、第二次納税義務者に対しての督促は、納付催告書により行われることとなった。

　第二次納税義務者は、本来の納税者と一定の関係がある者であり、本来の納税義務者の保証人に類似している[13]。督促は本来の納税義務者に対して行使されるものである。本来の納税義務者の徴収不足分の納税義務を負う第二次納税義務者には催告を行い、督促の準用がされる。税法上の取扱いにおいては、このように、本来の納税義務を負っている者と、本来の納税義務者に附従している者に対しては、督促と催告の使い分けがされているのである。

　本来の滞納者の差押財産がある場合には、その財産が公売にかけられた後でないと、第二次納税義務者の差押財産を公売にかけることはできない。

　ただし、第二次納税義務者の差押財産の価額が著しく減少するおそれがあるときには、本来の滞納者の差押財産より先に公売にかけられることがある（徴32条4項）。

　また、差押えを受けた場合でも、第二次納税義務者が不服申立てや訴えの提起をしている場合は、その決定等がされるまでは公売にかけられることはない。

　第二次納税義務者の財産で、すでに他の国税の担保財産となっているものについては、その他の国税が優先して徴収されることになる（徴14条）。

12　吉国・精解317頁。

13　山田・前掲注(8) 226頁。

第 2 章　第二次納税義務

2 第二次納税義務の類型

　第二次納税義務については、前述のとおり、①合名会社等、②清算人等、③同族会社、④実質課税額等、⑤共同的事業者、⑥事業譲受人、⑦無償譲受人等、および⑧人格のない社団等、の各第二次納税義務が定められている。

　これらの各第二次納税義務はその適用対象とした法律関係によって適用範囲に広狭が生ずる。これらのうち、これまで、また近年において、とみに問題となっているのは⑦の無償譲受人等の場合である。そこで、この⑦の無償譲受人等の場合については別の節で取り上げて検討することにする。

　この無償譲受人等の第二次納税義務の検討に移る前に、以下では、それ以外の第二次納税義務について簡単にみておくことにする。

1　合名会社等の無限責任社員（徴 33 条）

　合名会社等の無限責任社員の第二次納税義務についての徴収法 33 条は、以下のとおり規定する。

　「合名会社若しくは合資会社又は税理士法人、弁護士法人、外国法事務弁護士法人、監査法人、特許業務法人、司法書士法人、行政書士法人、社会保険労務士法人若しくは土地家屋調査士法人が国税を滞納した場合において、その財産につき滞納処分を執行してもなおその徴収すべき額に不足すると認められるときは、その社員（合資会社及び監査法人にあつては、無限責任社員）は、その滞納に係る国税の第二次納税義務を負う。この場合において、その社員は、連帯してその責めに任ずる。」

　本条は、合名会社等がその租税を滞納した場合には、その無限責任社員が第二次納税義務者となることを定める。この場合の第二次納税義務の成立要件は次のとおりである。

　①納税者が合名会社または合資会社等であること

　②その納税者が租税を滞納しており財産につき滞納処分を執行しても納付すべき租税に不足すると認められること

　本条の第二次納税義務の対象としては、合名会社や合資会社のほか、税理士法人、弁護士法人、外国弁護士法人、監査法人、特許業務法人、司法書士法人、

80

行政書士法人、社会保険労務士法人および土地家屋調査士法人が定められている。これらのうち、本条が、合資会社および監査法人については、第二次納税義務者となる社員として、とくに括弧書でそれらの無限責任社員を規定しているのは、無限責任社員のほかに有限責任社員を有することができるためであり、逆にこれら2種類の法人以外の法人は無限責任社員のみで設立されるからである。

　この第二次納税義務に関連する主な解釈上の論点としては、第1に、徴収法33条に規定している社員が新入社員等である場合については、入社した合名会社等の入社前に納税義務が成立している国税についても責任を負うこととされている（徴基通33条関係4）。

　また、退社または責任変更をした社員については、退社または責任変更の登記をする前に納税義務が成立した合名会社等の国税について責任を負うが、この責任はその登記後2年以内に納付通知書による告知等をしなかった場合には、登記後2年を経過した時に消滅するとされている（徴基通33条関係5）。したがって、退社等した社員でも、退社等の前に第二次納税義務に係る租税債務が成立し、納付告知処分がされていれば当該債務について第二次納税義務を負うこととなり、いったん成立した第二次納税義務が法定退社により消滅する旨の法令上の規定はないとされ（裁決平25・12・2裁決事例集93集371頁）、退社後2年以上経っても第二次納税義務を負うことになってしまう。

　第2に、自分の知らないところで合名会社の社員として商業登記されている者に対する第二次納税義務の適用については、これを肯定とするもの（国税・地方税徴収関係先例集（月刊「税」昭和45年3月号付録32頁））と消極に解するものとに分かれる[14]。函館地判昭59・3・29（判時1128号41頁）では、社員になることについて同意しておらず、その会社の経営に関与もしていない者については、その登記を信用して取引をした者に対する責任はなく、無限責任社員の第二次納税義務（徴33条）も負わせることができないとされている。

　租税債務の責任を負うのが不合理であるような者が、第二次納税義務を課されないために、課税庁は登記のみでの判断ではなく、その実態も十分に調査して判断すべきである。

14　浅田久治郎ほか『第二次納税義務制度の実務と理論（改訂新版）』61頁（大蔵財務協会、2006年）。

第2章　第二次納税義務

2　清算人等（徴34条）

清算人等の第二次納税義務についての徴収法34条は、以下のとおり規定する。

「法人が解散した場合において、その法人に課されるべき、又はその法人が納付すべき国税を納付しないで残余財産の分配又は引渡しをしたときは、その法人に対し滞納処分を執行してもなおその徴収すべき額に不足すると認められる場合に限り、清算人及び残余財産の分配又は引渡しを受けた者……は、その滞納に係る国税につき第二次納税義務を負う。ただし、清算人は分配又は引渡しをした財産の価額の限度において、残余財産の分配又は引渡しを受けた者はその受けた財産の価額の限度において、それぞれその責めに任ずる。
2　信託法……第175条……に規定する信託が終了した場合において、その信託に係る清算受託者……に課されるべき、又はその清算受託者が納付すべき国税……を納付しないで信託財産に属する財産を残余財産受益者等……に給付をしたときは、その清算受託者に対し滞納処分を執行してもなおその徴収すべき額に不足すると認められる場合に限り、清算受託者……及び残余財産受益者等は、その滞納に係る国税につき第二次納税義務を負う。ただし、特定清算受託者は給付をした財産の価額の限度において、残余財産受益者等は給付を受けた財産の価額の限度において、それぞれその責めに任ずる。」

本条は、1項で解散した法人が滞納者である場合には、清算人および残余財産の分配または引渡しを受けた者（徴収法33条の無限責任社員の第二次納税義務を負う者を除く）が、第二次納税義務者となることを規定する。その成立要件は次のとおりである。

①法人が解散した場合であること
②その解散法人が課されるべきまたは納付すべき租税を納付しないで清算人等に残余財産の分配または引渡をしたこと
③解散法人に滞納処分を執行してもなお徴収すべき租税に不足すると認められること

また、本条はその第2項で、信託が終了した場合の清算受託者（信託財産に属する財産のみをもって当該国税を納める義務を履行する責任を負う清算受託者に限る。以下「特定清算受託者」という。）が信託財産責任負担債務となる国税を

82

滞納している場合には、その清算受託者および残余財産受益者等が第二次納税義務を負うことを規定する。

　本条1項についていえば、法人が解散し、清算人がその解散法人の租税債務を納付しないで残余財産を分配したときは、その清算人およびその分配を受けた者に第二次納税義務を負わせることを定めた規定である。この規定は、会社法上、清算人が、解散法人の債務を弁済せずにその残余財産を分配した場合には、任務懈怠により当該解散法人に対する損害賠償責任を負うとともに、その清算人の配当に悪意または重大な過失があったときは第三者に対しても損害賠償責任を負うとされていること（会法481条1項、487条1項、652条、653条等）と同様の考え方に基づいて設けられたものとされている[15]。

　しかし、清算人の怠慢により残余財産分配後に滞納税額が発生した場合であっても、徴収法34条の対象となる滞納税額は、法人が結果的に納付しなければならないこととなるすべての国税をいい、解散の時または残余財産の分配もしくは引渡しの時において成立していた国税に限られないため（徴基通34条関係2）、当該滞納税額は第二次納税義務の対象となる。さらに、清算人が破産等により法人の滞納税額を支払う能力がない場合には、徴収すべき税額に不足するとして、残余財産の分配を受けた者に第二次納税義務が課される場合があり（裁決平25・9・25裁決事例集92集441頁）、この場合の清算人の怠慢という事実は考慮されないというところに問題があるといえる。

　さらに、第二次納税義務者の要件を満たしている者が複数いる場合について、誰から優先的に徴収するかが問題となるが、行政解釈は次のように所轄税務署長が決めるとしている。すなわち、「清算人又は分配等を受けた者が2人以上いる場合には、その全員に対して第二次納税義務を負わせるものとする。ただし、そのうちの一部の者から主たる納税者の国税の全額の徴収ができると認められるときは、この限りでない。なお、これらの者相互間における滞納処分の執行については、いずれの者からその処分を執行しても差支えないことに留意する。」（第二次納税義務関係事務提要63）として、徴収の順序が法律で定められていない。分配等により利益を受けた者と利益を受けていない清算人とでその担税力を考慮した順序の規定が必要と思われる。

15　吉国・精解339 = 340頁、前川・図解80頁。

第2章　第二次納税義務

清算人と分配を受けた者との納税義務の関係はいわば包括的に連帯債務的な関係として規定されている（ただし、両者の責任限度は異なる）、これに対し、会社法では清算人の任務懈怠もしくは悪意または重大な過失を要件とすることによって清算人の解散会社または第三者に対する賠償責任がどのようなかたちで負わされるかが規定されている。これらの点で両者は大きく異なっており、清算人と分配を受けた者に対する第二次納税義務の規定としての妥当性が問題とされる余地があろう。

3　同族会社（徴35条）

同族会社の第二次納税義務についての徴収法35条は、以下のとおり規定する。

「滞納者がその者を判定の基礎となる株主又は社員として選定した場合に法人税法……第2条第10号……に規定する会社に該当する会社……の株式又は出資を有する場合において、その株式又は出資につき次に掲げる理由があり、かつ、その者の財産……につき滞納処分を執行してもなお徴収すべき国税に不足すると認められるときは、その有する当該株式又は出資……の限度において、当該会社は、その滞納に係る国税の第二次納税義務を負う。
一　その株式又は出資を再度換価に付してもなお買受人がないこと。
二　その株式若しくは出資の譲渡につき法律若しくは定款に制限があり、又は株券の発行がないため、これらを譲渡することにつき支障があること。
2　前項の同族会社の株式又は出資の価額は、第32条第1項……の納付通知書を発する時における当該会社の資産の総額から負債の総額を控除した額をその株式又は出資の数で除した額を基礎として計算した額による。
3　第1項の同族会社であるかどうかの判定は、第32条第1項の納付通知書を発する時の現況による。」

本条は、1項で、滞納者が同族会社の株式または出資を有している場合には、同族会社が第二次納税義務者となることを規定する。その成立要件は次のとおりである。
①滞納者が、同族会社の株式または出資を有していること
②その株式または出資の換価が特定の理由により困難であること

③滞納者の財産（②の株式または出資を除く）につき滞納処分を執行しても、なお徴収すべき租税に不足すると認められること

同族会社の株式または出資の価額について、本条2項において資産および負債の総額の計算は、納付通知書を発する日の現況によると規定しているが、資産および負債について著しい増減がないなど、特に徴収上支障がない限り、その日の直前の決算期（中間決算を含む）の貸借対照表、財産目録または法人税の決議書を参考として行っても差し支えない（徴基通35条関係13）。ただし、あくまで参考であり、もし貸借対照表等の各勘定科目のなかに、その回収が不可能であると見込まれるような、額面どおりの経済的価値があるとはいい難い資産や、その債務の発生が確実といえないような負債が含まれている場合には、貸借対照表等の金額に一定の修正を加えて、客観的な時価を算出することが必要になる（裁決平29・12・13裁決事例集109集80頁）。

4　実質所得者課税額等（徴36条）

実質所得者課税額等の第二次納税義務についての徴収法36条は、以下のとおり規定する。

「滞納者の次の各号に掲げる国税につき滞納処分を執行してもなおその徴収すべき額に不足すると認められるときは、第1号に定める者にあつては同号に規定する収益が生じた財産（その財産の異動により取得した財産及びこれらの財産に基因して取得した財産……）、第2号に定める者にあつては同号に規定する貸付けに係る財産……、第3号に定める者にあつてはその受けた利益の額を限度として、その滞納に係る国税の第二次納税義務を負う。

一　所得税法第12条……若しくは第158条……又は法人税法第11条……の規定により課された国税　その国税の賦課の基因となつた収益が法律上帰属するとみられる者

二　消費税法……第13条……の規定により課された国税……　その国税の賦課の基因となつた当該貸付けを法律上行つたとみられる者

三　所得税法第157条……若しくは第168条の2……、法人税法第132条……、第132条の2、第132条の3……若しくは第147条の2……、相続税法第64条……又は地価税法……第32条……の規定により課された国税

第2章　第二次納税義務

　これらの規定により否認された納税者の行為……につき利益を受けたもの
　とされる者」
　本条では、滞納者が実質所得者課税を受けた者等である場合は、第二次納税
義務者となると規定する。その成立要件は次のとおりである。
〈1号の要件〉
①滞納者が、実質所得者課税の原則または事業所の所得の帰属推定の規定に
　より課された租税を滞納していること
②滞納者の財産につき滞納処分を執行しても、なお徴収すべき①の租税に不
　足すると認められること
〈2号の要件〉
①滞納者が、資産の譲渡等を行った者の実質判定の規定により課された租税
　を滞納していること
②滞納者の財産につき滞納処分を執行しても、なお徴収すべき①の租税に不
　足すると認められること
〈3号の要件〉
①滞納者が、同族会社等の行為または計算の否認の規定により課された租税
　を滞納していること
②滞納者の財産につき滞納処分を執行しても、なお徴収すべき①の租税に不
　足すると認められること

5　共同的な事業者（徴 37 条）

　共同的な事業者の第二次納税義務についての徴収法 37 条は、以下のとおり
規定する。
　「次の各号に掲げる者が納税者の事業の遂行に欠くことができない重要な財
産を有し、かつ、当該財産に関して生ずる所得が納税者の所得となつている場
合において、その納税者がその供されている事業に係る国税を滞納し、その国
税につき滞納処分を執行してもなおその徴収すべき額に不足すると認められる
ときは、当該各号に掲げる者は、当該財産……を限度として、その滞納に係る
国税の第二次納税義務を負う。
　一　納税者が個人である場合　その者と生計を一にする配偶者その他の親族

でその納税者の経営する事業から所得を受けているもの

二　納税者がその事実のあつた時の現況において同族会社である場合　その判定の基礎となつた株主又は社員」

本条では、共同的な事業者についての第二次納税義務を規定しており、その成立要件は次のとおりである。

①納税者と特殊な関係にある者が、納税者の事業の遂行に欠くことができない重要財産を有していること

②その重要財産に関して生ずる所得が、納税者の所得となっていること

③納税者が、重要財産が供されている事業に係る租税を滞納していること

④納税者の財産につき滞納処分を執行しても、なお徴収すべき③の租税に不足すると認められること

同族会社が滞納者である場合、その同族会社の株主がその同族会社に事業で使用する不動産などの財産を賃貸していた場合、その株主はたとえ経営に関与していなくても、その賃貸している不動産などの財産の価額を限度として、第二次納税義務が課されることになるので、注意が必要である（裁決平3・1・29裁決事例集41集335頁）。

6　事業を譲り受けた特殊関係者（徴38条）

事業を譲り受けた特殊関係者の第二次納税義務についての徴収法38条は、以下のとおり規定する。

「納税者が生計を一にする親族その他納税者と特殊な関係のある個人又は被支配会社……で政令で定めるものに事業を譲渡し、かつ、その譲受人が同一又は類似の事業を営んでいる場合において、その納税者が当該事業に係る国税を滞納し、その国税につき滞納処分を執行してもなおその徴収すべき額に不足すると認められるときは、その譲受人は、譲受財産の価額の限度において、その滞納に係る国税の第二次納税義務を負う。ただし、その譲渡が滞納に係る国税の法定納期限より1年以上前にされている場合は、この限りでない。」

本条では、滞納者から事業を譲り受け、かつ、同一の場所で同一または類似の事業を営んでいる親族その他滞納者と特殊な関係のある個人または同族会社（これに類する法人を含む）は、第二次納税義務者となることを規定している。

第 2 章　第二次納税義務

その成立要件は次のとおりである。

　①納税者がその事業をその親族その他の特殊関係者に譲渡したこと

　②その事業の譲渡が租税の法定納期限の 1 年前の日後にされたものであること

　③その譲受人が同一とみられる場所において、同一または類似の事業を営んでいること

　④納税者が、譲渡した事業に係る租税を滞納していること

　⑤納税者の財産につき滞納処分を執行しても、なお徴収すべき④の租税に不足すると認められること

　徴収法 38 条における譲受財産については、一般的には「同条は、事業の譲渡に伴い、譲渡人の国税の引き当てとなっていた財産が譲受人に譲渡されたことによって、国税の確保に支障が生じることから、譲受人が譲渡人の特殊関係者である場合に限り、その譲受人に対し、譲渡人の国税の引き当てとなっていた譲受財産を限度として、二次的に譲渡人の国税についての納税義務を負わせることとしたものと解されるのであるから、同条にいう『譲受財産』は、滞納処分の対象となっていた積極財産をいい、消極財産を含まないと解する」（裁決平 21・6・22 裁決事例集 77 集 582 頁）のが妥当といえる。また、基本通達においても譲受財産は積極財産をいうとされている（徴基通 38 条関係 16）。ただし、この点については、譲受財産は事業譲渡により譲り受けた個々の財産またはその移動により取得した財産であって譲り受けた負債を控除した金額ではないとした裁判例（東京地判平 23・7・14（判例集未登載））もあるので注意すべきである。

　本条については、平成 28 年度税制改正で次の 3 点の改正が行われた（平成 29 年 1 月 1 日から施行）。すなわち、①対象となる特殊関係者の範囲を納税者と生計を一にする親族等または特定支配関係同族会社（被支配会社）に限定する（納税者の特殊関係者の範囲の縮減）、②事業譲受人が「同一と見られる場所」において事業を営んでいるという要件を廃止する（同一場所要件の廃止）、③第二次納税義務者の責任について譲受財産の価額を限度とする（責任限度の拡充）、である。特に③の改正は、従前は主要な事業譲受財産である売掛金等が短期間で回収され事業資金に費消されてしまい本条の適用が困難になる、悪質な事業

譲渡の場合に適切に対応するためであるとされる[16]。

7　人格のない社団等（徴41条）

　人格のない社団等の第二次納税義務についての徴収法41条は、以下のとおり規定する。

　「人格のない社団等が国税を滞納した場合において、これに属する財産……につき滞納処分を執行してもなおその徴収すべき額に不足すると認められるときは、その第三者は、その法律上帰属するとみられる財産を限度として、その滞納に係る国税の第二次納税義務を負う。

　2　滞納者である人格のない社団等の財産の払戻又は分配をした場合……において、当該社団等……につき滞納処分を執行してもなお徴収すべき額に不足すると認められるときは、当該払戻又は分配を受けた者は、その受けた財産の価額を限度として、その滞納に係る国税の第二次納税義務を負う。ただし、その払戻又は分配が滞納に係る国税の法定納期限より1年以上前にされている場合は、この限りでない。」

　本条は、人格のない社団等の第二次納税義務について規定しており、その成立要件は次のとおりである。

〈1項の要件〉

①人格のない社団等の財産で、第三者がその財産の名義人となっているため、その第三者に法律上帰属するとみられる財産があること

②その人格のない社団等の財産（①の財産を除く）につき滞納処分を実行しても、なお徴収すべき租税に不足すると認められること

〈2項の要件〉

①人格のない社団等の財産につき払戻しまたは分配をしたこと

②その払戻しまたは分配が、租税の法定納期限の1年前の日後にされたものであること

③人格のない社団等の財産につき滞納処分を執行しても、なお徴収すべき租税に不足すると認められること

16　財務省「平成28年度税制改正の解説」財務省HP（https://www.mof.go.jp/tax_policy/tax_reform/outline/ fy2016/explanation/index.html

第 2 章　第二次納税義務

③ 第二次納税義務の成立要件

1　徴収法 39 条の成立要件

　8 種類の第二次納税義務のうち、近年とみに問題となっているのは、無償譲受人等の第二次納税義務である。この第二次納税義務について徴収法 39 条は、次のとおり規定する。

　「滞納者の国税につき滞納処分を執行してもなおその徴収すべき額に不足すると認められる場合において、その不足すると認められることが、当該国税の法定納期限の 1 年前の日以後に、滞納者がその財産につき行つた政令で定める無償又は著しく低い額の対価による譲渡（担保の目的でする譲渡を除く。）、債務の免除その他第三者に利益を与える処分に基因すると認められるときは、これらの処分により権利を取得し、又は義務を免かれた者は、これらの処分により受けた利益が現に存する限度（これらの者がその処分の時にその滞納者の親族その他滞納者と特殊な関係のある個人又は同族会社（これに類する法人を含む。）で政令で定めるもの（第 58 条第 1 項（第三者が占有する動産等の差押手続）及び第 142 条第 2 項第 2 号（捜索の権限及び方法）において「親族その他の特殊関係者」という。）であるときは、これらの処分により受けた利益の限度）において、その滞納に係る国税の第二次納税義務を負う。」

　本条では、滞納者が、無償または著しく低い額の対価による譲渡（担保の目的でする譲渡を除く）、債務の免除その他第三者に利益を与える処分を行った場合の第二次納税義務について規定している。その成立要件は、次のとおりである。

　①納税者が、その財産につき、無償または著しく低い額の対価による譲渡（担保の目的でする譲渡を除く）、債務の免除その他第三者に利益を与える処分をしたこと

　②この無償譲渡等の処分が、租税の法定納期限の 1 年前の日以後にされたものであること

　③納税者の財産につき滞納処分を執行しても、なお徴収すべき租税に不足すると認められること

　④この③の租税に不足すると認められることが①の無償譲渡等の処分に基因

すると認められること

　この徴収法39条の第二次納税義務の特徴は、本条以外の第二次納税義務が基本的には滞納者と何らかの関係がある者に対して課されるのに対して、徴収法39条の場合は、無償または著しい低額の譲渡等によって、その処分の時にその滞納者のいわゆる特殊関係者に利益を与える処分とともに、第三者と取引を行ってこれに利益を与える処分も含まれることにある。すなわち、本条は、第三者であっても滞納者と財産の取引を行い、これが本条の無償または著しい低額の譲渡等に当たるときには第二次納税義務が課される場合があることになる。

　財産の無償譲渡等は、詐害行為に該当することが多いため、詐害行為取消権に基づく訴訟手続によることができる場合もあるが、本条の第二次納税義務の制度は、そうした訴訟手続によることなく租税行政庁の処分によって第二次納税義務の賦課徴収が可能になるので、手続の簡略化がなされていると同時に、本条の第二次納税義務制度は詐害行為取消権とは制度的には別個のものであるから、本条の適用上、滞納者に詐害の意思があることを要しないと一般に解されている[17]。

　以下、項を改めて、徴収法39条の成立要件について、主な論点を述べることにする。これら要件のうち③要件は第二次納税義務の共通要件であるので、以下では、特にこれ以外の要件と納税義務の範囲について述べる。

2　徴収法39条の成立要件に関する問題点
(1)　納税者による財産の無償または低額による譲渡等

　本条の①要件は、納税者（滞納者）による財産の無償または低額による譲渡、債務の免除その他第三者に利益を与える処分に該当することである。

(i)　譲渡等

　これらのうち、まず無償譲渡等の「譲渡」とは、贈与、特定金銭等遺贈、売買、交換、債権譲渡、出資、代物弁済等による財産権の移転をいうが、相続等の一般承継によるものは含まないとされ（徴基通39条関係3）、譲渡担保のように担保の目的でする譲渡も除かれる（同条前段括弧書）。ほかに被扶養者に対す

17　金子・租税法166頁を参照。

第2章　第二次納税義務

る生活費、学費等で社会通念上相当と認められる額の金銭等も無償譲渡等には当たらないとされる（最判平21・12・10民集63巻10号2516頁）[18]。

　また「債務の免除」には、債務者に対し一方的意思表示により債務を無償で消滅させる、いわゆる債権放棄（民519条）によるもののほか、契約による免除も含まれるとされる（徴基通39条関係4）。

　さらに「第三者に利益を与える処分」とは、譲渡、債務の免除以外の処分のうち、滞納者の積極財産の減少（滞納者の身分上の一身専属権である権利の行使または不行使によるものを除く）をもたらす結果、第三者に利益を与えることとなる処分をいうとされる。例えば、地上権、永小作権、地役権、賃借権の設定処分や、遺産分割協議（前掲最判平21・12・10）[19]、株主に対する剰余金の配当（東京高判平26・11・26訟月61巻2号454頁）がこれに当たるとされる（徴基通39条関係5）。これらの処分であっても、その第三者に利益を与える処分が離婚に係る慰謝料であるなど、それが必要かつ合理的な理由に基づくものであると認められるときは、本条の処分に該当しないとされるのに対し（東京地判昭45・11・30行集21巻11=12号1392頁）[20]、国税の滞納者を含む共同相続人の間で成立した遺産分割協議は、滞納者である相続人にその相続分に満たない財産を取得させ、他の相続人にその相続分を超える財産を取得させるものであるときは、第三者に利益を与える処分に当たる（前掲最判平21・12・10）とされる[21]など、注意が必要である。

（ii）低額による譲渡

　次に、「無償または著しく低い額の対価による譲渡」についてであるが、とくに問題となるのは「著しく低い額の対価による譲渡」、すなわち低額譲渡である。

　これは第三者に利益を与える処分においても問題とされるが、第1に、譲渡の場合にその対価の額が著しく低いかどうかは、画一的に判断できるものではなく、当該財産の種類、数量の多寡、時価と対価の差額の大小等を総合的に勘

18　浅田ほか・前掲注(7) 134頁。

19　橘・実務401頁。

20　吉国・精解380頁（注1）。

21　吉国・精解380頁（注2）。

案して、社会通念上、通常の取引に比べ、著しく低い額の対価であるかどうかによって判定する[22]とされている（徴基通39条関係7）。

　具体的には、上場株式や社債など、一般に時価が明確な財産については、対価が時価より低廉な場合、その差額が比較的僅少であっても著しく低い額と判定すべきであるとする一方、値幅のある財産である不動産等については、その対価が、時価の「おおむね2分の1」に満たない場合には、特段の事情のない限り著しく低い額と判定することとしている。上場株式や社債などは取引市場などで時価が明確であり、取引の対価が時価と比して低いかどうかは容易に判定できるが、不動産の場合には、その種類、数量、取引段階や事情など価格を構成する要素が多くあるためとされる。

　第2に、前述の「おおむね2分の1」とは、文字どおり2分の1前後のある程度幅を含んだ概念と解すべきであって、2分の1を境に低額譲渡と否とを峻別する趣旨ではなく、2分の1をある程度上回っても、諸般の事情に照らし低額譲渡に当たる場合があることを示したものと解すべきである。不動産のように通常は人により評価額を異にし、値幅のある財産については価額の差がある程度開いていても直ちには「著しく低い」とはいえない場合がある（広島地判平2・2・15判時1371号82頁）。

　第3に、滞納に係る国税の第二次納税義務を負うその金額は、受けた利益を限度とする。

　また、第二次納税義務者となるかどうかの判定も、その対象財産が土地など値幅のある財産の場合は、その時価の2分の1よりも低い金額かどうかが基準となっている。

　利益の移転が譲渡である場合、その利益の額の算定、また第二次納税義務者となるかどうかの判定に、その時価の金額が左右する。

(2) 法定納期限の1年前の日以後の処分

　本条の②要件は、租税の法定納期限の「1年前の日以後」にされた無償譲渡

22　同通達は、参照裁判例として松江地浜田支判昭44・7・2（第二次納税義務関係判例集（昭和49年2月版）309頁）、東京高判昭48・11・29（第二次納税義務関係判例集（昭和49年2月版）629頁）、広島地判平2・2・15（判時1371号82頁）、福岡高判平13・11・9（裁判所ウェブサイト）、東京高判平21・11・12（税資徴収関係判決順号21-42）等をあげている。

93

第2章　第二次納税義務

等の処分を対象とする。この場合に、まず徴収法の法定納期限は徴収法2条10号の法定納期限のほか、国税の還付の基因となった申告または更正・決定があった日や過怠税の納税義務の成立の日などが含まれる[22]。そして、本条では法定納期限の1年前の日「以後」にされた処分であるから、1年前の日に当たる日（応当日）にされた処分も含まれることとされる（徴基通39条関係2）。

　この点、他の第二次納税義務の場合（徴35条1項括弧書、38条但書、41条2項等）には、これと極めて類似した「1年以上前」が定められているが、それらのうち、例えば徴収法35条の場合には「1年以上前」の応答日の当日にされた株式または出資の取得は除外されることとされている（徴基通35条関係10）。この規定と本条の規定振りとは異なるとはいえ、一定の期間または期限を定める点では同じであるので、それらの解釈において応当日の当日を含める場合と含めない場合が生ずるのは不合理であるといえるから、本条の第二次納税義務の「1年前の日以後」の応当日という規定を含む類似の期間の規定については、第二次納税義務の成立の解釈では、その該当者に不利益にならない取扱いとなるようにすべきである[24]。

　なお、1年前の日後の「処分の日」の判定は、その処分による権利変動が生じた日とすべきであるとされる。

(3) 基因関係

　本条の④の要件は、主たる納税義務者に生じた徴収不足が、無償譲渡等に基因すると認められるときに成立するとされている。この場合の基因関係とはどのようなものか、以下に確認する。

（i）基因の意義

　徴収法39条における徴収不足と無償譲渡等の処分の基因関係については、①現在徴収不足の状態にあれば、過去の無償譲渡等の処分すべてについて基因関係があるとする見解、②現在の徴収不足が、納税者の無償譲渡等の処分がなければ生じなかったと認められる場合に基因関係があるとする見解、③現在の徴収不足の状態が、納税者の無償譲渡等の処分時から納付通知書を発するときまで継続していることを要するとする見解がある[25]。

23　浅田ほか・前掲注(7) 106頁。
24　浅田ほか・前掲注(7) 138頁。

94

また、無償譲渡等の処分が複数あった場合において、一つの処分によっては徴収不足は起こらなかったが、後から行われた処分によって最終的に徴収不足となった場合に、前者の処分について現在の徴収不足と基因関係があるかという問題がある[26]。

(ii) 行政解釈

基因関係に関する行政解釈としての徴収法基本通達39条関係9は、以下のとおり規定する。

「法第39条の『徴収すべき額に不足すると認められること』(以下9において『徴収不足』という。)が無償譲渡等の処分に『基因すると認められるとき』とは、その無償譲渡等の処分がなかったならば、現在の徴収不足は生じなかったであろう場合をいう。

(注) 国税に優先する債権を被担保債権とする担保権が設定された財産について、その被担保債権額が譲渡時に当該財産の価額を上回っている場合は、特段の事情がない限り、徴収不足が当該財産の譲渡に『基因すると認められるとき』には該当しないことに留意する (平成27・6・16福岡地判参照)。」

また、事務運営指針第2編第8章第1節成立要件(2)イ「基因関係の判定方法」は、次の取扱いを定めている。

「徴収不足である場合において滞納者が滞納国税の法定納期限の1年前の日以後に無償譲渡等の処分をしているときは、当該無償譲渡の処分と徴収不足との間に基因関係があるものとする。ただし、当該無償譲渡等の処分をした後に、滞納者がその国税の総額を徴収できる財産を取得している場合には、基因関係がないものとして取り扱って差し支えない (昭和52・4・20東京高判参照)。」

つまり、徴収法基本通達39条関係9は、上記(i)②現在の徴収不足が、納税者の無償譲渡等の処分がなければ生じなかったと認められる場合に基因関係があるものとし、事務運営指針第2編第8章第1節成立要件(2)イは、上記(i)③現在の徴収不足の状態が、納税者の無償譲渡等の処分時から納付通知書を発するときまで継続していることを要するとするものとしているのであるから、これら二つの要件を満たす場合において、基因関係があるものと解される。

---

25 浅田ほか・前掲注(7) 168頁。
26 浅田・前掲注(10) 140頁。

第2章 第二次納税義務

　また、無償譲渡等が複数行われた結果、徴収不足となった場合について、事務運営指針第2編第8章第1節成立要件(2)ロ「無償譲渡等の処分が2以上ある場合」における取扱いは、次のとおり定められている。

　「滞納者が滞納国税の法定納期限の1年前の日以後に2以上の基因関係のある無償譲渡等の処分をしている場合には、原則として次により処理する。

（イ）　無償譲渡等の処分が、親族その他の特殊関係者（102参照）とそれ以外の第三者にされている場合には、まず前者から第二次納税義務を負わせることとして取り扱う。

（ロ）　親族その他の特殊関係者に対する無償譲渡等の処分相互又はそれ以外の第三者に対する無償譲渡等の処分相互の間では、納付通知発付時に最も近いものから第二次納税義務を負わせることとして取り扱う。」

(iii) 司法解釈

　上記(i)②現在の徴収不足が、納税者の無償譲渡等の処分がなければ生じなかったと認められる場合に基因関係があるものとする取扱いを示しているのは徴収法基本通達39条関係9であるが、近年、引用されている裁判例が変更されており、実質的な判断基準について留意が必要であるから、以下に司法解釈を確認する。

　まず、福岡地判平27・6・16（税資徴収関係判決順号27-20）を受けて同通達が変更される以前は、大阪地判昭50・3・14（第二次納税義務関係判例集（追録1）141頁）が引用されていた。この大阪地判においては、滞納国税の徴収不足が本件譲渡に基因するかについて、その原因となる譲渡行為から徴収不足に基づく告知までの間に滞納者の資力が回復したというような状況が存在しない限り告知時点で徴収不足であり、当該譲渡行為により譲受人が利益を受けていれば基因関係を認めることができるとして、通常の相当因果関係よりも広い概念であるから、担保権の状況を考慮する必要はないとする租税行政庁の主張を認めていた。これは、納付告知書の発送時において、徴収不足の状況と低額譲渡等の事実があれば、基因関係も自動的にあるものとし、徴収不足に至った状況や担保権等の事情は特別考慮することなく徴収法39条の成立要件となるとする考え方である。すなわち、無償譲渡等があった当時に滞納者が滞納国税に見合う充分な財産を有していたとしても、その後の何らかの事情によりその財産

を費消し徴収不足となった場合には、その無償譲渡等がなければその譲渡等に対応する価額については徴収が可能であったものとして、第二次納税義務を負担させることとしていた。

これに対して、前掲福岡地判平27・6・16は次のとおり判示している。

「国税債権に優先する担保権が付着し、その被担保債権額が時価を上回る物件は、滞納処分において国税徴収の引当てとなる財産ではないのであるから、滞納者がこれを譲渡してその物件の所有権を失っても、特段の事情のない限り、その譲渡がなければその後の徴収不足が生じなかったという関係は認められないことになる。」

本判決は、徴収法39条における基因関係の有無は国税徴収の引当てとなる財産が減少したか否かが問題となるべきであるから、国税債権に優先する担保権の有無および被担保債権の額が考慮されるべきであり、滞納国税の徴収可能性が具体的に減少した事実が認められることが必要となることを示したものである。

以上のとおり、無償譲渡等と徴収不足の基因関係については、無償譲渡等と国税の徴収不足についてのみをみて判断すればよいのではなく、その無償譲渡等の処分の対象物に関する他の債権等の事情についても考慮する必要がある。国税に優先する債権が設定されていることにより、そもそも国税に充当されるべき金額がないような場合については、基因関係の判断の対象となる無償譲渡等には当たらないことに留意が必要である。

(4) 納税義務の範囲

本条の第二次納税義務は、前述した成立要件を満たす処分により権利を取得し、または義務を免かれた者に課されるが、その者がその処分のときに第三者であるか、それとも親族その他の特殊関係者に当たるかによって、この場合の第二次納税義務の範囲がそれぞれ「現に存する限度」または「受けた利益の限度」と異なるものとされている。

（ⅰ）受益の限度（親族その他の特殊関係者の場合）

滞納者の親族その他の特殊関係者の第二次納税義務の範囲は「受けた利益の限度」（徴39条括弧書）と規定されている。ここに「受けた利益」とは、①無償譲渡等の処分により財産の価額から、②対価の額や利益を受けるために要し

第 2 章　第二次納税義務

た費用の額を控除した額であると解されている[27]。

　この場合、第 1 に、受益の限度は、その利益が消滅した場合においても、この条に規定する譲渡等の処分により受けた利益により判断される（徴基通 39 条関係 16）。例えば、利益を受けた物が滅失し、毀損し、または盗難にあったときにおいても、その処分により受けた利益そのものの価額により判定する。また、利益を受けた者が、その利益として受けた財産上に地上権、永小作権等の用益物権、賃借権等を設定したときにおいても、これらの権利が設定されていないものとして判定する。

　第 2 に、受益財産の取得に直接要した費用、例えば契約の費用、不動産取得税、登録免許税、贈与税等は、本条の適用にあたって受益財産の価格から控除すべきである。しかし、その受益財産を保有または処分したことに伴う固定資産税、所得税等を控除すべきであるか否かについては争いがあるが、受けた利益の金額は受益の時を基準として客観的に判断すべきであるから、控除することができないと解すべきである（最判昭 51・10・8 判時 835 号 60 頁）[27]とされる。

　第 3 に、債務免除に伴う受けた利益の額については、実務的取扱いとして、債務免除の時の現況においてその債権を換価するものとして評価した価額（第三債務者の支払能力、弁済期、担保の有無等を考慮のうえ評価した価額）とされ、その他担保権付財産の譲渡の場合には、一般的にはその抵当債務の引受額をもとに算定するものとされている[29]。

　なお、旧徴収法と比べて、この場合の第二次納税義務の範囲は、それらの者が現に有する当該財産の価額の限度から譲渡等の処分により受けた利益の限度に拡充されている[30]。

（ⅱ）現に存する利益の限度（第三者の場合）

　特殊関係者以外の第三者の第二次納税義務の範囲は「受けた利益が現に存する限度」（徴 39 条、ここでは「現に存する利益の限度」という）とされている。この現に存する利益の限度は、原則として①受けた利益が現存するものと推定

27　浅田ほか・前掲注(7) 141 〜 142 頁。

28　吉国・精解 385 頁。

29　浅田ほか・前掲注(7) 143 頁。

30　吉国・精解 378 頁。

98

し、②その利益が消失したことが明らかな場合に限って受けた利益の額から控除するとされている。換言すれば、すでに消失した利益は含まれないが、利益が原形のまま、または受けた利益が形を変えて残っている場合には、その利益の限度に含まれる（徴基通39条関係12〜15）[31]。この受けた利益が形を変えて残っている場合については、具体的には化体財産が存するかどうか、その化体財産の価額がいくらと評価できるかによって判断せざるを得ないといえよう。

3　徴収法39条の適用をめぐる近年の裁判例

　徴収法39条は、その適用上、「納税者が、その財産につき、無償又は著しく低い額の対価による譲渡（担保の目的でする譲渡を除く）、債務の免除その他第三者に利益を与える処分をしたこと」によって、権利を取得しまたは義務を免かれた者に対しても、これらの処分により受けた利益が現に存する限度で第二次納税義務が課されることと定められている。このため、その処分の時に「その滞納者の親族その他滞納者と特殊な関係のある個人又は同族会社」だけでなく、滞納者と取引を行う「第三者」にもこの場合の第二次納税義務が課される。

　このように、徴収法39条は、その適用が本条以外の第二次納税義務と比べて、滞納者と取引を行う第三者にも広く及ぶところに大きな特徴があるといえるため、本条の「第三者に利益を与える処分」をめぐって争われた裁判例が多い。この第三者に利益を与える処分行為は、「必らずしも贈与、売買、債務免除、財産分与等特定の行為類型に属することを必要とせず、これら各種の約因を帯有する行為であつても、それによつて第三者に異常な利益を与えるものであれば足りる、と同時に、無償又は著しく低い対価による譲渡等であつても、実質的にみてそれが必要かつ合理的な理由に基づくものであると認められるときは、右の処分行為に該当しないと解するのが相当である」（東京地判昭45・11・30行集21巻11=12号1392頁）とされている。無償または著しく低い対価による譲渡や債務の免除は、滞納者との取引以外でも課税上問題となるが、本条では、とくに第三者が滞納者との取引において「無償又は著しく低い対価の額による譲渡」等によって受益を得たことが問題とされる。ここでは、こうした第三者に利益を与える処分に関連して争われた近年の事案を取り上げて簡単

31　浅田ほか・前掲注(7) 144頁、吉国・精解381頁。

第 2 章　第二次納税義務

にみておくことにする。

(1) 主な裁判例

　徴収法 39 条の「第三者に利益を与える処分」に関する裁判例は多いが、ここでは平成以降における主なものを示すと、次のものがあげられる。

　まず、法人とその関係会社・役員・株主等との間の取引について、この場合の第二次納税義務が争われた事案としては次のものがある。

　①同族会社が資産を売却して解散するにあたりその取締役に対してした過大な退職金の支給により同社の法人税に徴収不足が生じたことにつき、各退職金の支給は徴収法 39 条の著しく低額の対価による財産の処分に該当するとした事例（東京地判平 9・8・8 判時 1629 号 43 頁）、②Ⅹ会社（原告）はその事業譲渡の対価がⅩの対価であるとしてされた法人税更正処分等の税額等の滞納につき、その対価がⅩの役員等に対し支払われたものであるとして、徴収法 39 条の第二次納税義務の適用（第一次の納税告知処分とその一部を取り消した第二次の告知処分）が認められた事例（東京地判平 20・11・27 判タ 1302 号 152 頁）、③滞納会社 Y の代表取締役であった原告Ⅹが X の貸金債権と Y の X に対する短期貸付金債権との間で行った代物弁済において、Y が X から譲り受けた貸金債権は実質的に価値のない債権が含まれていたことによって差額利益のⅩへの移転は徴収法 39 条の「第三者に利益を与える処分」に該当するとした事例（東京地判平 25・4・26 税資徴収関係判決順号 25-18[32]）、④滞納者である会社が行った剰余金の配当が法令の定めに違反し分配可能額を超過するものであるときはもとより、剰余金の配当が法令に違反するとまではいえない場合であっても、当該金額を配当することは、滞納者である会社の株主に異常な利益を与え、実質的にみてそれが必要かつ合理的な理由に基づくものとはいえないと評価することができるときも、当該金額に係る配当は徴収法 39 条にいう「第三者に利益を与える処分」に該当するとした事例（東京高判平 26・11・26 税資 61 巻 2 号 454 頁）、⑤外国法人 A から同法人の関連会社の株式を譲り受けたところ、当該株式の譲受け価額は徴収法 39 条にいう著しく低い額の対価に当たるとされ納税者Ⅹはその譲り受けた利益が現に存する限度において、第二次納税義務を負うとされた事例（アルゼ事件、東京高判平 20・2・20 税資 258 号順号 10898、

32　深井剛良編著『租税徴収関係判例要旨集（三訂版）』145 〜 146 頁（大蔵財務協会、2017 年）。

100

ただし、原判決の東京地判平 19・2・23 税資 257 号順号 10637 では一部取消しの判決）などがある。

　個人間の相続・贈与等の取引に関してこの問題が争われた事案として、次のようなものがある。

　⑥被相続人 A の相続財産に係る相続税について相続税法 34 条 1 項に基づく連帯納付義務者である B から贈与を受けた原告 X らに、徴収法 39 条に基づく第二次納税義務の適用が認められた事案（大阪地判平 19・12・13 判タ 1269 号 169 頁）、⑦遺産分割協議においてその相続分を超える財産を取得した上告人 X が、その協議でその相続分に満たない財産を取得した共同相続人の滞納に係る国税につき、その相続分を超える財産を取得した他の相続人に当たる X に対し徴収法 39 条にいう第三者に利益を与える処分に当たると解するのが相当とされた事案（最判平 21・12・10 民集 63 巻 10 号 2516 頁）、⑧滞納者である夫から協議上の離婚に伴う財産分与を原因として宅地の譲渡を受けた原告 X に対して徴収法 39 条の第二次納税義務が適用された事案（東京高判平 30・2・8 訟月 65 巻 1 号 1 頁（控訴審）、東京地判平 29・6・27 同 29 頁（一審））などがある。

　これらの事案のうち、以下では、上にあげた事案の⑦と⑧を取り上げて詳しく検討する。

(2)　最判平 21・12・10[33]

【事実の概要】

　A の妻 B は、平成 17 年 5 月 20 日に死亡し、その法定相続人は、A ならびに子である上告人（原告、控訴人）X および C の 3 名である。これら相続人のうちの A は、昭和 62 年分以降の所得税、その延滞税等合計 11 億円余りの国税を滞納していた。A、X および C は、平成 17 年 6 月 9 日、亡 B の約 2 億円の遺産について分割の協議（以下「本件遺産分割協議」という）を成立させ、その結果、A がその相続分（2 分の 1）を下回る約 2000 万円の財産を取得し、X がその相続分（4 分の 1）を上回る約 1 億 2800 万円の財産を取得した。A は、本件遺産分割協議において、その滞納に係る国税の徴収を免れるとともに、A の近くに居住してその面倒をみてくれる X に多くの財産を取得させることを意図して

---

[33]　本判決の解説・評釈として古田孝夫・ジュリスト 1423 号 98 頁（2011 年）、占部裕典・判例評論 628 号 148 頁（判時 2108 号）（2011 年）、神山弘行・ジュリスト 1422 号 149 頁（2011 年）、高橋祐介・民商法雑誌 142 巻 6 号 575 頁（2010 年）、山田二郎・税務事例 43 巻 5 号 32 頁（2011 年）、伊藤義一＝渡邉信子・TKC 税研情報 18 巻 3 号 1 頁（2009 年）、前川勤・東北法学 36 号 221 頁（2010 年）、正木洋子・税研 JTRI25 巻 4 号 104 頁（2010 年）などがある。

第2章　第二次納税義務

いた。

　国税局長Ｙは、ＡがＸおよびＣとの間でした本件遺産分割協議は徴収法39条にいう第三者に利益を与える処分に当たり、Ｘはこれにより約6700万円の利益を受けたとして、平成18年6月19日、Ｘに対しＡの滞納に係る国税の第二次納税義務の納付告知をした。本件は、この納付告知処分の取消しを求めて争われたものである。

【判　　旨】

　「遺産分割協議は、相続の開始によって共同相続人の共有となった相続財産について、その全部又は一部を、各相続人の単独所有とし、又は新たな共有関係に移行させることによって、相続財産の帰属を確定させるものであるから、国税の滞納者を含む共同相続人の間で成立した遺産分割協議が、滞納者である相続人にその相続分に満たない財産を取得させ、他の相続人にその相続分を超える財産を取得させるものであるときは、国税徴収法39条にいう第三者に利益を与える処分に当たり得るものと解するのが相当である。なお、所論は、同条所定の第二次納税義務が成立するためには滞納者にいわゆる詐害の意思のあることを要するともいうが、前記事実関係によれば、Ａに詐害の意思のあったことは明らかである上、そもそも同条の規定によれば、滞納者に詐害の意思のあることは同条所定の第二次納税義務の成立要件ではないというべきである。そして、前記事実関係の下で、本件遺産分割協議が第三者に利益を与える処分に当たるものとし、上告人について第二次納税義務の成立を認めた原審の判断は、正当として是認することができる。論旨は採用することができない。」

【解　　説】

　本件の判決についていくつかのことを指摘しておきたい。なお、本判決では本条の第二次納税義務が成立するためには滞納者Ａに詐害の意思が必要であるとのＸの主張に対し、事実関係によるとＡに詐害の意思があったことは明らかであるうえに、滞納者Ａに詐害の意思のあることは同条所定の第二次納税義務の成立要件ではないとして退けられているので、この点には触れない[34]。

　第1に、徴収法39条にいう「第三者に利益を与える処分」とは、滞納者の積極財産の減少の結果、第三者に利益を与えることとなる処分をいうと解され

---

[34]　この問題の詳しい検討としては差しあたり、占部裕典「国税徴収法39条の適用対象―『その他第三者に利益を与える処分』の意義」水野武夫先生古稀記念論文集刊行委員会編『行政と国民の権利』724頁、733頁以下（法律文化社、2011年）参照。

ている[35]。これによれば、本件のように、国税の滞納者を含む共同相続人の間で成立した遺産分割協議が、滞納者である相続人にその相続分に満たない財産を取得させ、他の相続人にその相続分を超える財産を取得させるものであるときは、通例はこれに当たると解されることとなろう[36]。

しかし、遺産分割は実際には、必ずしも法的相続分どおりに行われるものではなく「遺産に属する物又は権利の種類及び性質、各相続人の年齢、職業心身の状態及び生活の状況その他一切の事情を考慮」して行われるものであるから（民906条）、遺産分割が、そのような一切の事情を考慮して行われる合理的なものであるときは徴収法39条の適用対象とはならない場合もありうると解される[37]。この点は、共同相続人の間で成立した遺産分割協議が相続財産の帰属を確定させるためのものであり、その性質上、財産権を目的とする法律行為である詐害行為取消権の場合も同様であるといえる（最判平11・6・11民集53巻5号898頁）。ただし、法定相続分どおりに行われない遺産相続協議による相続分が合理的なものといえるか否かは必ずしも明確ではないので、判断が難しいといわなければならない。この点、本件の場合は、第一審の東京地判平19・10・19（民集63巻10号2531頁）によれば、とくに長男Xに相続させたいという事情があったことをAが自認していると認定されているので、本件遺産分割協議が合理的なものとはいえないことははっきりしていたこととなる。この事実を重視すれば本判決の射程は非常に狭いこととなる[38]といえよう。

第2に、本件の場合のように、徴収法39条所定の「第三者に利益を与える

---

35 塚田利彦編著『国税徴収法基本通達逐条解説（平成25年版）』342頁（大蔵財務協会、2013年）。

36 この点について、税法における遺産分割の取扱いは、移転主義と宣言主義が使い分けられ、遺産の移転を直接対象とする相続税（相続放棄を含む）や譲渡所得課税などが宣言主義的発想に基づいており、遺産からの課税や事業に対する課税（不動産所得や事業所得など）は移転主義的な発想によることから、本件最高裁判決は前者の考え方を根拠とするが、別の最判昭49・9・20（民集28巻6号1202頁）は相続放棄のような身分的行為が詐害行為取消権の対象にならないとして、相続放棄者以外の相続人に相続開始時から遺産が帰属しているとする宣言主義の考え方にそった処理をしていることを踏まえると、本件最高裁判決は、徴収法39条の第二次納税義務の無償譲渡等の要件の該当に違いを生じさせ、その義務の対象になる場合とその義務を回避できる場合とを発生させるという、課税上の不合理を生じさせる、とする鋭い指摘がある（高橋・前掲注(33)575頁、584頁以下）。

37 古田・前掲注(33)99頁。

38 高橋・前掲注(33)592頁。

第2章 第二次納税義務

処分」に該当し、同条の第二次納税義務の対象となるときには、相続人Xは滞納者であるAの長男という身分関係にあるので、本件遺産分割協議の結果に基づき「受けた利益の限度」で第二次納税義務を負担することになる。したがって、本件遺産分割協議によって法定相続分を超えて利益を得た相続人は、その受けた利益の限度で第二次納税義務を負うこととなる。

では、本件の場合に、法定相続分に従った遺産分割協議に基づいて、滞納者を含む共同相続人間で相続財産の分割をすれば、課税上は何ら問題がないのだろうか。確かにこの場合は徴収法 39 条の第二次納税義務は適用されない。しかし、この場合、共同相続人のなかの滞納者が相続分どおりの相続財産を得たときに、租税行政庁は事案やその者の滞納税額の金額にもよるが、その者の滞納税額に相当する金額としてその相続財産を差し押さえて滞納処分を行った結果として、代わりにその滞納者が本件相続分の全部または一部に相当する納付すべき相続税の滞納が生じるおそれがありうる。すなわち、今度は、形を変えて相続税法 34 条による連帯納付義務が適用され、相続により受けた利益の価額に相当する金額を限度として連帯納付義務を負わされる事態が発生する場合がありうるのである。

この点については、本件の場合と類似する事案として、相続税について相続税法 34 条 1 項に基づく連帯納付義務者から財産の贈与または遺贈を受けた者らが、徴収法 39 条に基づきなされた第二次納税義務の納付告知処分を争った大阪地判平 19・12・13（判タ 1269 号 169 頁）[39] がある。

これは、巨額の相続財産の相続を受けた相続人AとAに対する遺留分減殺請求者であるBは、相続税法 34 条 1 項の連帯納付義務者に当たるが、これらの者が高額の相続税を納付できずにいずれも相続税を滞納している場合において、それら両名のうちのBから贈与または遺贈を受けた者らに対し、各相続人の相続税の滞納税額につき、徴収法 39 条に基づく第二次納税義務の処分として納付告知、督促および差押えの各処分がなされたため、これら各処分が争われた事案である。

---

39 本判決の評釈として佐藤英明「租税判例研究」ジュリスト 1385 号 136 頁（2009 年）がある。本判決では主たる争点として徴収法 39 条の第二次納税義務と通則法 42 条、民法 424 条の詐害行為取消権との関係が問題となったが、この点については佐藤・前掲 136 頁が詳しく検討する。

104

原告 X が特に、徴収法 39 条の適用には、主たる納税者との関係で補充性とともに主たる滞納者に対し「滞納処分」をなしえることが必要であることが要件であるが、連帯納付義務については滞納処分の要件である督促を行う法律上の根拠がないので、滞納処分を適法になしえないと主張した。これに対し、裁判所は、「相続税について、相互に納付する責任を負うから（相続税法 34 条 1 項）、国税に関する法律（相続税法）の規定により国税を納める義務がある納税者であり（通則法 2 条 5 号）、被告 Y は、これに対し、通則法 37 条 1 項に基づき、督促を行うことができる。」とした。そのうえさらに、原告 X が、連帯納付義務者には通則法 15 条および 16 条が不適用であることとの関係や、通則法 2 条 5 号の「納税者」から第二次納税義務者および保証人が除かれていることを根拠に、連帯納税義務者が通則法 37 条 1 項の「納税者」には含まれないと主張した。これに対しても、裁判所は、前述のように相続税法の規定により国税を納める義務がある納税者であるうえに、特段の除外規定もないことをあげ、これを退けた。

このように、この事案において相続税の連帯納付義務者（遺留分減殺請求者）B から贈与または遺贈を受けた者が、当該連帯納付義務者の相続税滞納に徴収不足が認められるか否かは、第二次納税義務の納付告知処分時の現況によることとされるため、徴収法 39 条にいう「滞納者」は連帯納付義務者である B をいうのか、それとももう 1 人の連帯納付義務者である A も含むのかが問題とされる。裁判所は徴収法 39 条にいう「滞納者」は B であり A はこれに該当しないとした。このように、ここでは贈与者である連帯納付義務者に同条の徴収不足を認めたうえで、その者から無償譲渡等により利益を享受した者にも徴収法 39 条の第二次納税義務が適用されることを肯定した。

以上において、相続税や贈与税においては、共同相続人間で滞納相続人以外の相続人に超過相続分の分割がなされた場合について徴収法 39 条の第二次納税義務が適用される本件のような場合と、共同相続人間で法定相続分に従った相続がなされたときに滞納相続人に当該相続税の滞納が生じて相続人間の連帯納付義務が発生する場合がありえることを指摘した。この問題は、理論的には、徴収法 39 条の第二次納税義務が「第三者に利益を与える処分」に対して広く適用されることによって生ずる問題と考えられ、事案によっては、前記のいず

105

第 2 章　第二次納税義務

れかの選択しかなくなる事態も予想されるので、不合理な徴収問題を招来することがあるといわなければならない。

(3) 東京地判平 29・6・27[40]

【事実の概要】

原告である妻 X は、昭和 46 年 2 月 26 日、農家の長男である A と婚姻した。しかし、X は、A が平成 11 年 5 月ないし 11 月頃、家庭を顧みず、ほとんど仕事も両親の世話もせずに外出ばかりし、不貞行為にも及んでいたこと等を理由に、離婚の意思を固めて A に告げたが、当初はこれに応じなかった。その後しばらくして、A からこれに応じる旨の返答を得た。X および A は、平成 12 年 5 月下旬頃、協議上の離婚をする意思で離婚の届出書を作成するとともに、離婚の届出と引換えに宅地（平成 19 年 1 月 9 日に 3 筆に分筆された各宅地全体を、以下「本件不動産」という）の名義を移転するための手続を司法書士に委任した。X は、平成 12 年 5 月 26 日、A との協議上の離婚の届出をし、同年 5 月 30 日、本件不動産の登記を得た。

東京国税局長 Y は、平成 24 年 2 月 2 日、A に対する滞納国税を徴収するため、A から X に対する本件不動産の譲渡が徴収法 39 条所定の第二次納税義務に該当するとして、X に対し納付すべき金額を 1 億 0976 万 3900 円、納付期限を同年 3 月 2 日とする第二次納税義務の納付告知処分（本件告知処分）をした。なお、A は、本件告知処分の時点で預貯金、養老生命共済、未登記建物など合計 509 万 0896 円相当の財産しか有していなかった。

本件は、X が、協議上の離婚に伴う財産分与として受けた本件不動産につき、Y によってなされた第二次納税義務の本件告知処分の取消しを求めた事案である。

【判　　旨】

本件の争点は多岐にわたるが、本件の離婚に伴う財産分与の事案につき徴収法 39 条の要件に従って主要な判示部分のみを以下に摘示する。少し長くなるが、それは次のとおりである。

①滞納者の国税につき滞納処分を執行してもなお徴収不足が認められる必要がある。本判決は、この徴収不足とは「第二次納税義務に係る納付告知処分時の現況において、本来の納税義務者の財産で滞納処分（交付要求及び参加差押を含む、以下同じ。）により徴収することのできるものの価額が、同人の滞納に係る総額に満たないと客観的に認められる場合をいう」と解されるとし、本件については本

40　訟月 65 巻 1 号 29 頁、判タ 1462 号 74 頁。本判決の評釈として、林仲宣＝谷口智紀「離婚に伴う財産分与と第二次納税義務」税務弘報 66 巻 7 号 68 頁（2018 年）、増田英敏＝大谷津敏・TKC 税研情法 27 巻 5 号 29 頁（2018 年）がある。

件告知処分時の現況において少なくとも2億1653万1488円の不足が生じ、本来の納税義務者の財産で滞納処分により徴収可能なものの価額（合計509万0896円相当）が同人の滞納国税の総額に満たないと客観的に認められるから、徴収法39条の徴収不足が認められる、とした。

②本件財産分与による譲渡が本条の著しく低い対価の額による譲渡に当たるか否かが、次に問題となる。ⓐ本条の第二次納税義務の趣旨（最判昭50・8・27民集29巻7号1226頁）に鑑みると、「滞納者の財産につき行われた譲渡の対価の額が同条にいう著しく低い額と認められるか否かは、当該取引の内容や性質等に照らして、社会通念上、その対価の額が通常の取引に比べて著しく低いものであるかどうかによって判断すべきものと解される」とした。そして、財産分与も徴収法39条所定の「譲渡」に当たると解されるところ、財産分与の額及び方法を定めるについては、財産分与が民法では裁判上であれ協議上であれ一切の事情の考慮により定められること（民768条3項、最判昭58・12・19民集37巻10号1532頁）、並びに財産分与の内容が確定し金銭・代物弁済により履行されて分与義務が消滅すれば、分与者がこれにより一つの経済的利益を享受すると解されること（前掲最判昭50・8・27）を摘示し、次のごとく述べる。「財産分与が同項〔筆者注、民768条3項〕の規定の趣旨に反して不相当に過大である場合には、これを放置すると、その不相当に過大な部分につき、租税債権が徴収不足となる一方で、第二次納税義務者が同項の趣旨に反して当該部分を保持して経済的利益を享受することとなり、納税者間の公平を失することとなるから、当該財産分与の内容や性質等に照らし、社会通念上、当該財産の分与により消滅すべき分与義務に係る債務の額（この債務の消滅により得られる経済的利益が当該分与を受けた財産に対する対価であるとみることができる。）は通常の取引に比べて著しく低いものであると認めることができるものと解するのが相当である。」とした。ⓑ本件譲渡は、離婚に伴う財産分与として行われたものであるから、本件譲渡が民法768条3項の規定の趣旨からみて財産分与として相当な額といえるか（逆に、財産分与として不相当に過大な額でないか）が問題となるところ、㋐清算的財産分与、㋑扶養的財産分与、および㋒慰謝料的財産分与につき、それぞれ次のように判断した。なお、その前に裁判所は、本件財産分与の主要な対象となった本件不動産の時価について、Ｙが本件不動産の時価を1億8801万8881円であると評価したことは相当であるとした。

第 2 章　第二次納税義務

　まず、㋐につき、その対象となるのは「原則として夫婦が婚姻中に有していた実質上の共同財産（共同形成財産）にとどまる」とし、そのうち預貯金等（合計1237万8643円）及び本件任意売却不動産の評価額（963万7742円）がこれに当たり、共同形成財産の合計額は2201万6385円と認められるとする。この場合、「一般に、夫婦が婚姻中に有していた実質上の共同財産の形成における夫婦の寄与度は平等とされるのが通例であ（る）」ので、これを基準にして、Xの事情に照らせば、この夫婦共同財産の形成におけるXの寄与度は6割を下らないと認めるのが相当である一方で、多くとも7割を超える寄与を認めるには至らないから、本件財産分与のうち清算的財産分与として相当な額は、多くとも1152万1097円を超えるものではないというべきである、とした。

　次に、㋑については、Xの諸事情に鑑みれば、離婚後の生活の維持を旨とする扶養的財産分与の相当な額は、Xの居住市の生活保護の支給基準に照らした最低生活費を基礎として一般に離婚後に自ら生計を立てて自活するまでの相当期間とされる3年分の合計額432万円（12万円（月）の3年分）を超えるものではない。

　さらに、㋒については、本件における一切の事情に鑑みれば、この額として相当な額は、1000万円を超えるものではない。

　③基因関係が必要であるが、本件譲渡に基因するか否かは、「当該譲渡がなかったならば、当該譲渡に係る財産が滞納者に属し、滞納処分の執行の対象となり得たことにより、その価額の限度で徴収不足（第二次納税義務の納付告知処分時の現況により定まる不足額）が生じなかったものと認められる場合には、その価額分の徴収不足は当該譲渡に基因するものと認めるのが相当である。」と述べた。そして、本件では、「平成○○年5月23日の本件譲渡時において既に本件不動産について物納申請がされていたものであるところ、本件譲渡（ただし、不相当に過大な3000万円を超える1億5801万8881円相当の部分）がなかったならば、本件不動産は、Aが所有権を引き続き有することとなり、本件不動産につき物納許可または滞納処分をすることができたから、平成××年2月2日の本件告知処分の時点において、少なくとも2億1653万1488円の不足額のうち1億5801万8881円の限度で徴収不足を生じなかったものといえるので、上記額（1億5801万8881円）に係る徴収不足は、本件譲渡に基因するものと認めるのが相当である」とした。

　④原告Xが「特殊関係者」に該当するか否かの判定については、「当該譲渡に係る『処分の時』、すなわち当該譲渡の対象とされた財産の移転の原因行為の成立時

における上記の関係の有無によって判断すべきものと解するのが相当である。」とし、本件の事実関係等のもとにおいては、「財産分与協議書等の合意書面が作成されておらず諸般の事情から離婚の届出と時期を同じくして財産分与の確定的な協議が成立に至ったものと認められ、本件離婚の成立時をもって本件譲渡に係る「処分の時」と認めるのが相当である。」そうすると、本件譲渡に係る「処分の時」である本件離婚の成立時において、Xは、Aの配偶者その他の親族ではなく、国税徴収法施行令13条1項各号に掲げる者のいずれにも当たらないから、徴収法39条に規定する「特殊関係者」に該当するものではなく、本件譲渡については、同条にいう「その処分の時にその滞納者の親族その他の特殊関係者であるとき」に該当しないものというべきであり、XがAの滞納国税につき第二次納税義務を負う範囲は同条にいう「処分により受けた利益が現に存する限度」、すなわち現存利益の範囲に限られるものと解するのが相当である。

⑤以上から、裁判所は、「原告Xの請求は，本件告知処分のうち第二次納税義務者としての納付すべき限度の額7724万7678円を超える部分の取消しを求める限度で理由があるから認容し、その余は理由がないから棄却する」とした。

(4) 東京高判平30・2・8[41]

【事実の概要】

被財産分与者（元妻）である控訴人は、控訴審において控訴人は徴収法39条の「第三者に利益を与える処分」を受けた取引相手には当たらない、本件担保不動産および任意売却不動産に係る差押解除は違法である、本件譲渡から本件告知処分まで11年以上経過してから行われた本件告知処分が国税局長らの裁量権の逸脱・濫用に当たる等の主張を行った。

【判　旨】

本判決も、前掲東京地判平29・6・27の原判決を全面的に引用したうえで、「東京国税局長が控訴人に対し（て）……した本件告知処分のうち第二次納税義務者として納付すべき限度の額77724万7678円を超える部分の取消を求める限度で認容し」た一方、控訴人の控訴審での前記主張については、その余の請求は棄却すべきものと判断するとした。このうち特に、徴収法39条の「第三者に利益を与える処分」を受けた取引相手の該当性については、この「第三者に利益を与える処

41　訟月65巻1号1頁。なお、同65巻1号29頁には東京地判平29・6・27も収録されている。

第2章　第二次納税義務

分」とは「譲渡、債務の免除以外の処分おうち、滞納者の瀬局財産の減少の結果第三者に利益を与えることとなる処分をいうと解されるところ、本件においては、本件譲渡が国税徴収法39条の『著しく低い対価による譲渡』であるか否かが問題になるのであって、上記国税徴収法39条の『第三者に利益を与える処分』に該当するか否かは問題になるとはいえない。」とした。そして、原判決の事実及び理由の説示を引用して「……本件譲渡のうち少なくとも3000万円を超える1億5801万8881円相当の部分は、民法768条3項の規定の趣旨に反して不相当に高額な財産分与との評価を免れず、本件剰余（譲渡、筆者補遺）は国税徴収法39条の『著しく低い対価による譲渡』に当たるというべきである。」から、控訴人の主張は採用できないと判示した。

【解　　説】

本件は離婚に伴う財産分与に対する徴収法39条の第二次納税義務の適用が争われた事案である。本件についていくつかの点について簡単に検討しておきたい。なお、以下の検討は前掲東京地判平29・6・27を中心に行う。

第1に、婚姻後に形成された夫婦共同財産が離婚の際に財産分与請求により分与された場合、その分与財産が課税上どのように扱われるかは、そもそも財産分与請求権の法的性格[42]によるといえる。わが国夫婦財産制は、夫婦財産契約により夫婦共有財産とすれば格別、そうでなければ、法定財産制により別産制（民762条1項）とされるため[43]、離婚の際に婚姻後の夫婦共同財産は財産分与請求権によって財産分与がなされることとされている。この財産分与請求権は離婚の時から2年以内（除斥期間）に行使されなければならず（民768条2項但書）、一般的には離婚の訴えと同時に申し立てられ、その請求の分与額・内容・方法を特定する必要がないので、裁判所が一切の事情を考慮して決定するものとされている[44]。民法上はこのような抽象的な規定しかない財産分

---

[42] 財産分与の法的性質については、民法上は、夫婦共同財産を清算的要素、扶養的要素および慰謝料的要素からなるとする包括説と、それらの要素のうち、損害賠償（慰謝料的要素）は別のものであるので、清算と扶養の2要素からなるとする限定説があるが、最高裁は包括説に依っているとされる（牛嶋勉「夫婦財産関係と税制」金子宏＝中里実編『租税法と民法』512頁以下（有斐閣、2018年））。

[43] 二宮周平『家族法（第3版）』59頁以下（新世社、2009年）、有地亨『家族法概論（新版）』97頁以下（法律文化社、2003年）、松川正毅＝窪田充見編『新基本法コンメンタール親族』69〜71頁（別冊法学セミナー240、日本評論社、2015年）〔犬伏由子執筆〕等を参照。

110

与の法的性質としては、基本的に①夫婦共同生活中の共通の財産の清算、②離婚後の生活についての扶養、③離婚の原因を作った有責配偶者に対する損害賠償（慰謝料）の 3 要素から構成されるとするのが通説と考えられている[44]。それは、分与請求者にとっては、離婚後における生活の維持や設計・展望等を保障するうえで不可欠の権利の規定であるとみることもできよう。

　このような民法上の夫婦別産制のもとで財産分与請求権が所得税課税をめぐって取り上げられた租税裁判例がある。その一つは、夫の稼得所得（給与と事業）を夫婦で折半して確定申告したところ、税務署長が妻の申告分も夫の所得と認定して更正決定をしたので、夫がこの根拠となった所得税法および民法 762 条 1 項を憲法 24 条に反するとして争った事案である。最大判昭 36・9・6（民集 15 巻 8 号 2047 頁）は、民法上、財産分与請求権、相続権ないし扶養請求権等の権利行使により「夫婦間に実質上の不平等が生じないよう立法上の配慮がなされている」ので、民法 762 条は上記憲法条項に違反しないから、この民法に基づく所得税法もまた違憲ではないとした[46]。この最高裁判決は、所得税法において夫婦合算課税または二分二乗課税が認められていないことが、憲法 24 条に違反しないと判示した際に、迂遠な論理構成ではあるが、論理的には、財産分与請求権、相続権ないし扶養請求権等を、民法の別産制が合憲であるとする論拠にするとともに[47]、この民法の別産制に基づく所得税法の合憲性もまたそれらの財産分与請求権等をいわば間接的な論拠としているといえる。このことは、逆に言えば、それらの権利が民法上十分に保障されていなければ、論理的には、違憲の可能性または疑いが生ずることを意味する。その意味で、税

44　二宮・前掲注(43) 107 頁、内田貴『民法Ⅳ親族・相続』123 以下（東京大学出版会、2002 年）、有地・前掲注(43) 293 頁、松川＝窪田・前掲注(43) 83 頁〔許末恵執筆〕。

45　松谷佳樹「財産分与と債務」判タ 1269 号 5 ～ 6 頁（2008 年）。

46　本判決の評釈として、差しあたり加藤友佳「課税単位」中里実ほか編「租税判例百選（第 6 版）」別冊ジュリスト 228 号 58 頁（有斐閣、2016 年）、若尾典子「夫婦所得課税」長谷部恭男ほか編「憲法判例百選（第 6 版）」別冊ジュリスト 217 号 70 頁（有斐閣、2013 年）、緒方直人「夫の所得と共有財産」水野紀子ほか編「家族法判例百選（第 7 版）」別冊ジュリスト 193 号 20 頁（有斐閣、2008 年）参照。

47　夫婦別産制の実質的平等を財産分与等によって説明したことについては、①婚姻内の別産制を婚姻解消時の財産分与等と対応させることは、法律関係が異なり説得力に欠ける、②実態としての財産分与の金額が低く、実質的平等とはいえない、といった批判があるとされる（若尾・前掲注(46) 71 頁）。

第2章　第二次納税義務

法上、ここで問題とされている離婚の場合の財産分与請求権によって得た相当な分与財産に対する課税は慎重でなければならず、その課税は著しく過大であることが明白であるときに限られるべきであるといわなければならない。

　もう一つは、調停離婚・協議離婚の成立に基づく財産分与では、分与者に譲渡所得課税がなされるのに対し（最判昭50・5・27民集29巻5号641頁）[48]、被分与者には基本的に課税されないとされるが（相基通9条関係8）、論理的には、不相当に過大な部分は資産の譲渡により消滅する「分与義務」はないから、前掲最判昭50・5・27の射程は及ばないと解されることとなる[49]。この判決では、分与者は、財産分与請求権の行使を認められる範囲において「分与義務の消滅という経済的利益」を享受するものとされた。ただし、この場合の分与義務の消滅の対象となるのはどの範囲なのかが、具体的に判示されているわけではない。

　第2に、そこで、前述のような分与者に対する譲渡所得課税の法的論理からすると、相当な財産分与の額を超えた部分の分与財産については、分与者の分与義務の消滅はないことになるので、いわば分与請求者に対する財産の贈与に当たることになり、そしてまた、これが徴収法39条の第二次納税義務の対象と解する余地がないわけではない。しかし、この点は、前述のような財産分与請求権の法的性格や、財産分与請求権が、現行憲法上、夫婦財産の別産制に対して制度的に合憲性を担保するための立法的措置とされる重要な権利保障に鑑みれば、これに基づく分与財産に対する同条の第二次納税義務の適用は慎重であるべきであり、したがって明白に濫用されている場合に限られると解すべきである。

　この場合に財産分与請求権行使による財産分与が一般的に徴収法39条の「譲渡」に当たると解する余地は、法解釈論的にありうるであろう。そこで、

---

[48] この判決に対しては税法上も民法上も根強い批判が多い。税法上では金子・租税法250頁や竹下重人「譲渡所得(2)—慰謝料及び財産分与」金子宏ほか編「租税判例百選（第3版）」（別冊ジュリスト120号66頁（有斐閣、1992年）等、また民法では二宮・前掲注(43)111頁を参照。

[49] 金丸和弘「譲渡の意義(2)—財産分与」中里ほか編・前掲注(46)83頁。なお、離婚に伴う財産分与と課税や夫婦財産制と課税をめぐるさまざまな問題については、牛嶋・前掲注(41)510頁以下、遠藤みち「日本の裁判例にみる夫婦財産制と租税法—その変遷と今後の問題」人見康子＝木村弘之亮編『家族と税制』199頁（弘文堂、1998年）をそれぞれ参照。

③ 第二次納税義務の成立要件

このような法的性格をもつ財産分与請求権が離婚の際に具体的に行使され、被分与者に夫婦共同財産の分与がなされた場合に、本件におけるように徴収法39条の第二次納税義務の対象となるのは具体的にどの範囲であるのかが問題となる。

　この点、本判決が、「一般的に、夫婦が婚姻中に有していた実質上の共同財産の形成における夫婦の寄与度は平等とされるのが通例であり」とした見方は、特別の事情のない限り、夫婦の協力を平等評価するものであり民法の学説判例の通説とも一致しているといえるから[50]、一般的には妥当であると解される。このような見方に従えば、財産分与請求による財産分与も、特別の事情がない限り、原則として平等でなければならいといえるから、少なくとも夫婦財産関係の清算についてはいわゆる「2分の1ルール」が認められるべきである[51]。本件でも、この共同財産のこのことを前提に、原告Xの婚姻中の具体的な寄与度（寄与の割合は6割を下らず、多くとも7割を超えない）を加味して判断しているが、この点は一般的には妥当であるといえる。

　そして、財産分与請求権の行使にあたってその分与額・内容・方法を特定する必要がないのであるが、一般的には、当該請求権の要素とされる清算的要素、扶養的要素、および慰謝料的要素の3要素によって具体的な請求額が算定されざるを得ないとされる。本件でもこれらによって算定されている。しかし、この財産分与の相当な額の算定にあたっては、共同財産の平等な分与を基本とするとしても、それらの要素の性質や内容は明確であるわけではない。清算的要素といっても、何が共同財産に含められまたは除外されるかの問題があり（例えば、事業代表者・法人名義の財産、債務や住宅ローンの取扱い、退職金など）[52]、扶養的要素が本人と扶養者を基に生活保護基準によって計算するにしても、例えば、これが性別役割分業に起因する格差を是正する方法として捉えられるような場合[53]には、そもそもそれを平等に分割すべき共同財産に含まれるべき

50　松川＝窪田・前掲注(43) 84〜85頁〔許末恵執筆〕、二宮・前掲注(43) 103頁、松谷佳樹「財産分与と債務」松原正明＝道垣内弘人編『家事事件の理論と実務 (1)』104頁（勁草書房、2016年）等参照。

51　牛嶋・前掲注(42) 511頁。

52　松川＝窪田・前掲注(43) 85頁〔許末恵執筆〕。

53　二宮・前掲注(43) 96頁、特に財産分与における債務の取扱いが問題となるが、実務的観点から

113

第2章　第二次納税義務

要素なのかそれ以外の加算的要素とみるのかが問題となるし、さらに慰謝料的要素が分与者の有責性に基づくものであるとすると、共同財産の2分の1に含まれるべき要素とみることには疑問の余地が出てくる。

　このように共同財産を構成する要素の金額的な算定には多くの難しい問題があるといえるが、裁判実務では、清算的要素（基本的には2分の1ルールの適用）を財産分与の中心として、慰謝料については不法行為に基づく損害賠償請求権として併合請求される事件がほとんどであり、この場合は、これは財産分与の判断要素から落とされ、扶養の要素については、財産的要素から算出される財産分与の額と慰謝料を考慮しても、なお、離婚後の生活に困るといった場合に考慮されるとされている[54]。

　以上に加えて、本件で原告が主張するように、前掲最判昭50・5・27によると、財産分与としての資産の譲渡では分与者が分与義務の消滅という経済的利益を享受したものというべきであるとされ、分与者に分与義務の消滅という経済的利益をもたらすものである以上有償譲渡であり譲渡所得課税の対象となるとされる（横浜地判平8・11・25税資221号475頁、東京高判平9・7・9税資228号26頁も認容）という論理からすると[55]、そもそも徴収法39条の「無償又は著しく低い額の対価による譲渡」には該当しないのではないかという点は、法理論的には検討を要すべき問題といえる[56]。本判決はこれを認めなかったものの、財産分与が本件（前掲最判昭50・5・27も同じ）のように代物弁済による場合と譲渡所得を生じない[57]金銭の支払による場合とで分与義務の消滅を同じ論理で捉えられるのかなど、必ずしも説得的な説明とはなっていないように思われる。そのうえ、税務実務的にも、分与義務の消滅に当たる部分とその消滅

　この問題を詳しく論じたものとして松谷・前掲注(45) 5頁以下を参照。

[54]　松谷・前掲注(50) 103頁。

[55]　金丸・前掲注(49) 83頁。

[56]　この点の疑問は、「慰謝料としての財産の移転」は最判昭50・5・27と同様の結論を認めるが、「固有の意味の財産分与（夫婦共通財産の清算の意味における財産分与）としての財産の移転」は、その実質において夫婦共有財産の分割であって資産の譲渡には当たらない、とする有力な学説（金子・租税法264頁）からもいえる。

[57]　佐藤英明『スタンダード所得税法（第2版補正版）』90頁（弘文堂、2018年）、また、そもそも譲渡所得の基因となる「資産」に金銭債権が含まれないことについては、差しあたり注解所得税法研究会編『注解所得税法（六訂版）』743頁以下（大蔵財務協会、2019年）参照。

114

に当たらない部分を明確に区別したうえで、第二次納税義務の著しく過大な分与財産の金額を事案ごとに確定させなければならない点では、そもそも財産分与の対象財産の範囲や要素の確定、さらには妻の家事に対する内助の功や寄与分等の評価などにつき画一的な処理が困難であるほか、多大な費用や労力を要するうえに、とくに強制徴収という局面において不明確な徴収実務を強いることになり不公平な徴税結果を惹起しかねない懸念があるといえる。

このように、本件のような離婚に伴う財産分与に対する徴収法39条の第二次納税義務の適用には、税法解釈論的にも徴税実務的にも、なお困難な問題が多いといわなければならない。

4 徴収法39条の実務上の留意点

(1) 第三者と取引する場合の留意点

これまでみてきたように、徴収法39条の第二次納税義務の適用においては、「時価」も「おおむね2分の1」も、ある程度幅のある概念であることがわかる。このようななかで取引をして、その価格が「時価」の「おおむね2分の1」を下回っていると認定され、第二次納税義務が課されるリスク負うおそれがある。そのリスクを少しでもなくすため、どのようなことが必要になるのであろうか。

まずは、その取引の相手先に、税金の滞納があるかどうか確かめる必要があるといえる。また、取引するにあたってその取引段階が卸売りなのか小売りなのかにより、当該取引価額の通常の価額を算定し、これに比して当該取引価額は2分の1以上かどうかを確かめておくことを要する。

このように、第二次納税義務の課税処分を受けたときに備えておくことが必要となろう。

一方、課税行政庁側が、「時価」を「おおむね2分の1」として、ある程度幅のある概念とせざるを得ないことには一定程度の理解はできる。ただ、通常の取引をしただけと認識する滞納者の取引相手に対し、何の前触れもなく、第二次納税義務の納付通知書が送られ、大した説明もないまま60日以内という納期限も区切られることには、その取引相手は違和感を覚えるだろう。また、この処分はいきなりの「不意打ち」的な処分のかたちで行われる。第二次納税義務者のなかには、善良な納税者、または善意の納税者も含まれていることも

115

第 2 章　第二次納税義務

考えられるので、この「不意打ち」的な処分は適正手続上問題があるのではないだろうか。第二次納税義務の処分に移行する前に、対象となる者への事前の手続的な措置があってもよいのではないだろうか。

(2) 譲渡の価額について

徴収法 39 条所定の処分行為は、必ずしも贈与、売買、債務免除、財産分与等特定の行為類型に属することを必要とせず、これら各種の約因を帯有する行為であっても、それによって第三者に異常な利益を与えるものであれば足りるとされる。しかし、同時に、無償または著しく低い額の対価による譲渡であっても、実質的にみてそれが必要かつ合理的な理由に基づくものと認められるときは、無償譲渡等の処分行為に当たらない（東京地判昭 45・11・30 行集 21 巻 11=12 号 1392 頁（贈与が借地権放棄の代償と離婚を前提とする慰謝料、財産分与等の意味合いを兼ねていると認められる場合））[58] とされていることに留意されるべきである。

(3) 前掲の 2 判決例

前掲の 2 判決例についてみると、前掲最判平 21・12・10 のもとでは、共同相続人に滞納者が含まれているときに徴収法 39 条の第二次納税義務の課税を回避するには、遺産分割協議において、法定財産分に従った遺産分割がなされ実際上もそのように分割がなされることが必要になる。もっとも、これについては、前述のような問題のほか、「具体的な遺産分割協議が本条の対象となるか否かの判断においては、法定相続分のみがあるべき（合理的な）遺産分割の基準となるものではなく、少なくとも特別受益（民 903 条）と寄与分（民 904 条の 2）とともに民法 906 条のあげる事情が考慮されるべき要素となろう。」[59] とする指摘もあることには留意しなければならない。

一方、離婚に伴う財産分与に関する前掲東京地判平 29・6・27 では、離婚の場合の財産分与についても、第二次納税義務が及ぶと判示されている。例えば、破産に伴う債権者対策として事前に離婚をするときには、配偶者の租税債務の存在にも留意する必要がある[60]、といったことが問題となる。この場合の財産

58　橘・実務 400 頁。

59　佐藤英明「国税徴収法 39 条による第二次納税義務」中里ほか編・前掲注(46) 53 頁。

60　林＝谷口・前掲注(40) 69 頁。

116

分与の金額の算定にあたっても、清算的要素、扶養的要素、慰謝料的要素という、財産分与の法的要素に基づき計算することが求められるが、これらの計算にはさまざまな困難な点が存在するといえる。

　この点、実務的には、財産分与では、清算的要素を中心としつつも、離婚後における相手方配偶者の扶養という扶養的要素や、損害賠償である慰謝料的要素も含めて請求されるのがほとんどであるとされる。しかし、配偶者の婚姻中の事情によっては、特別受益や寄与分といった要素も含めて考えるのが現実的である場合もありうる。したがって、夫婦の清算的要素の2分の1ルールを基本としつつ、そこに扶養的要素、慰謝料的要素を含ませる場合には相応の根拠と計算、評価が必要となり、さらには分与請求者の寄与分の割合等も考慮し、具体的な分与財産が算定されなければならないであろう。

　こうしたことからすると、個々の財産分与事案ごとにその詳しい事情を勘案して、これに適合的な分与財産を算定し決定するしかないといえるが、事案によっては家裁の離婚調停において課税とは無関係にこの分与財産が決定されている場合もある。したがって今のところは、前掲東京地判平29・6・27（および前掲東京高判平30・2・8）のもとでは徴収法39条の第二次納税義務の課税を避けられない場合がありえるので、この場合には、税法上は、専門家にはこのことについて説明責任が求められることとなろう。

研究①　徴収法39条の立法経緯と詐害行為取消権

　第二次納税義務のうち、徴収法39条のみが滞納者と何らの特別の関係もない第三者も第二次納税義務者になりうるということは、すでに述べたとおりである。なぜこのような規定が創設されたのか、立法経緯を以下で検証していくこととする。

1　徴収法39条の立法経緯

　国税徴収法は、明治30年に制定され、昭和26年の一部改正を経て、昭和34年に全面改正が行われ、現在の国税徴収法となっている。徴収法39条は、昭和34年の全面改正のときに創設されているが、その立法経緯をみると、民

第2章　第二次納税義務

法424条の詐害行為取消権と密接な関係があることがわかる。

旧徴収法においては、明治30年の旧徴収法制定時から民法424条「詐害行為取消権」と同様の効果をもたらす旧徴収法15条があった。ここでいう「詐害行為取消権」とは、「債権者を害することを知りながら行われた債務者の法律行為（詐害行為）を取り消して債務者の財産を回復することを目的とする債権者の権利」[61]である。旧徴収法15条においては、国税の滞納に関して詐害行為があった場合、その行為を取り消すことができることとしていた。

昭和26年の旧徴収法の一部改正により、新たに旧徴収法4条の7が創設された。内容としては、国税を滞納している者が財産の差押えを免れるために、親族等の関係者に贈与または低額譲渡した場合において一定の要件に該当する場合には、その親族等に第二次納税義務を課すというものである。

この旧徴収法4条の7が、昭和34年の全面改正のときに削除され、代わりに現在の徴収法39条が創設された。なお、旧徴収法15条は民法424条と内容が重複するという理由で削除され、新たに民法424条の規定が国税徴収の際に準用されるという規定が創設され、その後この規定は国税通則法に移されている（現在の国税通則法42条）。

民法424条、旧徴収法15条、旧徴収法4条の7における共通点は、「詐害の意思」が前提となっているという点である。民法424条においては、「債務者が債権者を害することを知ってした法律行為」と規定し、旧徴収法15条と4条の7においては「財産ノ差押ヲ免ルル為故意ニ」と規定している部分がそれである。しかし、昭和34年に創設された徴収法39条は、「詐害の意思」の前提がない。なぜ「詐害の意思」が条文から削除されたのか、その理由は租税徴収制度調査会[62]（以下「調査会」という）の速記録に記されている。

昭和31年10月8日に行われた調査会第10回において、旧徴収法15条について、①民法424条と内容が重複する、②詐害行為を取り消すためには訴訟によらなくてはならず、効率が悪い、③権利関係を動かすくらいならば、一定の要件で相手方に第二次納税義務を負わせるという法律的な規制の方が適当である、という意見があり、結果的には旧徴収法15条は削除された。

61　岩崎政明ほか『九訂版　税法用語辞典』353頁（大蔵財務協会、2016年）。
62　徴収法全面改正のために、昭和30年12月6日の閣議決定により設置された。

118

研究① 徴収法 39 条の立法経緯と詐害行為取消権

　また、同じく調査会第 10 回において、旧徴収法 4 条の 7 については、適用範囲が限定的であり、類似の租税回避行為が行われた場合に適用できなくて不公平である、という意見が出されている。

　その後、調査会第 11 回においては、国としての税収確保の重要性とともに、徴税の合理化をするべきだという意見が出され、第二次納税義務の拡大へと意見が集約されて行き、現在の徴収法 39 条の原案が調査会に提案される。

　調査会第 14 回においては、徴収法 39 条の原案について、譲受人が親族等とそれ以外では課される税額の範囲が違い、旧徴収法 4 条の 7 よりはむしろ負担が軽くなっているという説明がされている。また、その後の調査会第 15 回においても、徴税の合理化のために徴収法 39 条を創設すべきである、という意見が出され、徴収法 39 条の創設が正当化されている。

　しかし、異議が出なかったわけではない。調査会第 15 回においては、第二次納税義務者が親族等に限られていないため、第三者が第二次納税義務者になる可能性があることにつき行き過ぎではないかという意見も出されている。しかし、この意見に対しては、当時の状況では親族等に限らず裏があるであろうと思われる経済取引が横行している、そういう取引についても第二次納税義務を課すべきである、という説明がなされている。

　こうして、徴収法 39 条は創設されることになるが、創設にあたり調査会第 16 回では、行政庁の自由裁量が行き過ぎないために、要件をはっきりすべきであるとの意見が出されている。

　この立法経緯から、徴収法 39 条は、詐害行為取消権が税収確保と徴税の合理化のために姿を変えたものであることがわかる。

2　詐害行為取消権と徴収法 39 条

　詐害行為取消権と徴収法 39 条の決定的な違いは、上記 1 で述べたように、「詐害の意思」である。詐害行為取消権を定めた民法 424 条には、①債務者に悪意があること、②受益者または転得者が悪意を知っていること、の二つの要件が明示されている。つまり、詐害行為取消権を行使するためには、この二つの要件を裁判において立証し、受益者または転得者から財産の返還を求めなければならない。

119

第 2 章　第二次納税義務

　これに対して徴収法 39 条は、取引について形式的な要件を満たせば、裁判によらずに受益者に第二次納税義務を負わせることができる。このことにより、従来は詐害行為取消権によらなければならなかった事案について、徴収法 39 条を適用することにより迅速に徴税を図ることができるようになったと推測される。

　現行徴収法は、昭和 34 年に旧徴収法が全面改正され、昭和 35 年 1 月 1 日以後に滞納となった国税について適用された。したがって、徴収法 39 条も同じ時期からの適用となった。この前後の昭和 25 年 8 月 29 日より平成元年 3 月 16 日までの詐害行為取消権に関する裁判例のうち、徴収法に関係する裁判例を抜き出してみると、昭和 30 年代が 16 件、40 年代が 7 件、50 年代が 0 件、60 年代が 2 件、平成元年が 1 件となっている[63]。平成元年の 1 件以降現在までの統計がないので、その後の判例が増えているのかそのままなのかはわからないが、少なくとも徴収法施行直後には、詐害行為取消権に関する徴収法の裁判例が減っていることがわかる。

　このことから、徴収法 39 条の立法後では、従来は詐害行為取消権によらなければならなかった事例について、徴収法 39 条により国税の徴収が行われているのではないかと推測される。しかし、それだけではなく、詐害行為取消権の適用ができなくても徴収法 39 条の適用ができる事例も増えているのではないだろうか。

　前に述べた昭和 25 年 8 月 29 日より平成元年 3 月 16 日までの詐害行為取消権に関する裁判例のうち、徴収法に関係する裁判例をみてみると、納税者勝訴となった事例についても徴収法 39 条の適用ができる可能性があるものもある。詐害行為取消権と徴収法 39 条では要件が異なるので、当然といえば当然なのだが、このことは何を意味するのか。つまりは、詐害行為取消権では徴収できなかった第三者からも徴収法 39 条を適用すれば国税を徴収できる可能性があるということである。

　徴収法 39 条の要件に「詐害の意思」がないということは、本来徴収すべきではない者から国税を徴収することができてしまう、ということである。したがって、徴収法 39 条の運用は慎重に行われなければならないはずである。で

63　荒木新五『判例便覧詐害行為取消権』（商事法務研究、1989 年）。

は実際の運用はどうなっているのであろうか。徴収法 39 条の運用については、研究②において述べることにする。

研究② 徴収法 39 条の運用における問題点

1 裁判例にみる徴収法 39 条の問題点

徴収法 39 条の前身が詐害行為取消権であることは立法経緯で明らかになったが、以下、実際の運用における徴収法 39 条の問題点を検証していく。

裁判事例①　民法 424 条と徴収法 39 条の関係に言及しながら、徴収法 39 条の適用に詐害の意思は関係ないとした裁判例（金沢地判平 17・7・25 裁判所ウェブサイト）

判示事項 1 によると、「本件は、遺留分減殺請求の行使により価額弁償を受けた P2（連帯納付義務者）から贈与を受けた原告らが、国税徴収法第 39 条の第二次納税義務を負うとしてなされた告知処分等の違法性、及び税務署長の行った P1（滞納者）に対する延納許可手続等に国家賠償法上の責任が存するか否かを争点とする事案である。」

徴収法 39 条の適用について、原告は、徴収法 39 条と通則法 42 条の沿革を述べたうえで、「以上の沿革によれば、民法 424 条の詐害行為取消権を基本としつつ、訴訟によらずに行政手続によって徴収できるようにすること、そのことによって譲受人の利益を不当に侵害することのないように徴収権の確保と私法秩序の保持との調整を図りながら法改正が行われてきたということができ、徴収法 39 条と通則法 42 条で準用されている民法 424 条が、性質を同じくする制度であることが明らかである。」「徴収側の有権解釈がされている国税徴収法精解（財団法人大蔵財務協会発行、編者代表吉国二郎、以下「精解」という。）によると、『この条（徴収法 39 条）においては、『債権者を害することを知り』の明文規定はないが、詐害行為の取消しをすることができる場合とほとんど同様の事情にあるとみなし得る場合及びこれに準ずる場合に、この条が適用されると考えて差し支えない』とされている。精解の記載に反する解釈をして税の徴収をされることは許されるべきではなく、精解の記載に反した本件告知処分等は、信義則違反、権利濫用として許容されるべきものではない。」と主張している。

121

第 2 章　第二次納税義務

　しかし、判示事項 2 においては、「徴収法 39 条が、責任財産を保全して被保全債権を確保することを目的とする詐害行為取消権と共通の目的を有することは明らかであるが、徴収法 39 条の第二次納税義務と通則法 42 条が準用する詐害行為取消権を比較すると、前者は、簡易・迅速に国税の徴収権を実現するために、財産移転等の私法上の効果を否定せず、受益者に対して直接徴税権を行使できることとし、債務者の詐害の意思を要件としない代わりに、時期、対象を限定したものと解することができる。そうすると、明文に反してまで、徴収法 39 条の適用のために納税義務者の詐害の意思が要件となると解することはできないし、受益者が善意を立証すれば、第二次納税義務を免れると解することもできない。」と述べられている。

　前提にあって文言にない詐害の意思、もはやその前提は裁判において考慮されないものとなっている。なお、この裁判の原告は名古屋高等裁判所に控訴しているが、棄却されている。

　裁判例②　詐害の意思は徴収法 39 条の成立要件ではないとした判例（最判平 21・12・10 民集 63 巻 10 号 2516 頁）

　最高裁判決においても、①と同様の判決が下されている。

　判示事項 1 によると、「本件は、遺産分割協議書によりその相続分を超える財産を取得した上告人が、同分割協議によりその相続分に満たない財産を取得した共同相続人の滞納に係る国税につき国税徴収法 39 条に基づく第二次納税義務の納付告知を受けたことから、その取消しを求めている事案である。」

　徴収法 39 条の適用については、判事事項において、「滞納者 A に詐害の意思があったことは明らかである」としながらも、「そもそも国税徴収法 39 条の規定によれば、滞納者の詐害の意思のあることは同条所定の第二次納税義務の成立要件ではないというべきである。」と述べられている。

　①における判決と同様、答申における第二次納税義務制度の前提は、まったく考慮されていない。

　また、この判決は、その後の裁判にも影響を及ぼしている。財産分与が過大として課された第二次納税義務についての裁判（東京地判平 29・6・27 税資徴収関係判決順号 29-20）においては、この判決を根拠に「国税徴収法 39 条に定め

研究② 徴収法 39 条の運用における問題点

る第二次納税義務の制度は、民法 424 条を準用する国税通則法 42 条とは別に、国税の滞納者の財産を散逸させる譲渡行為の取消しの訴求という訴訟手続を経ることなく租税徴収の確保を図るための制度として、民法 424 条とは異なる要件を独自に明文で定めたものであるから、国税徴収法 39 条所定の要件については、その文言及び趣旨に従って独自に解釈すべきであって、殊更に詐害行為取消権の要件に即して限定的に解釈すべき理由はないというべきである」として、納税者の主張の一部を退けている。

しかし、財産分与については、過去の最高裁判決において、「分与者が既に債務超過の状態にあって当該財産分与によって一般債権者に対する共同担保を減少させる結果になるとしても、それが民法 768 条 3 項の規定の趣旨に反して不相当に過大であり、財産分与に仮託してされた財産処分であると認めるに足りるような特段の事情のない限り、詐害行為として、債権者による取消の対象となりえないものと解するのが相当である。」（最判昭 58・12・19 民集 37 巻 10 号 1532 頁）と述べられており、特段の事情がない限り財産分与が詐害行為とはなり得ないはずである。しかし、このような場合でも、徴収法 39 条の要件に当てはまれば、財産分与により財産を取得した者が第二次納税義務を負う可能性があるということになる。

裁判例③ 徴収法 39 条の成立要件の拡大解釈が否定された裁決例（裁決平 25・5・7 TAINS F0-0-008）

滞納者と共謀した者から不動産を取得した第三者が徴収法 39 条の規定により第二次納税義務を課されたことについて、その取消しを求めた事例である。

滞納者と甲は、滞納者の所有する不動産を、差押えを免れる目的で滞納者から甲へ所有権移転登記をした（以下「第一譲渡」という）。甲はその不動産を、自分の借入金返済に充てるために第三者である乙に譲渡した（以下「第二譲渡」という）。租税行政庁は、不動産を取得した乙に徴収法 39 条による第二次納税義務を課したのである。

徴収法 39 条においては、滞納者が行った低額譲渡等により利益を受けた者に対して第二次納税義務を課すという規定になっているにもかかわらず、租税行政庁は文言を拡大解釈し、滞納者と甲との取引は仮装譲渡であるから、実質

123

的には乙は滞納者から不動産を取得したことになり、第二次納税義務者であるという主張をした。上記①および②の裁判において、「詐害の意思」の文言がないから徴収法39条の適用に際しては「詐害の意思」は関係ない、と主張しておきながら、この裁決においては、「滞納者から取得した」という意味の文言を拡大解釈している。しかも、その根拠を、現行の第二次納税義務制度が導入された当時よりその適用範囲を拡大している、と述べている。

本裁決において、第一譲渡は民法94条12頁の規定により無効とされた。同条2項により善意の第三者である乙は取得した不動産の所有権は有効となった。しかし、このことをもって乙が滞納者から直接不動産を取得したということにはならないとして、原処分庁の主張は退けられた。原処分庁の徴収法39条に対する姿勢が事例によって違い、単に第二次納税義務の範囲拡大を目的としており、疑問を感じる事例である。

なお、乙に悪意があった場合には民法94条2項は適用されないので、乙はそもそも不動産の所有ができないことになる。ここでは「詐害の意思」の有無が重要になってくるとは何とも皮肉なことのように思える。

上記の裁判例をみる限り、詐害の意思がなくても徴収法39条の適用はありうる、ということになる。つまり、徴収法39条の前身である詐害行為取消権の影はまったくなくなっている、ということになるのである。

2 徴収法39条の運用

徴収法39条と通則法42条の適用については、徴収法基本通達ではいずれによることもできるとされているが、第二次納税義務関係事務提要の第8章第4節106においてはまず徴収法39条の適用可否について検討し、同条の適用がない場合には通則法42条の行使の可否について検討するものとしている。このことは、徴収法39条に「詐害の意思」という文言がまったくないことと関係していると思われる。

先で紹介した裁判例では、徴収法39条の前提に「詐害の意思」があるとしながらも、実際の適用には「詐害の意思」は関係ないとしているので、条文に示されている要件に当てはまれば、徴収法39条は適用可能である。他方、通則法42条で準用するとされている民法424条を適用するためには、滞納者の

研究② 徴収法39条の運用における問題点

詐害の意思と利益を受けた者が滞納者の詐害の意思を知っていること、の二つを証明しなければならならない。どちらが適用しやすいかは、一目瞭然である。したがって、事務提要においては第1に徴収法39条の適用を検討するよう指示されていると思われる。

このような運用の仕方では、徴収法39条の前提にある「詐害の意思」はまるで考慮されないことになってしまう。では、どうしたら「詐害の意思」を前提とした徴収法39条の運用ができるのだろうか。

現状の徴収法39条の運用についての問題点は、租税行政庁が一方的に条文に列挙されている要件に当てはめて、第二次納税義務を課しているという手続の問題があると思われる。この手続では「詐害の意思」など確認のしようがない。要件に当てはまっても、当事者間では合理的な経済取引である場合もあるはずだが、書類だけでは判断できない。

そこで、徴収法39条の適用をする場合には、行政手続法13条に定めるような意見陳述の機会を設けるべきである。行政手続法13条は、通則法74条の14によって、国税手続に関しては適用除外になっている。そこで、徴収法39条を改正し、意見陳述の機会を設けることが前提となっている「詐害の意思」の有無を確認する第一歩になるはずである。

徴収法39条の上記立法経緯をみると、詐害行為取消権が税収確保と徴税の合理化のために形を変えていったことがよくわかる。しかし、そもそもの考え方は詐害行為取消権なのである。国税徴収法の基本的文献の一つである『国税徴収法精解』においても、徴収法39条の目的を、「納税者が無償又は著しい低額で財産を処分し、そのために納税が満足にできないような資産状況に立ち至らせた場合すなわち詐害行為となるような場合には、その処分による受益者に対して直接第二次納税義務を負わせ、実質的には、詐害行為の取消しをした場合と同様の効果を得ようとする」と説明している[64]。このことから、徴収法39条が「詐害行為となるような場合」を基本的な前提としていることは少なくとも明確に確認できる。

---

64 吉国・精解 377 頁。

第3章　滞納処分

第1節　強制徴収（滞納処分）手続

1 概説

　徴収法は、国税が国家存立の財政的な裏づけとなっており、国税徴収の確保が国家活動の基礎をなすものであることから、国税が納期限までに完納されない場合の徴収に関する執行手続を規定している[1]。

　納税者が納期限までに租税を完納しないことを租税の滞納といい、租税を滞納した納税者を滞納者という。徴税機関は租税が完納されない場合に納税者の財産から租税債権の強制的な満足を図ることができるが、このような手続を強制徴収または滞納処分という。この滞納処分に関する一般法が国税徴収法であり、関税および地方税の滞納処分については、国税滞納処分の例によることとされている[2]（関11条、地68条6項、72条の68第6項ほか）。

　滞納処分は狭義の滞納処分と交付要求とに分かれている。前者は国または地方団体が自ら納税者の財産を差し押さえてそこから租税債権の満足を図る手続であり、差押え、換価、充当の一連の行政処分からなっている。交付要求は、現に進行中の強制換価手続の執行機関に換価代金の交付を求め、それによって租税債権の満足を図る手続である。私法上の債権については、原則としてその存否および金額について裁判所の判断を経たうえ、司法機関にその履行の強制を求める必要がある。他方、租税は、その存否および金額を確定する権限と自

1　税大講本1頁。

2　金子・租税法1014頁。

第3章　滞納処分

らの手で強制実現を図る権限とが租税債権者たる国等に与えられている[3]。

② 滞納処分の基本的手続

1　督促

　国税の納税義務は、各税法に定める課税要件の充足の時に成立し、原則として納税申告等の確定手続によって納付すべき税額が確定する（通15条〜19条）。確定した税額は通則法または各税法に定められた納期限までに納付しなければならない（通35条）。このように成立・確定した納税義務について、納税者がその国税を納期限までに完納しない場合に、その履行を催告する行為を督促という。

　税務署長は一定の場合を除き督促状によりその納付を督促しなければならない（通37条1項）。督促状は別段の定めがある場合を除き、租税の納期限から50日以内に発するものとされている（通37条2項）。また、督促を行う場合において、その督促に係る国税について延滞税または利子税があるときは、それについてもあわせて督促しなければならないとされている（通37条3項）。

　なお、第二次納税義務者に対しては、納付催告書によって督促を行うとされている（徴32条2項、地11条2項）。また、繰上請求・繰上保全差押えおよび保全差押えがなされた場合等のように、直ちに徴収するものとされている国税については、例外的に督促の手続を経ることなく滞納処分が行われる[4]。

　督促は、納付催告として行うものであり、差押えの前提条件となっている（徴47条1項1号）とともに、時効中断の効果ももっている（通73条1項4号）。この点で、督促は、強制徴収手続における債務名義の送達に相当する。督促も取消訴訟の対象となる処分に当たると解されている（最判平5・10・8訟月40巻8号2020頁、反対のものとして山口地判昭50・9・25行集26巻9号1084頁）。

　このような督促について法的に問題となる点がいくつか存在する。その主なものをあげれば次のとおりである。

　①まず、課税処分の違法が督促処分に承継されるかの問題がある。神戸地判

3　金子・租税法1015頁。
4　金子・租税法1003頁。

128

昭63・9・14（LEX/DB22006220）は次のように述べてこれを否定した。

「国税の賦課処分と督促処分とは、それぞれ目的及び効果を異にする別個の手続による行政処分であり、前者の違法性は後者に承継されず、したがつて、前者に瑕疵があつたとしても、当該処分が当然無効であるか、権限ある者によつて取消されない限り、後者の効力に影響を及ぼすものでない」と判示し、控訴審でも控訴棄却（大阪高判平元・4・28 LEX/DB22006219）、同じく最高裁（最判平元・12・14 LEX/DB22006239）でも棄却されている。

②次に、督促により指定すべき期限を「即刻」とした督促状について最判昭35・7・27（裁判集民43号465頁）がある。最高裁は「即刻納付せよとの督促は、遅滞なく納付すべきことを催告した趣旨と解すべきであって、後記条項にいう期限の指定たるを失わないものと認められ、いまだこれを違法なりとすることはできない。」として、それは実質的に差押処分までの間に督促の期限を越える期間をおいて差押処分がなされているという本件事実関係からみて、違法とはならないとしている。

③滞納処分としての差押処分が何回かにわたって行われる場合に当初に発せられた督促状の効力とその後一定の期間を経て差押処分がなされる場合、例えば本税分について第一次差押処分の後に第二次差押処分が行われ、さらにその後に延滞税分の差押処分がなされるような場合に、当初に発せられた督促状の効力についてどのように解するかが問題となる。このような問題が争われた事案に、例えば静岡地判平19・11・30（裁判所ウェブサイト）がある。同裁判所は「この督促は、単に納付の履行を催告するにとどまらず、督促に係る国税徴収権の消滅時効を中断する効果を有しているが（国税通則法73条）、その後にされた督促は同条の適用がなく、単に履行の催告としての効果を有するにすぎないと解されている。」としたうえで、「このような督促の機能及び効果に照らせば、同法は財産の差押え等の滞納処分をする前提要件として適法な督促を1回行うことを要求し、滞納処分をする度に滞納者に対し督促することは予定していないことが明らかであるから、一度適法にされた督促の上記効果は、当該滞納国税が完納されない限り消滅しないと解するのが相当である。」と判示した。このように、当初に行った督促処分の効力は、その後の一連の滞納処分においてはなお有効であると解し、仮に再度の督促がなされたとしても、それは

第3章　滞納処分

単に「履行の催告としての効果」を有するにすぎないとして当初の督促の効力が引き続き維持されると解している。

　これらのうち、①の問題は従前から一般的に問題とされてきた問題であるのに対し、②の問題は稀な問題ではあるがその手続の重要性からは形式的な不備として扱われてもよい事案である。③の問題は差押処分等が何回かにわたって相当の期間を経てから行われるような場合には、仮に前述のように当初の督促の効力がその後の一連の滞納処分にも有効であるとしても、滞納者には納得し難いところがあると考えられるので、後続の滞納処分を行う際には再度の督促状を発することが実際上も実務上も望ましいといわなければならない。このように、前述の事例における裁判所の解釈については、督促が滞納者の財産の処分を行う滞納処分手続の前提的な処分であることを考えると、その処分は慎重な上にも慎重な手続に基づいて実行されなければならないので、疑問とする余地がないではない。

2　差押え

(1)　差押えの意義[5]

　滞納処分による差押えとは、滞納者の財産について、国税債権を強制的に実現する滞納処分の最初の段階の手続であって、徴収職員が滞納者の特定の財産について、法律上（譲渡、贈与等）または事実上（毀損、廃棄等）の処分を禁止し、換価ができる状態におく強制的な処分をいう。そして、この差押えは滞納者の意思に関わりなく行われる強制処分の性質を有する。また、差押えによって財産の帰属を国に移転するものではないため、差押え中に天災その他の不可抗力によって差押財産が滅失したときは、その損害は滞納者の負担となる。

(2)　差押えの要件[6]（徴47条）

　差押えの要件は、通常の場合、①滞納者が督促を受け、②その督促に係る国税をその督促状を発した日から起算して10日を経過した日までに完納しないとき、と定められているので、徴収職員は、この要件が充足されたときに滞納者の財産を差押えなければならないこととされている（徴47条、地68条1項1

5　前川・図解221頁。
6　税大講本18頁、吉国・精解388頁。

第1節　強制徴収（滞納処分）手続／②　滞納処分の基本的手続

図表 3-1　差押え可能時期（例 所得税）

法定納期限		50日以内	発布日 督促状	（督促状発行日以後 12 日目）		可能日 差押え
3/15	3/16		5/1	5/10	5/11	5/12
					10 日を経過した日	

出典：税大講本 18 頁。

号）。この場合に、まず、①いつ差押えを実施するかは租税行政庁の判断で決定される（差押可能時期については**図表 3-1** を参照）。次に、②滞納者の財産のうちどの財産を差し押さえるかは、基本的に徴収職員の裁量に属するとされている（例えば債権の差押えにつき東京高判昭 45・4・30 判時 600 号 77 頁）。さらに③滞納者には第二次納税義務者および保証人が含まれ、これらの者について差押えをする場合には、「納付催告書」による督促が必要である。さらにまた④差押処分の実施時間について、夜間および日曜日、国民の祝日に関する法律に規定する休日または通則法施行令 2 条 2 項に規定する日その他一般の休日において、個人の住居に立ち入って行う差押えについては、特に必要があると認められる場合のほかは、これらの時間または日においては行わないこととされている（徴基通 47 条関係 19）。

このような差押えの効果としては、差押え対象とされた滞納者の特定財産についてその処分が禁止される効果を生じる。したがって、差押えは「滞納処分の第一段階」をなすとされる[7]。

(3) 差押えの制限[8]

徴収法の規定では、差押えの要件が満たされている場合であっても、次の場合には、徴収手続の緩和等のため、新たな差押えが制限されている（徴基通 47 条関係 16）。

7　金子・租税法 1029 頁。

8　前川・図解 224 頁。

第 3 章　滞納処分

図表 3-2　差押えが制限される場合

差押えが制限される要件		制限される期間
納税の猶予等がされている場合	通則法に定める納税の猶予（通 46 条 1 項・2 項・3 項、48 条）	猶予期間
	会社更生法に定める納税の猶予（更 169 条 1 項）	
	更正の請求がされた場合の徴収の猶予（通 23 条 5 項）	
	不服申立てがされた場合の徴収の猶予（通 105 条 2 項・6 項）	
	予定納税額の徴収の猶予（所 118 条）	
	相続税法に基づく延納または物納申請があった場合の徴収の猶予（相 40 条 1 項、42 条 29 項）	
	資力喪失による再評価税免除申請があった場合の徴収の猶予（資産再評価法 87 条 5 項）	
滞納処分の停止がされている場合	滞納処分の停止（徴 153 条 1 項）	停止期間
倒産処理手続が開始された場合	包括的禁止命令（更 25 条 1 項、破 25 条 1 項）	倒産処理手続の係属期間または免責許可の申立てに係る裁判の確定までの期間
	更正手続開始の決定（更 50 条 2 項）	
	企業担保権の実行手続の開始決定（企担 28 条）	
	破産手続開始の決定（破 43 条 1 項）	
	免責許可の申立てがされ、かつ、破産手続廃止の決定もしくは破産手続廃止の決定の確定または破産手続終結の決定（破 249 条 1 項）	

出典：前川・図解 224 頁。

(4) 差押えの対象財産

差押えの対象となる財産は、徴収法の定めるところに基づいて行われるので、同法の地域的効力の観点から、当然に、それが徴収法施行地内にあること[9]が必要であることはいうまでもない。この点、徴収法には施行地に関する規定はないが、徴収法は日本国の行政権の及ぶ地域にのみ効力が及ぶので、滞納者が外国において所有している財産は差押えの対象にならない。また、財産の所在については、相続税法 10 条に定めるところに準ずることとされている（徴基通 47 条関係 6）。

なお、徴収法施行地域外に滞納者の財産があると認められる場合には、その財産があると認められる地域の国または政府との徴収共助に関する租税条約等の規定に基づき、その財産があると認められる地域の相手国等に対し徴収の共助の要請をすることができる場合がある（租税条約等の実施に伴う所得税法、法人税法及び地方税法の特例等に関する法律 11 条の 2、徴基通 47 条関係 6（注））。

9　税大講本 19 頁。

第 1 節　強制徴収（滞納処分）手続／② 滞納処分の基本的手続

このような徴収法の地域的効力の及ぶ範囲において財産の差押えが行われることとなるが、その場合、差押えを行う時において一般に次に該当する財産であることが必要である[10]。

(i)　財産が徴収法施行地内にあること[11]

徴収法には施行地に関する規定はないが、徴収法は日本国の行政権の及ぶ地域にのみ効力が及ぶ。したがって、滞納者が外国において所有している財産は差押えの対象にならない。

なお、財産の所在については、相続税法 10 条に定めるところに準ずることとされている（徴基通 47 条関係 6）。

(注)徴収法施行地域外に滞納者の財産があると認められる場合には、その財産があると認められる地域の国または政府との徴収共助に関する租税条約等の規定に基づき、その財産があると認められる地域の相手国等に対し、徴収の共助の要請をすることができる場合がある（租税条約等の実施に伴う所得税法、法人税法及び地方税法の特例等に関する法律 11 条の 2）。

(ii)　財産が滞納者に帰属していること[12]

滞納者に帰属しているかどうかは、名義または所持者が滞納者であるかどうかは問わず、実質的に滞納者に帰属していればよいとされている。例えば、登記（登録）の名義が滞納者ではないが、実質的に滞納者に帰属している財産がこれに当たる。この場合には、その名義を滞納者に変更することにより差押えることになる。

(iii)　財産が金銭的価値を有すること[13]

差押えの対象となる財産は、これを差し押えて換価した後、その換価代金をもって国税に充当することとなるのであるから、金銭的価値を有するものでなければならない。したがって、金銭または物の給付を目的としない行為（例えば、音楽の演奏、歌を歌うことなど）を目的とする債権は、金銭的価値を有しないから差押えの対象とはならない。

10　金子・租税法 1033 頁以下、清永・税法 288 頁等を参照。
11　税大講本 19 頁。
12　税大講本 19 頁。
13　税大講本 20 頁。

133

第 3 章　滞納処分

（iv）財産が譲渡または取立てができるものであること[14]

　滞納処分による差押財産の換価方法は、売却すること（徴89条）と、取立てをすること（徴57条1項、67条1項）の二つであるから、差押えの対象となる財産は、譲渡または取立てができるものでなければならない。したがって、滞納者に一身専属的に帰属する権利（一身専属権。例えば、相続権、扶養請求権、財産分与請求権など）は、譲渡できないので差押えの対象とならない。

（v）財産が差押禁止財産でないこと[15]

　差押えの対象となる財産は、徴収法のほか、各法律で差押えを禁止している財産以外のものでなければならない。差押禁止財産は、最低生活の保障、生業の維持、精神的生活の安寧の保障、社会保障制度の維持など種々の理由から法令により差押えが禁止されているものである。

　このような徴収法上の差押禁止財産は、絶対的差押禁止財産と条件付差押禁止財産に区分できる。

①絶対的差押禁止財産

　　一般の差押禁止財産（徴75条）　　滞納者の承諾の有無にかかわらず、差押えができない財産

②条件付差押禁止財産

㋐滞納者の承諾を条件として差押禁止の制限が解かれるもの　　給与等の差押禁止（徴76条）、社会保険制度に基づく給付の差押禁止（徴77条）

㋑代替財産の提供を条件として差押禁止の制限が課されるもの（徴78条）

③給料等の債権の差押禁止

　給料等については、図表3-3、図表3-4の計算式により求めた差押禁止額に相当する部分の金額は差し押さえることができないため、差押えができる金額は、給料等の額から差押禁止額を控除した金額の範囲内に限られる（徴76条1項）。

14　税大講本 20 頁。

15　税大講本 20 頁。

134

第1節　強制徴収（滞納処分）手続／② 滞納処分の基本的手続

図表 3-3　給料等の差押禁止額　①＋②＋③

①給料等から差し引かれる源泉所得税、道府県民税および市町村民税ならびに社会保険料に相当する金額（徴76条1項1号・2号・3号）

＋

②滞納者については1月ごとに100,000円、生計を一にする配偶者その他の親族については1人につき1月ごとに45,000円として計算した金額の合計額（徴76条1項4号、徴令34条）
（100,000円＋45,000円×滞納者と生計を一にする親族の数）×給料等の支給期間／1月

＋

③給料等から①および②の金額を控除した残額の100分の20に相当する金額
ただし、この金額が②の金額の2倍を超えるときは、その2倍までの金額（徴76条1項5号）

(注)　道府県民税及び市町村民税については、普通徴収の方法により徴収されている場合には、その金額は差押禁止金額に該当しません（徴基通76条関係6）。
出典：前川・図解187頁。

図表 3-4　配偶者を含む扶養家族が3人の場合の差押禁止額の計算例

	事　　項	算定（円）
設例	①給料の総支給額（380,850円：注1）	380,000
	②源泉徴収の所得税	6,700
	③特別徴収の住民税	15,000
	④社会保険料（厚生年金・健康保険料等）	25,000
	⑤差引手取額（①－②－③－④）	333,300
差押禁止金額	⑥徴76条1項1号の金額（②の金額）6,700→7,000（端数処理：注2）	7,000
	⑦徴76条1項2号の金額（③の金額）	15,000
	⑧徴76条1項3号の金額（④の金額）	25,000
	⑨徴76条1項4号の金額（徴令34条の金額：注3）	235,000
	⑩徴76条1項5号の金額（注4）19,600→20,000（端数処理：注2）	20,000
	⑪差押禁止額の合計（⑥～⑩の合計）	302,000
	差引差押えが可能な金額（①－⑪）	78,000

注1　①における端数処理は千円未満を切り捨て、千円単位で表示する。
注2　この欄における端数処理は千円未満を切り上げ、千円単位で表示する。
注3　⑨徴76条1項4号の金額（徴令34条）の算定
　　　　100,000＋（45,000×3人）＝235,000円
注4　⑩徴76条1項5号の金額（いわゆる体面維持費）の算定
　　　　〔380,000－282,000（⑥～⑨の合計）〕×0.2＝19,600円

出典：中村・差押え156頁。

第3章　滞納処分

（vi）徴収法上の財産の区分とその差押え手続

徴収法上の財産の区分は7区分となっている。

図表 3-5　財産の区分と具体例（徴 56 条、62 条、62 条の 2、68 条、70 〜 73 条の 2）

	財　産		具　体　例	徴収法 条　文
1	動産および 有価証券	動産	切手、印紙、カヌー、グライダー、軽自動車、機械、金銭、未完成建物、牛馬等の生物等	56 条
		有価証券	手形、小切手、国債証券、地方債証券、社債券、株券、抵当証券、商品券 （注）株券を発行する旨の定めがない株式会社（会社法 117 条）の株式は、徴収法 73 条（下記 7「第三債務者等がある無体財産権等（電話加入権等）」）に規定する手続により差し押さえる。	
2	債権		売掛金、預金、貯金、金銭消費貸借による債権、給料、利益配当請求権、生命保険	62 条、62 条の 2
3	不動産		土地、地上権、永小作権、登記した立木、鉱業権、漁業権、採石権	68 条
4	船舶および 航空機	船舶	船舶登記簿に登記される船舶（カヌーなどは、動産として差し押さえる）	70 条
		航空機	航空機登録原簿に登録を受けた飛行機および回転翼航空機（グライダーなどは、動産として差し押さえる）	
5	自動車、建設機械および小型船舶	自動車	自動車登録ファイルに登録されている自動車（除かれたものは、動産として差し押さえる）	71 条
		建設機械	建設機械登記簿に登記されている建設機械（登記されていないものは、動産として差し押さえる）	
		小型船舶	総トン数 20 トン未満の船舶で、小型船舶登録原簿に登録されている小型船舶（未登録の船舶は、動産として差し押さえる）	
6	第三債務者等がない 無体財産権等		工業所有権（特許権、実用新案権、意匠権、商標権）、著作権	72 条
7	第三債務者等がある 無体財産権等		電話加入権、ゴルフ会員権、信用金庫の会員の持分、持分会社の社員の持分、賃借権、株式、特許権等の専用実施権、振替社債	73 条、73 条の 2

出典：税大講本 28 頁から筆者作成。

（5）差押財産の選択

差押えの対象となる財産のうち、どの財産を差し押さえるかについては、徴収職員の裁量に委ねられていることは前述（2）のとおりである。しかしながら、差押えは、滞納者および第三者の権利に重大な影響を与えることから、次の選択基準により慎重を期さなければならない。

136

第1節 強制徴収（滞納処分）手続／[2] 滞納処分の基本的手続

①超過差押えの禁止[16]

　滞納国税を徴収するために必要な財産以外の財産は、差し押さえることができない（徴48条1項）。

　したがって、差押えができる財産は、差押えの対象となる財産のうち、差押えをしようとするときにおける価額が差押えに係る国税の額を著しく超えないものであることが必要である。

　また、この制限に違反して行われた差押えが直ちに無効となるものではないが、取消しの原因となることがある。

　なお、差押財産が不可分物である場合には、その財産の価額が差押えに係る国税の額を超過する場合であっても、その差押えは違法とはならない（最判昭46・6・25訟月18巻3号353頁）。

②無益な差押えの禁止[17]

　滞納国税への配当が得られないと見込まれる財産は、差し押さえることができない（徴48条2項）。

　これに反して行われた無益な差押えは、超過差押えの場合と同様に、取消しの原因となることがある。

③第三者の権利の尊重[18]

　滞納処分の執行に支障がない限り、第三者の権利を害することが少ない財産を選択するよう努めなければならない（徴49条）。

④相続財産の優先[19]

　被相続人の滞納国税について、その相続人の財産を差し押さえる場合には、滞納処分の執行に支障がない限り、まず相続財産から行うように努めなければならない（徴51条1項）。

⑤滞納者の生活の維持または事業の継続、換価等の容易性[20]

　滞納処分の執行に支障がない限り、滞納者の生活の維持または事業の継続に影響が少ない財産、換価等が容易な財産を選択する（徴基通47条関係17）。

16　税大講本23頁、前川・図解225頁。

17　税大講本23頁、前川・図解236頁。

18　税大講本23頁。

19　税大講本23頁。

20　税大講本23頁。

第3章　滞納処分

3　滞納処分調査

財産調査は、滞納処分の対象となる財産の発見等を行ううえで重要な手続である。そのため、徴収職員には質問検査権（徴141条）、捜索の権限（徴142条）などの強力な財産調査を行うための権限が与えられている。

(1)　本調査の概要

質問検査権は、滞納処分のために、滞納者の財産を調査する必要があるとき、必要と認められる範囲内において、滞納者または滞納者と一定の関係を有する者に質問し、それらの者の財産に関する帳簿、書類を検査することができる権限をいう。直接強制の方法が定められていないため、これらの質問検査は任意調査であるが、相手方の受忍を間接的に強制するため、質問検査に応じない場合や偽りの陳述をした場合等については、10万円以下の罰金等罰則の定めがある（徴188条1号）。この質問検査権は、差押えのためではなく滞納処分のためと規定されているため、単に滞納者の財産を発見する必要がある場合等に限られず、例えば差し押さえた財産を公売するため、滞納処分停止中の滞納者につきこれを取り消して滞納処分を再開するべきかどうかを調査するため、その後の財産の状況等を知る必要がある場合等においても行うことができる[21]。

質問検査の対象となるのは、滞納者、第二次納税義務者および保証人、滞納者が法人であるときは法人を代表する権限を有する者等のほか、滞納者の財産を占有する第三者およびこれを占有していると認めるに足りる相当の理由のある第三者、滞納者に対して債権もしくは債務があり、または滞納者から財産を取得したと認められるに足りる相当の理由がある者、滞納者が株主である法人も含まれており、広い範囲に及んでいる。

(2)　捜索

徴収職員は、滞納処分のため必要があるときは、滞納者または滞納者と一定の関係を有する者の物または住居その他の場所につき捜索をすることができる。捜索とは徴収職員が滞納処分のために差し押さえるべき財産の発見または差し押さえた財産の引き揚げ等をすべく滞納者の物または住居について行う強制処分をいう。憲法35条は住居の不可侵を規定しており、徴収職員の捜索権限はこれを侵害しているのではとの問題もあるが、従来は行政手続である滞納処分

21　吉国・精解899頁。

138

第1節　強制徴収（滞納処分）手続／② 滞納処分の基本的手続

の捜索は、憲法35条の適用がないと解されていた[22]。

　捜索は滞納処分のために必要があるときに行われるが、必要があるときとは具体的にいえば、滞納者が財産の任意提供を拒否したとき、滞納者の財産を所持する第三者がその引渡しをしないとき、滞納者の親族その他の特殊関係者が滞納者の財産を所持すると認められるに足りる相当の理由がある場合にその引渡しをしないとき等をいう[23]。質問検査権の対象者に比し限定的なものとなっている。

　捜索の対処となる場所および物件については、滞納者または第三者の物または住居その他の場所とされている。改正前の徴収法においては、捜索の対象となる場所および物件を限定列挙していたが、徴収の適正を期する観点から範囲を拡張している。貸金庫の内容物については、銀行に対して貸金庫の内容物全体を引き渡すよう求める利用者の一括引渡請求権を差し押さえる方法により強制執行できるとしている（最判平11・11・29民集53巻8号1926頁）。解散した法人については、清算事務を執行したとみられる清算人の住居が捜索の対象とされている（東京高判昭45・4・14訟月16巻6号562頁）。

　捜索は質問検査と異なり強制調査であるが、裁判官の令状は必要とされていない。捜索は原則として日没後から日没前までは行うことができないこととされている（徴143条）。徴収職員は、捜索に際してその相手方または一定の者を立ち会わせなければならないが（徴144条）、捜索をするのに支障がある場合は、関係のない者の出入りを禁止することができる（徴145条）。また徴収職員は捜索をしたときは、捜索調書を作成し（徴146条1項）、これを捜索の相手方および立会人に交付しなければならない。滞納処分に関して必要があるときは、官公署または政府関係機関にその調査に関して参考となるべき帳簿・書類その他の物件の閲覧または提供その他の協力を求めることができる。

　徴収職員は、上記質問検査または捜索をするときは、その身分証明書を携帯し、関係者の請求があったときは、これを呈示しなければならない（徴147条1項）。また上記の質問検査または捜索の権限は、滞納処分の執行のために認められている権限であって犯罪捜査のために認められたものと解してはならな

22　吉国・精解903頁。
23　吉国・精解904頁。

139

第3章　滞納処分

いとされている（徴147条2項）[24]。

4　換価

　換価とは差押財産を金銭に換える処分のことである。差押財産が、金銭および取立てをする債権以外の財産である場合には、これを売却して金銭に換え滞納国税に充てる。売却の方法は公売に拠らなければならず、公売は入札または競売りの方法で行わなければならない（徴89条、94条）。これは、公正な手続で換価を行い、滞納者の利益の保護を図るためである。公売制度の構成と権威を維持するための措置として、滞納者は換価の目的となった自己の財産を直接であると間接であると買い受けることができず、徴収職員も換価の目的となった財産を買い受けることができないとされている。公売が適当でない場合には、随意契約による売却および国による買入れをすることができる（徴109条、110条）

　差押財産を公売に付するときは、公売日の10日前までに公売公告を行い（徴95条）、それを滞納者、公売財産につき交付要求した者、および公売財産につき質権等の権利を有する者のうち知れている者に通知し（徴96条）、あわせて公売財産の売却代金から配当を受けることのできる者のうち知れている者に対して、債権現在額申立書をその財産の売却決定をする日の前日までに提出すべき旨を催告する。税務署長は公売する財産につき、近傍類似または同種の財産の取引価格、公売財産から生ずべき収益等を勘案して、公売財産の見積価額を決定しなければならない（徴98条）。また公売財産が不動産、船舶および航空機である場合には、公売の日から3日前までに見積価額を公告しなければならない（徴99条）。

　公売に入札しようとする者は、税務署長の定めた公売保証金（見積価額の100分の10以上の額）を提供しなければ入札等に参加できない（徴100条）。ただし、公売財産の見積価額が50万円以下である場合などには、その提供を要しないものとすることができる（徴100条1項）。公売財産の買受希望者は、その住所、氏名、公売財産の名称、入札価額その他必要な事項を記載した入札書に封をして、所定の時刻までに徴収職員に差し出さなければならないが、電子

24　金子・租税法1016頁。

第1節 強制徴収（滞納処分）手続／②滞納処分の基本的手続

情報処理組織を使用して入札することも認められる。徴収職員は見積価額以上の入札者のうち最高の価額による入札者を最高価申込者として決定する（徴101条、104条）。徴収職員は最高価申込者を決定したときは、その氏名および価額を告げた後入札を終了したことを告知する。売却決定は、最高価申込者に対して、動産、有価証券または電話加入権については、公売をする日、不動産等については、公売をする日から起算して7日を経過した日に行うものとする（徴111条、113条）。買受人は売却決定の日までに買受代金を現金で納付しなければならない。この期限までに納付がないときは、税務署長は売却決定を取り消すことができる（徴115条）[25]。

　法令の規定により、公売財産を買い受けることができる者が1人であるとき、公売に付することが公益上適当でないと認められるとき、取引所相場のある財産をその日の相場で売却するとき、その他一定の場合には、公売に代えて随意契約で公売財産を売却することができる（徴109条、110条）。

　換価は、換価財産の所有権を滞納者から買受人に移転させる行為であり、買受人の権利取得は原始取得ではなく承継取得となる。権利移転の時期は、買受人が買受代金を納付したときである。ただし、行政庁の許可や登録が権利移転の要件とされている財産については、許可や登録がされていなければ権利移転の効果は生じない。

　換価財産の上に存する質権・抵当権・先取特権・留置権・仮登記担保に係る権利等は、買受人が買受代金を納付したときに消滅する（徴124条1項）。ただし、質権・抵当権または先取特権の設定されている不動産等で、差押えに係る租税がそれら担保物権に劣後するものであり、その債権の弁済期がその財産の売却決定期日から6月以内に到来せず、かつその担保物権を有する者から申出のあったときは、その財産上の担保物件を買受人に引き受けさせることができる。換価財産上の地上権・賃借権等はそのまま存続し、換価によって消滅しない[26]。換価によって土地とその上に存する建物の所有者が異なるに至ったときは、その建物のために地上権が設定されたものとみなされる（徴127条）。

　滞納処分のいずれかの段階に瑕疵があり、換価処分が職権によって取り消さ

25　税大講本57頁。
26　金子・租税法1052頁。

141

第3章 滞納処分

れ、または滞納者の不服申立てないし訴えの結果として取り消された場合は、換価処分は最初にさかのぼって効果を失い、換価財産の所有権は最初から買受人に移転しなかったことになる。この間に買受人のなした処分行為は効力を失い、その相手方はその登記の有無にかかわらず、滞納者に対抗しえないと解されている[27]。

なお、差押財産が金銭であるときは、そのまま充当し（徴56条3項、129条2項）、債権については取立てを行う。

5 配当

差押財産の売却代金等、滞納処分によって得られた金銭を租税その他の債権に配分することを配当という（徴128条）。配当の対象となるのは、①差押財産の公売または随意契約による売却代金、②有価証券・債権または無体財産権等の差押えにより第三者等から給付を受けた金銭、③差し押さえた金銭、④交付要求により交付を受けた金銭の4種類である。このうち③と④はそれぞれ差押えまたは交付請求に係る租税に充当され、①②は次の租税その他の債権に配当される。

①差押えに係る租税

②交付要求を受けた租税および公課

③差押財産上の質権・抵当権・先取特権・留置権または仮登記担保により担保される債権

④第三者の占有する動産・自動車または建設機械を徴収職員が差し押さえた場合および差押え後占有した場合において、第三者が滞納者に対して有する損害賠償請求権および借賃返還請求権

これらの債権への配当後になお残余があるときは、残余の金額は滞納者へ交付しなければならない（徴129条）。また換価代金が上記債権の総額に不足する場合は、債権相互間の優先劣後の順序によって配当される。その配当の順位については実体的には、徴収法129条5項において、徴収法第2章、徴収法59条の規定を配当手続の準則としている。ちなみに、租税債権に優先するものとしては、配当の基因となった滞納処分に係る直接の滞納処分費や国税の納

---

27 金子・租税法1052頁。

期限前に成立した担保権によって担保される債権などがある。

　なお、租税に充当される金銭はまず本税に充て、次いで延滞税または利子税に充てることとされ、私法上の利息先取りの考え方とは反対に納税者の利益を図っている。

　また、差押財産の売却代金または差し押さえた金銭等を国税に充てるべき時期については、次に掲げるとおりである（徴基通129条関係5）[28]。

　①差押財産の売却代金については、その受領の時

　②第三債務者等から交付を受けた金銭については、その給付を受けた時

　③差し押さえた金銭については、その差押えの時

　④交付要求により交付を受けた金銭については、その交付を受けた時

③ 滞納処分への納税者の対応

　換価の猶予（徴151条、151条の2）、滞納処分の停止（徴153条）など、納税の緩和を図る制度がある。

1　換価の猶予

(1)　換価の猶予制度の趣旨

　差押えに係る国税が納付されない場合には、上述のとおり、差押財産を公売換価しその売却代金を滞納国税に充当することになる。しかし納税者の負担の軽減を図るとともに、早期かつ的確な納税の履行を確保する観点から、滞納者に一定の事由がある場合には、差押財産の換価を猶予し、滞納者の事業を継続させまたは生活を維持させながら、滞納国税を分割納付などで円滑に徴収しようとする制度がある。これを換価の猶予という[29]。

(2)　換価の猶予の要件

(i)　税務署長の職権による場合

　徴収法151条1項は税務署長の職権による換価の猶予について次のように規定している。

28　吉国・精解846〜847頁。

29　税大講本79頁。

第3章　滞納処分

「税務署長は、滞納者が次の各号のいずれかに該当すると認められる場合において、その者が納税について誠実な意思を有すると認められるときは、その納付すべき国税につき滞納処分による財産の換価を猶予することができる。ただし、その猶予の期間は、1年を超えることができない。

　一　その財産の換価を直ちにすることによりその事業の継続又はその生活の維持を困難にするおそれがあるとき。

　二　その財産の換価を猶予することが、直ちにその換価をすることに比して、滞納に係る国税及び最近において納付すべきこととなる国税の徴収上有利であるとき。」

　上記のとおり、滞納者が納税についての誠実な意思を有し事業継続や生活維持に困難を来すおそれがある場合や、国税徴収上有利となる場合等、一定の要件に該当する場合に限り、換価の猶予が認められることとなっている。

(ⅱ) 滞納者からの申請による場合

　徴収法151条の2第1項は、平成26年度改正で、職権による換価の猶予に加えて申請による換価の猶予を追加し、次のように規定した。

　「税務署長は、前条の規定によるほか、滞納者がその国税を一時に納付することによりその事業の継続又はその生活の維持を困難にするおそれがあると認められる場合において、その者が納税について誠実な意思を有すると認められるときは、その国税の納期限から6月以内にされたその者の申請に基づき、1年以内の期間を限り、その納付すべき国税につき滞納処分による財産の換価を猶予することができる。」

(3) 換価の猶予の期間

　猶予期間は、その猶予した金額を納付することができると認められる最短の期間であるが、その期間は1年を超えることはできない（徴151条、151条の2）。

　なお、猶予期間内に猶予金額を全額納付できないやむを得ない理由があると認められるときは、その期間を延長することができるが、その期間はすでに換価の猶予をした期間とあわせて2年を超えることはできない（徴152条、通46条）。

第1節　強制徴収（滞納処分）手続／③ 滞納処分への納税者の対応

(4) 換価の猶予の手続

(ⅰ) 税務署長の職権による場合

　税務署長は、換価の猶予とする場合において、必要があると認めるときは、滞納者に対して、①財産目録、②収支の明細書、③担保の提供に関する書類、④猶予に係る金額を分割して納付させるために必要となる書類（分割納付計画書）の提出を求めることができる（徴151条、徴令53条）。

(ⅱ) 滞納者からの申請による場合

　換価の猶予の申請をしようとする者は、①国税を一時に納付することにより事業の継続または生活の維持が困難となる事情の詳細、②納付すべき国税の金額等、③納付を困難とする金額、④猶予を受けようとする期間、⑤猶予に係る金額を分割して納付する場合の納付計画、⑥担保に関し参考となる事項（担保を提供することができない特別な事情）を記載した申請書に、財産目録、収支の明細書、担保の提供に関する書類等を添付して、税務署長に提出しなければならない（徴151条の2、徴令53条）。

(5) 換価の猶予の効果

　換価の猶予の期間中は、差押財産の換価ができない。しかし、差押財産から生ずる天然果実については換価することができ、また差押債権等は取り立てることができる（徴152条、通48条）。換価の猶予を行う場合において、税務署長が必要があると認めるときは、差押えにより滞納者の事業の継続または生活の維持を困難にするおそれがある財産の差押えを猶予し、または解除することができる（徴152条）。換価の猶予をした場合には、その猶予期間中は徴収権の消滅時効は進行しない（通73条）。換価の猶予をした場合には、猶予に係る国税につき、その納期限の翌日から2月を経過する日以後の猶予期間に対応する延滞税の2分の1を免除する（通63条）。

(6) 申請による換価の猶予制度の取扱い

　従来換価の猶予制度は税務署長の職権によるものとされていたが、平成26年度改正で申請に基づく換価の猶予制度が創設された。条文中に示される本制度の適用要件の判断基準については、徴収法基本通達や「納税の猶予等の取扱要領の制定について」（事務運営指針）（平成27年3月2日付徴徴5-10、徴管2-14）などで定められている。

145

第3章　滞納処分

　これによると、まず、徴収法 151 条の 2 の「納税についての誠実な意思を有する」とは、「滞納者が、現在においてその滞納に係る国税を優先的に納付する意思を有していることをいう。」とし、そしてここにいう「納税についての誠実な意思の有無の判定は、従来において期限内に納付していたこと、過去に納税の猶予又は換価の猶予等を受けた場合において確実に分割納付を履行していたこと、滞納国税の早期完納に向けた経費の節約、借入の返済額の減額、資金調達等の努力が適切になされていることなどの事情を考慮して行う。この場合においては、過去のほ脱の行為又は滞納の事実のみで納税についての誠実な意思の有無を判定するのではなく、現在における滞納国税の早期完納に向けた取組も併せて考慮した上で判定する」（徴基通 151 条関係 2）、としている。

　また、徴収法 151 条 1 項 1 号に定める「事業の継続を困難にするおそれがあるとき」とは、「事業に不要不急の資産を処分するなど、事業経営の合理化を行った後においても、なお差押財産を換価することにより、事業を休止し、又は廃止させるなど、その滞納者の事業の継続を困難にするおそれがある場合をいう」（徴基通 151 条関係 3）としたうえで、事業継続のために当面必要となる運転資金の額の計算については、調査日から概ね 1 月以内の期間を「計算期間」と述べ、この期間における事業継続のための必要不可欠な支出の額と、同期間における事業収入等の金額の差額を当面必要な運転資金の額としている（徴基通 152 条関係 3）。

　さらに、同じく徴収法 151 条 1 項 1 号所定の「生活の維持を困難にするおそれがあるとき」とは、「差押財産を換価することにより、滞納者の必要最低限の生活費程度の収入が期待できなくなる場合をいう」（徴基通 151 条関係 4）、としている。

　納税の誠意の判定においては、借入れの返済額の減額が含まれており、金融機関への弁済よりも納税を優先していることなどが判断材料にあげられている。事業継続や生活維持のための必要資金の算定においては、1 月以内の収支を基礎として判断を行うことともされている。

　換価の猶予の申請があった場合（または職権による換価の猶予をしようとする場合）においては、滞納者について納付能力調査が行われる。この納付能力調査は、その者の現在および将来における納税の能力または猶予後における資金

146

第1節　強制徴収（滞納処分）手続／3 滞納処分への納税者の対応

繰りの状況等を調査し、猶予する金額、猶予期間中における分割納付金額もしくは猶予期間の算出または猶予の継続の適否等の判定をするために行われる。

　納付能力調査には現在納付能力調査、見込納付能力調査があり、前述の事業上の必要運転資金や必要最低限の生活費も、この納付能力調査で算出される。これらのうち、特に現在納付能力調査においては、「当座資金」と「つなぎ資金」の把握を行う。この場合の「当座資金」とは、調査日現在における預金、預貯金その他換価の容易な財産であって、直ちに支払に充てることのできる資金の合計額をいう。換価の容易な財産とは、事業の継続または生活の維持のために必要と認められない財産のうち、売却等により金銭に換えることが容易なものをいう。そして、「つなぎ資金」とは、当面の事業継続または通常の生活維持のために真に必要と認められる資金をいい、納税者が法人である場合には、事業継続のために当面必要な運転資金の額、個人である場合には事業継続に必要な資金に加えて、生活の維持のために通常必要とされる費用の額をいう。計算にあたっては調査日から概ね1か月以内の期間を計算期間とする。「当座資金」から「つなぎ資金」を控除して「現在納付可能資金額」の算定を行う[30]。

(7) 申請による換価の猶予制度の位置づけ

(i) 各種納税緩和制度の相違点

　徴収法上の納税緩和制度としては、延納制度等を除けば、納税の猶予（通46条以下）、換価の猶予（徴151条以下）および滞納処分の停止（徴158条以下）である。

　これら三つのうち「申請による」ものが認められるのは納税の猶予と換価の猶予のみであり、滞納処分の停止には申請手続が認められていない。

　そして、これらの三つはそれぞれ性格を異にしている。まず、納税の猶予は、災害等またはそれに類似するまたはそれに準ずる場合に生ずる損失、すなわち、いうなれば不可抗力によって発生する損失に対して適用が認められる制度である。また、滞納処分の停止は滞納者の滞納国税全部について一定の要件、すなわち①差押債権の全部または一部の取立てに長期間を要するとき、②執行機関へ交付要求をした場合にその交付に長期間を要するとき、③差押不動産の売却等の換価処分に長期間を要するとき（徴基通153条関係8）に当たる場合に、職

30　国税庁徴収課「納税の猶予等の取扱要領」71〜72頁（2015年）。

147

権でのみ認められるものである。これに対して、換価の猶予は①事業の継続または生活の維持の困難を来すおそれがあるとき、もしくは②換価を猶予する方が換価する場合に比し国税の徴収上有利であると判断されるときに認められるものである。このことから、換価の猶予の方が、納税猶予や滞納処分の停止に比して、より一般的要件によって認められる制度となっているといえる。

このことから、換価の猶予制度は、徴収手続上（徴収法体系上）、中心的な制度として位置づけて検討する必要がある。なお、このことは他の納税猶予措置の意味を軽んじたり軽視することを意図するものではない。

(ⅱ)「申請による換価の猶予」（申請型）の意義

換価の猶予に平成26年度改正で申請型が認められたことの意義として、次の点が考えられる。

行政手続法によれば、「申請」とは、「法令に基づき、自己に対して何らかの利益を付与する処分を求める行為」（行政手続法5条）であるとされており、行政庁は「申請」がなされた場合には応答義務が生ずるとされている[31]。申請型の換価の猶予制度における「申請」が、行政手続法上の「申請」と同義であると解されるのであれば、従来の職権による換価の猶予（職権型）に加えて、新たに申請型の換価の猶予が認められたことは、租税の納付困難者の権利性が明確化されることになったとともに、権利救済手段の側面が格段に強められたといえる。

また、行政手続法から考えられる行政庁の応答義務とは、あらかじめ審査基準等を整備し公表したうえで、その申請を審査・処理することを意味すると考えられる。このことは、「各種の申請は行政と国民との日常的な接点であり、その処理について透明性の向上、迅速で公正な対応を図ることが、行政に対する国民の信頼確保の上できわめて重要である」ことから求められるとされていることからも明確である[32]。こうした考え方には、あらかじめ公表された審査基準等の存在しないなかで、裁量のみに基づく申請の可否判断は予定されていない。

31　塩野宏『行政法Ⅰ（第6版）』317頁以下（有斐閣、2015年）。

32　財団法人行政管理研究センター『逐条解説行政手続法（27年改訂版）』22頁（ぎょうせい、2015年）。

第 1 節　強制徴収（滞納処分）手続／③ 滞納処分への納税者の対応

　もっとも、この点については通則法 74 条の 1 第 1 項の適用除外が問題となるが、この規定そのものが、換価の猶予の申請等に対する国税徴収上の処分をまったくの例外扱いとし、行政手続法の趣旨を排除することまで認めているわけではないと考えられる。こうした考えに照らせば、換価の猶予申請についての審査基準等は税法に適合した形で設定され公表される必要がある。取扱通達や換価の猶予に関する事務運営指針は、審査基準等として換価の猶予規定等の制度の趣旨等に適合しているか否かは別として、まさに公表されている審査基準に準ずるものと考えられる。

　申告納税制度を採用するわが国の現行税制においては、換価の猶予や納税猶予制度において申請型が認められてしかるべきである。申告納税制度は、制度的には、租税の確定手続として自主申告原則（これは納税者の申告義務として規定され、自主申告に係る納付税額には法的に確定効果が付与されることが通則法 16 条 1 項 1 号で規定される）を、また租税の納付手続としては自主納付原則（これは納税者の納付義務として規定され、法的にはこの納付された税額の範囲で納税義務の消滅効果が生ずると解されている）をそれぞれ基礎にしているとみることができる。

　わが国の租税制度が自主申告、自主納付を原則とするのであれば、さまざまな背景と事情を抱える納税者は、自主納付の意思と意欲がある限り、個々の納税者の事情に合った形での自主納付が認められるように法解釈がなされるべきである。今般の申請型の換価の猶予制度が整備されたことにより、制度としての一貫性が図られたと考えられる。

　以上のように考えるならば、換価の猶予の申請がなされた場合には、その要件のもとで納税者の自主納付の意思と意欲に基づいてその適用が判断されるべきである。納税者に自主納付の意思と意欲が欠けている場合、「誠意」がない場合、または悪質な納税者に該当する場合等に限って、強制的な滞納処分手続の対象とされるべきである。

　また、こうした自主申告、自主納付が原則であるとの考え方にさらに一貫性を保たせるのであれば、現在は職権による処分しか認められていない「滞納処分の停止」制度についても、今後は申請型の制度設計がなされる必要があるであろう。

149

第 3 章　滞納処分

(8) 新しい猶予制度の現状

　平成 27 年 4 月以降国税の猶予制度が見直された。制度別の件数を 25 事務年度と 27 事務年度で比較を行うと**図表 3-6** のとおりである。

図表 3-6　納税猶予制度の適用件数

国税局	事務年度	納税猶予	換価の猶予		小計	納付受託	納付誓約	合計
			職権型	申請型				
札幌	25 年	3	162	–	162	657	2,469	3,291
	27 年	2	1,120	1,672	2,792	512	2,561	5,867
	増減	–	6.91 倍	–	17.23 倍		1.04 倍	1.78 倍
仙台	25 年	257	272	–	272	851	5,949	7,329
	27 年	1,009	662	1,745	2,407	609	5,217	9,242
	増減	3.93 倍	2.43 倍	–	8.85 倍	–	–	1.26 倍
関信	25 年	119	163	–	163	3,429	8,576	12,287
	27 年	247	225	1,650	1,875	2,837	10,105	15,064
	増減	2.08 倍	1.38 倍	–	11.5 倍	–	1.18 倍	1.23 倍
東京	25 年	33	3,755	–	3,755	2,749	32,271	38,808
	27 年	92	15,732	8,094	23,826	1,723	32,619	58,260
	増減	2.79 倍	4.19 倍	–	6.35 倍	–	1.01 倍	1.5 倍
金沢	25 年	0	46	–	46	605	749	1,400
	27 年	3	158	738	896	936	2,520	4,355
	増減	–	3.43 倍	–	19.48 倍	1.55 倍	3.36 倍	3.11 倍
名古屋	25 年	10	278	–	278	3,212	15,548	19,048
	27 年	25	1,686	4,566	6,252	2,615	16,393	25,285
	増減	2.5 倍	6.06 倍	–	22.49 倍	–	1.05 倍	1.33 倍
大阪	25 年	24	177	–	177	4,145	13,391	17,737
	27 年	40	193	2,378	2,571	3,630	25,580	31,821
	増減	1.67 倍	1.09 倍	–	14.53 倍	–	1.91 倍	1.79 倍
広島	25 年	47	331	–	331	1,552	9,500	11,430
	27 年	58	896	1,751	2,647	1,286	1,368	5,359
	増減	1.23 倍	2.71 倍	–	7.99 倍			
高松	25 年	6	26	–	26	1,424	1,147	2,603
	27 年	6	36	377	413	1,416	2,766	4,601
	増減	1.0 倍	1.38 倍	–	15.88 倍	–	2.41 倍	1.77 倍
福岡	25 年	8	433	–	433	977	741	2,159
	27 年	6	458	854	1,312	967	768	3,053
	増減	–	1.06 倍	–	3.03 倍	–	1.04 倍	1.41 倍
熊本	25 年	9	51	–	51	228	1,041	1,329
	27 年	309	156	888	1,044	159	959	2,471
	増減	34.33 倍	3.06 倍	–	20.47 倍	–	–	1.86 倍
沖縄	25 年	7	49	–	49	16	613	685
	27 年	4	90	133	223	9	481	717
	増減	–	1.84 倍	–	4.55 倍	–	–	1.05 倍
全国	25 年	523	5,743	–	5,743	19,845	91,995	118,106
	27 年	1,801	21,412	24,846	46,258	16,699	101,337	166,095
	増減	3.44 倍	3.73 倍	–	8.05 倍	–	1.1 倍	1.41 倍

出典：角谷啓一「新しい猶予制度の実効性 上」税理士新聞 1548 号 5 頁（2017 年 2 月 25 日号）。

第 1 節　強制徴収（滞納処分）手続／③ 滞納処分への納税者の対応

　27 事務年度は、丸 1 年間新たな猶予制度が適用された初年度に当たる。換価の猶予制度についてみれば、申請型が制度導入される前の 25 事務年度においては、全国で 5,743 件しか制度として処理されていなかったが、27 事務年度においては、46,258 件とおよそ 8 倍に増えている。猶予制度見直しによって法的制度の適用は大きく前進しているといえる。他方、職権型の換価の猶予については、全国ベースでは 3.73 倍に処理件数が伸びたものの、関信（関東甲信越）や大阪、福岡などでは伸び率は 1 倍台にとどまっており、国税局ごとに意識のバラつきがあると考えられる[33]。

　また、納税猶予に占める法的猶予制度の適用件数の割合は、30％未満である。多くの納税者は「納付誓約」か「納付受託」により分納を認められているにすぎない。「納付誓約」とは、滞納者と租税行政庁が分納について一定の合意に達した場合に、換価の猶予等の法的猶予制度を適用しないまま、「納付誓約書」などの書面を提出させるだけで猶予扱いをしてきたものである。適用要件は明確化されており、① 3 か月以内の分納、②確実に納付されること、③新たな滞納が見込まれない場合、④納税についての誠実な意思を有する場合、⑤納付誓約書を提出すること、により分割納付を認めるものである。

　これに対し、「納付受託」は通則法 55 条 1 項 3 号を根拠とするものであるが、①納税についての誠実な意思を有し、②国税の徴収に有利であると認められる場合に、③有価証券（小切手、手形）による納付委託を受けることができるとされている。

　申請型の換価猶予制度が創設される以前は、分納適用者のおよそ 8 割がこれら「納付受託」と「納付誓約」の事実上の猶予扱いとなっていた[34]。この「納付受託」と「納付誓約」は徴収法上の分納制度ではないため、延滞税の減免がない。「納付誓約」については、3 か月間と分納期間も短期間になる。分納希望者の大多数は法的要件に該当すると推測されることから、法的猶予制度のさらなる拡充と周知が今後必要とされると考えられる[35]。

33　角谷啓一「新しい猶予制度の実効性 下」税理士新聞 1549 号 6 頁（2017 年 3 月 5 日号）。
34　粕谷幸男「事実上の納税猶予措置等について」税理士新聞 1498 号 5 頁（2015 年 10 月 5 日号）。
35　角谷・前掲注(33) 6 頁。

第3章　滞納処分

(9) 換価の猶予に係る裁判例

　滞納処分手続においては税務署長の裁量が非常に大きい。換価の猶予についても例外ではない。ここではこの点について、換価の猶予の期間の終了後の差押手続によって、納税者に多額の損害が発生した事例である東京地判平8・10・1（判タ953号139頁）を取り上げて具体的に検討してみることにする。

【事案の概要】

　原告甲は、土木建築工事の設計および不動産の売買等を業とする株式会社である。

　乙は甲に対して、土地A、B、Cを売り渡す契約（以下「本件売買契約」という）を締結した。本件売買契約において乙は土地Bの引渡しについて、行政より造成工事の検査済証を取得することを約していたが、これを履行できなかった。また乙は土地Cを丙へ売り渡したため、本件売買契約は履行不能となった。このため甲は本件売買契約に基づく損害金を保全するため、乙の有する土地Dに対して仮差押命令を裁判所に申請し、仮差押決定を得た。ところが、乙は土地Dの仮差押解放金として、供託をなし仮差押処分を取り消す決定を得、土地Dを第三者へ売却した。

　東京国税局は、乙の滞納国税について、供託金取戻請求権を差し押さえ、同供託金の払渡しを受けた。甲は閲覧により同供託金の払渡しの事実を知った。

　甲は、乙に対して仮差押命令申請事件の訴訟を提起し、裁判所は乙に損害金を支払えとの判決を言い渡した。東京国税局は、乙の滞納国税について換価の猶予を受けるにあたり、別の土地Eについても抵当権の設定を受けた。

　甲は東京国税局に対して、別訴において勝訴判決を受けたにもかかわらず、東京国税局長の違法な差押えおよび本件供託金の払渡認可によって損害を被ったとして、損害金の支払を求めている。

　争点

　本件の争点および争点に関する当事者の主張は多岐にわたる。

　争点1　東京国税局長のなした本件差押えは原告勝訴の本案判決の確定により効力を失うか。

　争点2　東京国税局長が本件土地Eにつき抵当権の実行をせず、本件供託金の取戻請求権を差し押さえたことは違法か。

　争点3　東京国税局長が本件土地Dにつき滞納処分をしなかったことは違法か。

第1節　強制徴収（滞納処分）手続／③滞納処分への納税者の対応

【判　旨】

①争点1について

「仮差押解放金は、仮差押えの執行を停止し又は既にした仮差押えの執行の取消しを得るために債務者が供託すべき金銭であり、仮差押えの目的物に代わるべき性質を有するものであって、仮差押債権者の仮差押執行の効力は、当然に仮差押債務者の有する仮差押解放金取戻請求権の上に移行することになり、その結果、仮差押債務者は同取戻請求権の行使、処分を仮に禁止されることになる。しかし、仮差押債権者は、これ以上に、仮差押解放金に対して直接の権利または優先弁済権を取得するものではない。したがって、仮差押債権者は、本案について執行力ある債務名義を取得したときは、そのことを証明して直ちに供託所から仮差押解放金の払渡しを受け得ることはできず、仮差押債務者の有する右仮差押解放金取戻請求権に対し、債権に対する強制執行の手続きを履践することを要するのであり、他方、仮差押債務者に対する他の債権者は、仮差押債権者が右本執行によって満足を得るまでは、差押え又は仮差押えをして執行に加入することを妨げられない。原告主張のように、仮差押債権者が本案訴訟で勝訴判決を得、それが確定したからといって、右仮差押解放金取戻請求権が発生しないことに確定するものではない。争点1に関する原告その他の主張も採用できない。

　したがって、東京国税局長は、本件滞納国税に関する債権を被保全債権として、乙が供託所に対して有する仮差押解放金取戻請求権を差し押さえることができるのであって、原告が、乙に対する本案訴訟で勝訴判決を得、それが確定したからといって、本件差押えが効力を失うわけではない。」

②争点2について

「1　原告は、被告が本件土地Eについて、換価の猶予の期間経過後において直ちに抵当権を実行しなかったことは違法であると主張する。

　国税通則法第52条第1項は、税務署長等は、国税が滞納処分に関する猶予に係る期限までに完納されないときは、担保として提供された財産を滞納処分の例により処分して国税に充てる旨定めるが、その具体的な処分の時期等については、担保として供された財産の使用状況及び価格、換価の容易性、滞納者の滞納の経緯、状況及び納付に対する誠実さ、その当時の経済情勢等諸々の事情を総合的に勘案した税務署長等の合理的な裁量に委ねられているものと解される。ところで、証拠及び弁論の全趣旨によれば、本件土地Eは、第三者が所有し、かつゴルフ場と

153

第3章　滞納処分

して現実に営業の用に供していたところ、被告が、本件滞納国税につき乙に対する滞納処分による財産の換価の猶予をするに当たり徴した担保物件であり、その換価の猶予の期間の終了時が昭和62年11月30日であったこと、東京国税局長は、その後、本件滞納国税のうち法人税更正分について、右換価の猶予の期間終了後、国税不服審判所長の徴収の猶予の求めに応じ、更に徴収の猶予を行ったこと、乙は、右猶予期間経過後も、本件滞納国税につき分割納付を継続したことが認められる。

　そうすると、東京国税局長が、換価の猶予期間の終期後に直ちに、本件土地Eに設定を受けた抵当権を実行しなかったことが、同局長の合理的な裁量の範囲を明らかに超えたものであるとは認められないから、被告の右不作為が違法であるとはいえない。

　2　次に原告は、本件土地Eを処分しても本件滞納国税に不足するとしてした被告の本件差押えは国税通則法第52条第4項の適用を誤ったものであり違法であると主張する。不動産の価額は、売手側と買手側の事情、経済情勢等により大きく変動するものであり、これを評価する者がどの要素をどう評価するかによって評価額が異なってくる。ところで、税務署長等が国税通則法第52条第4項の規定により他の財産に滞納処分の執行をするかどうかの判断をするに当たっての担保物件の評価額は、それが国税の取立てのための新たな差押えに着手するための基礎となるものにとどまるものであり、かつ、不動産の評価が前記のような特質を持つことを考えると、税務署長等が合理的と認める根拠に基づくものであり、かつ、その認定が客観的にみて明らかに合理性を欠くとはいえないものであれば足り、資格を有する第三者による評価その他の厳格な手続きに基づくことを要しないものというべきである。これを本件についてみると、乙第2号証によれば、被告が抵当権の設定を受けた本件土地Eを含む土地123筆及び建物1棟について、東京国税局長が認定した評価額は、本件差押えが行われた当時、合計34億1904万9000円であり、右認定は東京国税局長が合理的と認める根拠に基づくものであり、かつ、その認定が客観的にみて明らかに合理性を欠くものとはいえないものであるものと認められる。そして、右不動産全てについて、被告の右抵当権に優先する債権者らの根抵当権が設定されており、その極度額は合計28億7000万円であったのであり、他方、本件差押えが行われた当時の本件滞納国税額は、合計16億3615万6560円であったのであるから、本件供託金4億9161万3322円を差し押さえた被告の滞納処分が違法であるとはいえない。

第1節　強制徴収（滞納処分）手続／③ 滞納処分への納税者の対応

③争点3（東京国税局長が本件土地Dにつき滞納処分をしなかったことは違法か）
について

　滞納国税につき、滞納者のいかなる財産から差し押さえるかについては法は何
も規定しておらず、徴収職員の裁量に属する問題である以上、本件において、被
告が、本件土地Dにつき滞納処分を行わなかったことが違法とはならないものと
いうべきである。

【解　　説】

　税務当局は乙の滞納税金について換価の猶予を行っていた。この換価の猶予
に際して、土地Eを担保として提供を受けていた。この土地は租税債権に優
先する抵当権者が複数名おり、滞納税金全額の徴収を可能とするほどの価値を
有するものではなかったものの34億円の価値があり、優先する抵当権に係る
極度額は28億円であった。税務当局は仮差押解放金取戻請求権を差し押さえ
横浜法務局横須賀支局供託官から約4億9千万円の供託金の払渡しを受けた。
この供託金は本件原告である甲が乙の契約債務の不履行により債権保全のため
に行った仮差押登記を解除するために供託されたもので、両会社間において本
件は協議中の案件であったと思料される。乙はその後提起された訴訟に敗訴し、
賠償金の支払を命じられたが、甲がこれを全額回収できたかについては明らか
ではない。

　徴収法49条においては、差押財産の選択にあたっては、第三者の権利を尊
重するように規定されている。換価の猶予の規定では、猶予期間中に完納され
なかった場合においても、確かに担保として徴した財産を必ずしも換価しなけ
ればならないとは規定していない。しかしながら本件では、仮差押解放金取戻
請求権は明らかに甲の権利の目的となっている財産である。これでは税務当局
は安易な差押財産の選択によって誠実な納税者にも損害をもたらしている、と
のそしりを免れ得ないのではないか。原因としては、換価の猶予に限ったこと
ではないが、滞納処分という手続のなかで税務署長や徴税職員の裁量による判
断の範囲が極めて広範囲であることが考えられる。滞納処分は憲法で認められ
ている私的財産権を税の徴収のために一部剥奪する行為である。であればこそ、
要件や手続を明確に規定することにより、強制徴収手続にしても納税緩和制度
にしても、客観的基準で判断が行えるようにすべきである。裁量部分が残るこ

155

第3章　滞納処分

とはやむを得ないとしても、自由裁量ではなく覊束裁量として運用できるよう、規定の具体化、基準の明確化を図るべきである。

2　滞納処分の停止

滞納者について、滞納処分を執行することができる財産がない場合など、一定の要件に該当するときは、滞納処分の停止をすることができる。

(1) 概要

滞納者が資力を喪失するなどの一定の事実が生じ、滞納処分を執行すればその生活を著しく窮迫させるなど、滞納処分を執行するのが不適当または滞納処分の執行ができない場合には、税務署長は職権で滞納処分を停止することができる（徴153条）。

(2) 要件

滞納者が次のいずれかに該当する場合には、滞納処分を停止することができる。

　①滞納処分の執行および租税条約等に基づく徴収共助等により相手国等が徴収することができる財産がないとき

　②滞納処分の執行等をすることによって、滞納者の生活を著しく窮迫させるおそれがあるとき。「生活を著しく窮迫させるおそれがあるとき」とは、滞納処分を執行することにより、生活保護法の適用を受けなければ生活を維持できないと認められる程度の状態になるおそれがある場合をいう。

　③滞納者の所在および滞納処分の執行等をすることができる財産がともに不明であるとき

(3) 効果

滞納処分の停止をした場合において、差し押さえている財産があるときは、その差押えを解除しなければならない（徴153条）。滞納処分の停止をした国税の納税義務は、その停止が3年間継続したときに消滅する（徴153条）。また滞納処分の停止をした場合には、その停止をした期間に対応する部分の延滞税は免除される（通63条）。

第1節　強制徴収（滞納処分）手続／④ 滞納処分手続進行上の対応

④ 滞納処分手続進行上の対応

1　徴収法上の調査への対応

(1) 質問検査と捜索

　滞納処分においては、徴収職員は、この処分のために滞納者の財産を調査する必要があるときは、一定の者に対して財産調査を実施することができる。この場合の財産調査として徴収職員は質問・検査だけでなく（徴141条）、捜索の権限（徴142条）も認められている。これらは、滞納者が差押えの対象となる財産を所有しているかどうか、その財産を差し押さえることが適当かどうか等を調査することを目的として行われる。これらのうち、質問および検査による調査は任意調査であり、一般的な質問検査権の場合と同様に（通74条の2以下）、間接強制のための罰則（徴188条）が定められているだけである。

　これに対し、捜索は、徴収職員は「滞納処分のために必要があるとき」は滞納者の「物又は住居その他の場所」につき捜索することができるとされ（徴142条）、強制力を伴う強制調査として定められている。この捜索の規定は「財産の調査」に関する規定の一つとして設けられ、滞納処分のための必用不可欠な行為ではなく、必要な場合にされるものとしているにすぎない等から、「徴収法は、捜索をもって、滞納処分をするために必要がある場合にされる滞納処分の準備的な行為である」と解されている（名古屋地判平4・11・12・18シュトイエル372号1頁）。それゆえ、捜索は、「滞納処分のために必要があるとき」に次の場合に限って行われることとされている[36]ことに留意しなければならない。

　①滞納者が財産の任意提供を拒否した場合
　②滞納者の財産を所持する第三者がその引渡しをしない場合
　③滞納者の親族その他の特殊関係者が帯納車の財産を所持すると認めるに足りる相当の理由がある場合においてその引渡しをしないとき

　これらにうち、①は滞納者本人が財産の任意提供を拒否した場合に限って、また②および③は滞納者の財産を所持する第三者または親族等がその財産の引渡しをしない場合（徴142条2項）に限って、それぞれ捜索が限定的に認めら

36　吉国・精解904～905頁。

157

第3章　滞納処分

れることとされている。

　このように、捜索は強制力の行使を伴うため、上記の①ないし③の場合に限って、必要な対象者の関係場所に対し、適切な方法で慎重になされる必要があることはもとより、原則として日没から日出前まではすることができないという時間的制限が定められ（徴143条）、質問・検査または捜索の実施にあたっては、その身分証明書を携帯し、関係者の請求があるときはこれを提示しなければならない（徴147条1項）とされる。また、捜索は滞納処分の執行のために認められたものであって、犯罪捜査のために認められたものと解してはならないので（徴147条2項）、それ以外の目的で行われた場合には違法不当な捜索となる場合がありうる。

　このような強制力を伴う捜索には憲法35条の令状主義の適用がしばしば問題とされてきた。従来、憲法35条は行政手続である滞納処分の捜索には適用がないと解されていたが[37]、その後、最判昭47・11・22（刑集26巻9号554頁）は、旧所得税法70条10号（現行の通128条2号）の質問検査拒否罪の適用に関して一般的に「当該手続が刑事責任追及を目的とするものでないとの理由のみで、その手続における一切の強制が当然に右規定による保障の枠外にあると判断することは相当ではない。」とやや含みのある判示をした。しかし、この判決後においもなお、この場合の捜索権の根拠や目的からして令状主義を一般的要件としないからといって憲法35条の法意に反するものではない[38]と解されている。

(2) 捜索の立会人と代理人

　強制力を伴う捜索にあたっては、その執行の適正を担保するために立会人の立会いを義務付けている（徴144条）。この立会人として、滞納者（法人にあってはその代表者）または第三者、その同居の親族、もしくは使用人その他の従業員で、「相当のわきまえのあるもの」を立ち会わせなければならないが、これらの者が不在または立会いに応じないときは、成年者2名以上または地方団体の職員もしくは警察官を立ち会わせることを要する[39]としている。ただし、

37　宮澤俊義（芦部信喜補訂）『全訂日本国憲法（第2版）』（日本評論社、1978年）309頁等参照。
38　吉国・精解903～904頁。
39　民事執行法7条では、同様に、執行官等が人の住居に立ち入って職務を執行するさいに居住主や

第1節 強制徴収（滞納処分）手続／④ 滞納処分手続進行上の対応

税務署の職員は真にやむを得ない事情がある場合を除き立会人にはしないものとされている（徴基通144関係8）。

一方、徴収法は、徴収職員が「捜索、差押又は差押財産の搬出をする場合」において、これらの処分の執行のため支障があると認められるときは、これらの処分をする間は、次の一定の除外該当者を除き、その場所に出入することを禁止することができることを定めている（徴144条）。この場合の出入禁止措置とは、許可を得ないで捜索、差押処分または差押財産の搬出を行う場所へ出入りすることを禁止するか、その場所にいる者を退去させることをいい、それは掲示、口頭その他の方法により明らかにしておこなう。これに従わない者に対しては、扉を閉鎖する等の必要な措置をとることは認められるが、身体の拘束はできない（徴基通145関係5〜7）、とされている。

また、この場合の出入禁止除外の該当者として次の者を定めている。

①滞納者

②差押財産を保管する第三者（徴142条2項により捜索を受けた者も含む）

③前記①と②の同居の親族

④滞納者の税務に関する代理人

これらの者のうちに滞納者の代理人が加えられていることについて付言しておきたい。この場合の代理人についてとくに、国税の税務につき「滞納者を代理する権限を有する者」とは、課税標準の申告、納税の猶予または換価の猶予等の申請、不服申立てまたは訴えの提起等、税務に関する事項について、契約または法律により滞納者に代理してその行為ができる者をい（う）」としたうえで、例えば滞納者から委任を受けた税理士、弁護士、納税管理人等または法律の規定により定められた親権者、後見人、破産管財人等をいう（徴基通145関係4）としている。これに従えば、新たに滞納者の代理人になるためには、滞納処分のための質問・検査または捜索、差押えといった滞納処分またはその関連行為の直前までに代理人契約をしておくことが必要になる。代理人の選任は、滞納処分手続における滞納者の権利として重要であるが、刑事手続と違っ

その代理人等の立会人の立会いを定める規定があるが、このなかに、徴収法144条の「成年に達した者2人以上」に当たる用語として、「市町村の職員、警察官」のあとに「その他証人として相当と認められる者」を定めている。

第3章　滞納処分

て、現行の徴収法上は滞納処分手続における代理人の選任は手続要件として規定されていないので、代理人の有無によって滞納処分手続の効力に影響するわけではない。しかし、代理人がいない場合は、それがいる場合との権衡上、手続的不平等の問題を生じることになることは否めないといえるから、適正手続の観点からは、滞納処分手続の性格に鑑みて、一般的に同手続における滞納者の代理人選任権が保障されるべきである。

　これらの立会人の立会いや出入禁止等に関して争われたやや古い裁判例として東京地判昭48・5・19（判時646号36頁）がある。この事件では、旧入場税の賦課処分等の取消訴訟継続中になされた滞納処分手続に関連して徴収法144条の立会人や同法145条の適用等が争われた。前者につき原告は、立会人の選択権は滞納者にあることを前提に、前記取消訴訟の原告の代理人である弁護士を同法144条の「第三者」に該当する立会人と定め、被告徴収職員に同弁護士の到着まで捜索・差押えを待つように要請したところ、これが無視されただけでなく税務職員はあらかじめ同税務署職員2名を帯同して捜索等を行ったことを違法と主張した。これに対し、前掲東京地判はその第三者を前後の規定との関係で目的論的に理解すべきであるとした上で、「滞納者以外の者で滞納者の財産を所持する者を意味すると解するのが相当である」から原告の弁護士はこの第三者には当たらないとした。そして、原告は立会人の資格のない者が到着するまで本件捜索を待つように徴収職員に申し出たことにつき、これは「結果的には国税徴収法第144条第2項にいう『これらの者が立会に応じないとき』に当たるというほかなく、かつ、その場合に徴収者側に立会人の選択権があることを論ずるまでもない」から、本件捜索に2名の税務署員を立会わせたことは適法といわなければならない[40]と判示した。また、原告は、徴収職員が本件処分にあたって原告事務室の出入禁止をしたさいに徴収法145条4号該当者である原告の弁護士の入室を拒否したことを違法と主張したことに対しても、同裁判所は、本件事実からすれば、同弁護士が「正確に立入禁止の除外者としての要件を明解しなかったために、徴収職員らが同弁護士が原告との関係で有する具体的な資格を充分に把握できなかったためであると解せられる」から、

---

[40]　この点はしかし、現在では、既述のように、徴基通144関係8において、税務署の職員は原則として立会人にはしないものとされていることに注意すべきである。

徴収職員による同弁護士に対する一次的な立入り拒絶行為は、やむをえないものであって、何ら違法の措置ではないと解するのが相当である、とした。

以上のように、徴収法141条以下の質問・検査または捜索では滞納者の代理人がいるときは、当然にそれを前提とする手続が定められていると解される。このことは同法145条の出入禁止の対象者から代理人が除外されていることから読み取ることができる。第二に、滞納処分手続では立会人は捜索のさいの手続要件として定められている（必要的義務付けとされている）のに対し、滞納者の代理人はそうではない。このことは立会人が不在か不適当な立会人の存在のもとで行われる捜索等は違法となるのに対し、代理人の場合には不在等であっても当該捜索の効力には影響しないこととなると解される。しかし、この点は前述のように代理人がこの手続に臨場する場合とそうでない場合とで手続的な不平等を生じるので、滞納者の代理人選任権として保障されるべきである。

2　差押えへの対応

(1)「無益な差押え」の該当性

徴収法48条は無益な差押えに関連して次のように規定する。

「国税を徴収するために必要な財産以外の財産は、差し押えることができない。

2　差し押えることができる財産の価額がその差押に係る滞納処分費及び徴収すべき国税に先だつ他の国税、地方税その他の債権の金額の合計額をこえる見込がないときは、その財産は、差し押えることができない。」

(i) 趣旨

無益な差押えとは、例えば1000万円の税額を滞納している者が1500万円の借入金の担保の目的となっている1200万円の不動産を所有していた場合に、これを差し押さえても滞納税額の徴収をまったく見込めないときは、無益な差押えとしてこのような差押えを禁止することにしていることをいう。このような場合、つまりは実質的に差押財産の価値がないものの差押えを禁止するのである[41]。この趣旨は、滞納者の財産を無暗に差し押さえてしまうことを防ぎ、滞納者の生活を保障することにある。

41　中村・差押え161頁。

第3章　滞納処分

（ii）本条の解釈適用

（ア）行政取扱い

　行政の取扱いは「差し押さえることのできる財産の価額や優先する債権の金額の正確な評価は実際上必ずしも容易ではなく、その厳密な評価を要するとすると滞納処分の円滑な遂行が期待できないこと、優先する債権の金額は弁済などによって減少する可能性があること等を考慮すると、差押えの対象となる財産の価額がその差押えに係る滞納処分費及び徴収すべき税に優先する他の税金その他の債権額の合計額を超える見込みのないことが一見して明らかでない限り、直ちに当該差押えが違法となるものではない（平成11・7・19高松高判参照）。」とする[42]。

　また、徴収法48条2項の「合計額をこえる見込がないとき」とは、「差押えの対象となる財産についてそれぞれ個別に判定すると合計額を超える見込みがない場合をいうが、これらの財産の全部又は一部を一体として判定すると合計額を超える見込みがある場合を含まない。例えば、数個の不動産上に国税に優先する共同担保権が設定されている場合に、その不動産について個別に判定すると差押えに係る滞納処分費及びその被担保債権の合計額を超える見込みはないが、その数個の不動産の全部又は一部を一体として判定すると、その合計額を超える見込みのある場合は、無益な差押えにはならない。」とする。

（イ）税理士等の代理人の対応

　実務上、差押えの場面で税理士としてできる対応は限られているため、この手続に従って考えると、代理人として以下のような対応が求められる。

　①納付書到着時

　　当然の話だが、租税の基本は期限内現金一括納付であるため、まずは日頃からその啓蒙をすることが重要となってくる。

　②納税者において納付困難であることがわかったとき

　　実際には、資金繰りなどの関係で納付が困難な場合もある。そのような場合には、税務署等への納付相談を利用してもらい分割納付（分割納税は

42　国税庁HP　https://www.nta.go.jp/law/tsutatsu/kihon/chosyu/05/01/01/048/01.htm（2018年8月13日訪問）

162

制度としてあるものではないが、実際の納付相談などにおいては、各税務署等ごとの独自判断で可能となるケースも多い）等の対応が可能かどうか確認する旨、納付の意思があることを相手方に伝える旨、相談時に、全体のうち少しでも納税をした方がよい旨、等のアドバイスが重要となってくる。また、場合によっては税理士が直接税務署等と対応することも想定する必要がある。

③納期限までに納付がなされない場合等

　納付期限までに納付がない場合や、相談によって分割納税をすることとなった場合で各回の納税が遅れてしまった時など、納期限までに納付がなかった場合には、その後通常20日以内に督促状が届くことになる。法律上は督促状を発送した日から10日が経過すると「財産を差し押さえなければならない」との規定がある。つまり理論上は、納期限から通算30日で差押えとなってしまい、そうならないためにも日頃から納税者に対する周知が重要である。また、納税者の資金繰り等に注意しながら納付困難な状況を未然に防ぐことが何より重要となってくる。

④差押えとなってしまった場合

　上記の対応をしても、さまざまな事情により差押処分になってしまうケースがある。その場合は税理士として対応できることは多くない。そのなかで例えば、超過差押えにしても、無益な差押えにしても、財産の評価額の算定が非常に重要になってくる。差押財産の評価額計算は基本的には徴収側の根拠による計算とされているが、意見書として税理士や鑑定士等の計算が採用されることも考えられる。つまり評価額を高く計算することができれば超過差押えに、評価額を低く計算できれば、無益な差押えと認定される可能性もある。

　また、無益な差押えは処分取消しの対象となる行政処分であるため、行政不服申立ての検討をすることも必要である。

（ウ）現状における問題点

　前述のとおり、無益な差押えは法律によって禁止されているが、実際には無益な差押えは頻発している。その理由は、該当財産の差押えを解除するために滞納者が支払うべき差押解除手数料（通称「はんこ代」）を徴収すること

第3章　滞納処分

が目的といわれている[43]。租税収入によって国家を運営している以上は租税債権の確保は重要なことであるが、滞納者の最低限度の生活の保護といった条文の趣旨を埋没させない配慮が重要である。

　また、該当条文の前段部分にいう「その他の債権の金額の合計額をこえる見込がないときは」については、行政裁量（要件裁量）が働く余地がある。つまり、「こえる見込み」の有無を判断するのは租税行政庁であるため、滞納者の意図とは反対の結論になることも想定のうえ対応すべきである。

(2) 差押禁止財産

徴収法は差押禁止財産については同法75条〜78条で定められている。

まず徴収法75条（一般の差押禁止財産）は次のように規定する。

「次に掲げる財産は、差し押えることができない。

一　滞納者及びその者と生計を一にする配偶者（届出をしていないが、事実上婚姻関係にある者を含む。）その他の親族（以下「生計を一にする親族」という。）の生活に欠くことができない衣服、寝具、家具、台所用具、畳及び建具

二　滞納者及びその者と生計を一にする親族の生活に必要な3月間の食料及び燃料

三　〜　一二（省略）

十三　建物その他の工作物について、災害の防止又は保安のため法令の規定により設備しなければならない消防用の機械又は器具、避難器具その他の備品

2　前項第1号（畳及び建具に係る部分に限る。）及び第13号の規定は、これらの規定に規定する財産をその建物その他の工作物とともに差し押えるときは、適用しない。」

次に徴収法76条（給与の差押禁止）は次のように規定する。

「給料、賃金、俸給、歳費、退職年金及びこれらの性質を有する給与に係る債権（以下「給料等」という。）については、次に掲げる金額の合計額に達するまでの部分の金額は、差し押えることができない。この場合において、滞納者が同一の期間につき二以上の給料等の支払を受けるときは、その合計額

43　中村・差押え163頁。

第1節　強制徴収（滞納処分）手続／④ 滞納処分手続進行上の対応

につき、第4号又は第5号に掲げる金額に係る限度を計算するものとする。」
　これら以外の徴収法77条（社会保険制度に基づく差押禁止）および徴収法78
条（条件付差押禁止財産）は省略する。

(i) 関連条項の趣旨

　これらの条文の趣旨は滞納者の最低限度の生活保障と、滞納者（滞納者が事
業主である場合の）の生業維持をその大きな目的とし、憲法25条に定める生存
権を（制度的に）保障しているといえる[44]。また私法である民事執行法におい
ても同様の趣旨から、徴収法と同様に、差押禁止財産を定めており、その執行
に関して制限を加えている。しかし租税債権（民事執行法：債権）の確保は国
家（民事執行法：債権者）にとって重要な収入確保を目的とするものであり、
むやみやたらに差押禁止財産の範囲を拡大してしまうことはこうした歳入確保
の面からも大きな問題がある。そのような意味では、納税義務と財産権との表
裏一体の関係性、調和、バランスを徴収法75条から78条は定めているといえ
る。本来、国税徴収法の目的は適切な租税徴収であるが、それらの規定はそれ
と対極にある滞納者の救済・保護を目的としている条項であり、憲法の基本的
人権の尊重の趣旨に基づく重要な条文であるといえる。

(ii) 近年の裁判例と論点

(ア) 滞納処分としての債権差押えをめぐる近年の裁判例

　近年、国税の滞納処分、特に地方税滞納処分における給与や年金等の債権
に対する差押えをめぐる一連の裁判例がある。例えば固定資産税の滞納者に
対する預金債権差押え事件として大阪地判平15・11・25（判自266号46頁）、
児童手当の預金口座振込み直後の預金債権差押え事件として広島高松江支判
平25・11・27（判自387号25頁）、市道民税の滞納者に対する給与等の支払
請求権差押え事件として旭川地判平27・7・21（判時2282号56頁）、特別区
民税・区民税の滞納者に対する預金債権・老齢年金支払請求権の差押え事件
として東京地判平28・9・23（判自428号74頁）などが、それである。

　これらのうち、例えば前掲大阪地判平15・11・25では、固定資産税の滞
納者がその預金債権の差押えを受けたことに対し、原告は勤務先から振り込
まれたのは給料であり、振込みによってもその差押禁止債権たる性質は変わ

44　谷川秀昭「差押禁止財産に関する考察」税大論叢57号75頁（2008年）。

第 3 章　滞納処分

らない旨主張したのに対し、裁判所は「仮に上記口座に現存している預金が
すべて原告の勤務先から振り込まれた給料であるとしても、原告の使用者に
対する給料債権と……銀行に対する本件預金債権 1 とではその性質を全く異
にするものといわざるを得ない」から原告の主張は採用できないとして原告
の主張を退けている。本判決は、なお書きではあるが、続けて「国税徴収法
76 条 2 項は、給料等に基づいて支払を受けた金銭についても、その一部の
差押えを禁止しており、その趣旨からすれば、給料等に基づく金銭が預金口
座に振り込まれた場合においても同様に差押えが禁止されるとの見解もあり
得るところではあるが、預金債権が直ちに同項にいう『金銭』に含まれると
解することは困難であるし、滞納者は、その生活状況によっては、徴収の猶
予（地方税法 15 条）、換価の猶予（同法 15 条の 5）又は滞納処分の停止（同法
15 条の 7）により、これらに伴う差押えの解除（同法 15 条の 2 第 2 項、15 条
の 5 第 2 項、15 条の 7 第 3 項）を受けることも可能であるから、給料等が振
り込まれた預金口座に係る預金債権の差押えが禁止されないからといって、
給料等及び給料等に基づいて支払われた金銭の差押えを禁止した法の趣旨が
全く没却されるというものでもないと考えられる。」とする判断を追加して
いる。

　本判決の論理は、要するに、徴収法 76 条 2 項の給料等の差押禁止規定を
意識しながらも、結局、前述のとおり、給料債権と銀行預金債権とはその性
質をまったく異にする、ということを論拠にして、振込給料の預金債権に対
する差押えが過大な差押えでない限り（老齢年金債権の差押えにつき、前掲東
京地判平 28・9・23 を参照）、違法ではないとするものである。

　他方、前掲広島高松江支判平 25・11・27 では児童手当の預金口座振込み
直後の預金債権差押えが争われたが、同裁判所は、最判平 10・2・10[45]（金
法 1535 号 64 頁—北見信用金庫事件）を引用して「一般に、差押等禁止債権に
係る金員が金融機関の口座に振り込まれることによって発生する預金債権は、
原則として差押等禁止債権としての属性を承継するものではないと解され
る」としたうえで、普通預金口座の残高がわずかであったことや県税局が本

---

[45]　西牧正義「差押禁止債権を原資とする預金債権の差押え」アルテスリベラレス岩手大学人文社会
　　　科学部紀要 77 号 67 頁（2005 年）。

件児童手当の振込期日と金額を認識していたことの本件の特殊事情を踏まえて、本件について次のように判断した。

「処分行政庁において本件児童手当が本件口座に振り込まれる日であることを認識した上で、本件児童手当が本件口座に振り込まれた9分後に、本件児童手当によって大部分が形成されている本件預金債権を差し押さえた本件差押処分は、本件児童手当相当額の部分に関しては、実質的には本件児童手当を受ける権利自体を差し押さえたのと変わりがないと認められるから、児童手当法15条の趣旨に反するものとして違法であると認めざるを得ない。」

要するに、本判決は、前掲最判平10・2・10を前提としながらも、本件の特殊事情のもとでは児童手当法15条の趣旨に反するので本件の預金債権差押えは違法であると判断したのである。この判決の結論は支持できるとしても、その理由について、もっぱら本件の特殊事情を論拠にして、例えば差押禁止対象とされる児童手当給付等を差押権者がそれを認識していて「口座に振り込まれた9分後」に差し押さえれば違法となり、そうでなければ適法になるというのは法解釈論としては大きな問題が残るといわねばならないだろう。

こうしてみると、滞納処分としての預金債権差押えにおいては、前掲の一連の判決は明示的であれ黙示的であれ、前掲最判平10・2・10がその先例とされていると解される。そこで、次に本判決を確認しておくことにしたい。

（イ）最判平10・2・10

【事実の概要】

本件は租税事件ではなく民事事件である。金融機関である被告信用金庫Yが被差押者（預金者）である原告Xに対して有する債権を自動債権とし、Xの預金に振り込まれた年金等に係る預金債権（年金受給権は差押禁止財産である。国民年金法24条、厚生年金保険法41条1項、労働者保障保険法12条の5第2項）を受働債権として相殺することができるか否かが争われた。

本件は、結論的には、第一審の請求棄却の判決を、控訴審および上告審ともに支持し、原告Xの敗訴となった。つまり本来は差押えが禁止されている財産であるが、それが預金債権に転化されたときにはもとの差押禁止の属性を引き継がないという考え方をとり（非承継説）、これはしばらくの間、同様の事例で争われた裁判において影響を及ぼす重

第 3 章　滞納処分

要な判例となった。

【判　　旨】

①第一審・釧路地北見支判平 8・7・18（金法 1470 号 41 頁）

　「たしかに、年金等のように差押ができない旨定められている給付については、それらが受給者の預金口座に振り込まれた場合においても、受給者の生活保特の見地から右差押禁止の趣旨は十分に尊重されてしかるべきではある。しかしながら、一般的には預金口座には差押禁止等債権についての振込み以外の振込や預け入れも存在するのであって、年金等は預金口座に振込まれると受給者の一般財産に混入し、年金等としては識別できなくなるといわざるを得ず、このようなものについてまで差押を禁止することとなると取引秩序に大きな混乱を招く結果となるというべきである。したがって、差押禁止債権の振り込みによって生じた預金債権は、原則として、差押等禁止債権としての属性を承継しないと解するのが相当である。」

　「原告は、本件預金口座を、その開設当初から解約に至るまでの間を通じて、国民年金及び労災保険金の入金のほかに、被告金庫以外の金融機関及び生命保険会社からの入金並びに原告自身による金員の預け入れ、キャッシュカードによる引き出し及び保険の掛金の支払い等に多数回利用していたことが認められ、右によれば、本件預金口座は原告の日常の財産管理のためのものであって、国民年金及び労災保険金は本件預金口座に振込まれることにより原告の一般財産に混入し、その識別ができないものとなっているというほかないから、本件預金口座にかかる預金債権は差押等禁止の属性を承継していないというべきである。」としている。要するに、この判決は、もともと保有している預金債権（差押可能財産）に一度入金されたもの（差押禁止財産）は、他の財産に混入され、他の財産との識別が困難になる、といった論拠により原告の主張を棄却している。

②第二審・札幌高判平 9・5・25（金法 1535 号 67 頁）

　第二審判決は、一審判決の「一般的には預金口座には差押禁止等債権についての振込み以外の振込や預け入れも存在するのであって、年金等は預金口座に振込まれると受給者の一般財産に混入し、年金等としては識別できなくなるといわざるを得ず、このようなものについてまで差押を禁止することとなると取引秩序に大きな混乱を招く結果となるというべきである。」を「年金等の受給権が差押等を禁止されているとしても、その給付金が受給者の金融機関における

第1節 強制徴収（滞納処分）手続／④ 滞納処分手続進行上の対応

預金口座に振り込まれると、それは受給者の当該金融機関に対する預金債権に転化し、受給者の一般財産になると解すべきであるから」と訂正したうえで、一審判決を維持した。

　最高裁も、同様にこの原審判決を維持し上告棄却の判断をした。

【解　説】

　本件判決における差押対象財産に関する最も重要な論点は「一般債権との識別が困難になる」といった点であろう。つまり国民年金法等においては、本来は差押禁止財産であるはずの各種受給権や債権が、受給者の預金に入金され、預入れや引出しなどの預金取引があれば、元の債権のみを抽出して差押禁止にするといった方法をとることが技術的にも困難である、との背景があると考えられる。この判決は後述する「非承継説」を支える理論的根拠として、その後に同様の租税滞納処分事件の裁判においても大きな影響を及ぼすことになったことは前述のとおりである。

(iii) 滞納処分における差押禁止財産

　これまでみてきたとおり、財産の差押えは、滞納処分の一連の手続のなかで、最も強制力を伴う手続の一つであるため、徴収職員が滞納者に対する財産の差押えをどのように行うかが滞納者の生活の維持や事業の継続に直結する問題を引き起こしてきた。そしてこの種の問題は繰り返し裁判で争われてきた。そもそもこれは現行の徴収法が全文改正された昭和34年当時と現在とを比較すると、社会情勢や生活環境は大きく変化し、生活の維持等に必要な財産もそれに伴って変化していることに起因する面がある。例えば、給与や年金も昭和34年当時は現金支給が原則だったのに対し、現在は預金口座への振込みが原則的な支給形態となっている。しかしながら、徴収法自体は、社会情勢や生活環境の大きな変化、類似の民事の倒産法制の大改正にもかかわらず、昭和34年以降、部分的な改正は行われたものの、基本的・中心的部分は旧国税徴収法の性格を引きずったまま、今日に至っている[46]。

　現にこのような差押禁止財産をめぐる裁判例等はこれまで数多く存在することはすでに述べたが、その論拠は、本来は差押禁止の性格を有していた給与や年金等が預金払戻債権という別の財産に形を変えたことにより、これらが本来

46　中村・差押え275頁。

第 3 章　滞納処分

もつ差押禁止の性格が失われ、従って実質的に給与や年金等であっても差押え
が可能となってしまうことにある。

　このような論拠は非承継説と呼ばれ、それに反対する解釈は承継説と呼ばれ
ている。まず、非承継説とは元の財産が有していた差押禁止の属性について別
の財産に形を変えた場合には承継しない、とする学説であり、現代においても
通説と考えられている。この学説は滞納者保護に関しては、差押範囲の変更の
申立てなどによりその保護を図ることができるとしている[47]。なお、差押禁止
の属性を承継しないことの実務的な取扱いの根拠としては、差押えの対象とな
った該当の預金債権に差押禁止財産である各種の受給権が入金される以前から
残高がある場合に、明確に受給権に基づき受け取る金額と、もともと残高を構
成していた差押可能財産との識別が困難であるということによっており、これ
までの多くの判例でもこの非承継説を根拠としたものが多い。

　一方、承継説は学説としては少数説であるが、やはりその根拠としていると
ころは滞納者の最低限の生活保護である[48]。これによると、みだりに非承継説
を主張して滞納者やその家族の生活を圧迫することは憲法に規定する生存権を
脅かすことにもつながりかねず、また徴収法で差押禁止財産を定めている趣旨
が滞納者の生活保護であることを鑑みると、例えば滞納者が給与所得者であれ
ば、それは生活費の大部分を賄うべきものになることは容易に想像できるので、
当然に給与収入が入金された預金口座は差押禁止の属性が承継されていると考
えるのが自然であるとするのである。

（ⅳ）税理士に求められる見識

　納付すべき税金の納付ができずに期間が経過してしまった場合には、滞納処
分の手続に入り、強制力を伴った差押処分となる。しかし、憲法25条におい
て健康で文化的な最低限度の生活を保障する生存権規定に基づいて徴収法には
差押禁止財産が法定されており、納税が遅れているからといって、むやみやた
らに差押えをすることで、滞納者の生活を脅かしてはならないことはいうまで
もない。実際に差押えの現場に臨席する税理士の数は多くないと考えられるが、
何が差押禁止の対象財産になるかを理解しておくと同時に、実務的には前記の

47　西牧・前掲注(45) 70頁。
48　西牧・前掲注(45) 70頁。

170

第1節　強制徴収（滞納処分）手続／④滞納処分手続進行上の対応

裁判例を踏まえれば、納税者に対して、例えば給与の振込口座は専用の口座にするなどの対応を講じることが考えられるだろう。つまり入金が給与だけであれば識別可能であり、預金払戻請求権という財産といった理論が通用しなくなる。これは給与だけでなく、年金受給権なども同様であり、その面から徴収法76条はその内容もあわせて知っておく必要があるだろう。また、こうした預金債権等の差押えを受けてしまった場合には、法解釈論の最低限のレベルでは各事件の特殊事情が重要になるといえるので、こうした主張も試みるべきだろう。

(3) 事業継続・通常生活の維持と生存権

　憲法には25条において生存権の保障、29条において財産権の保障が規定されている。

（ⅰ）生活基盤・事業基盤の維持と憲法に定める生存権

　徴収法75条に規定する差押禁止財産には、個人の通常生活の維持に必要な財産とともに個人事業者の事業に必要な財産についても差押えが禁止されている。日本の労働者層であるサラリーマン等には通常生活の維持に必要な財産の差押禁止が該当するが、それ以外の個人の自営業者の場合には当然、その事業の維持のために必要な財産の差押禁止が必要とされる。徴収法75条の趣旨が滞納者の生活基盤、事業基盤の維持であることに鑑みれば、これら自営業者がその事業を行うために必要な事業用資産も、差押えの対象とされないことが要請される。また滞納者の生活基盤、事業基盤の維持を重要視する根拠は、紛れもなく、憲法の基本的人権の尊重であり、それは憲法25条が保障する生存権に基づく生業権の保障に求められる。

　憲法はすべての法律等の上位規定であるため、滞納者に対して強制力を伴う徴収法も当然に憲法25条の生存権を保障しなければならない。徴収法75条に規定されている絶対的差押禁止財産は、まさに滞納者本人およびその家族の生活の維持に必要不可欠な財産を、生存権を保障するための範囲内の財産として、その差押えが禁止されている。なお、憲法29条で私有財産制が保障され、この保障のもとで各自が生活や事業を維持することが予定されるので、憲法30条の納税の義務は憲法29条2項によって財産権の内容につき「公共の福祉に適合するように」課されると一般に解されていることとも、通常生活の維持お

171

第 3 章　滞納処分

よび事業の維持に必要な財産の差押禁止は矛盾するものではないといえる。

（ⅱ）代表的な判例

　　差押禁止財産に関して、事業用財産の差押禁止が定められているが、事業
に必要な財産の考え方には、滞納者と執行サイドとの考え方に大きな隔たり
があり、ここについては争いが生じやすい。民事執行法に関する過去の事例
が参考になるので、一つ裁判例を紹介する。

　　エキシマレーザー治療台一式は差押禁止財産には該当しない、とした事例
である（東京地決平 10・4・13 判時 1640 号 147 頁）。

【事実の概要】

　　個人診療所を開設している眼科医が債権者の申立てにより、その治療に供していたエ
　キシマレーザー一式に対して仮差押えが行われたことに対して、その仮差押えが民事執
　行法 131 条 6 号に反しているとして異議を申し立てた事件である。なお、当該エキシマ
　レーザーは当時の最新の治療技術であるレーシック手術を行うために必要不可欠の医療
　機器である。

【決定要旨】

　　「当該規定の趣旨は、生業の維持を目的としているが、それは申立人が現状の
　まま診療所を維持、継続していけるところまで保護した規定とはみるべきでは
　なく、申立人が医師として生活をすることまでの保護を目的とした規定と解す
　るのが相当」とし、さらに「申立人は医師免許を有する眼科医であり、本件の
　ような特別の機械を失っても、通常の眼科医としての職業生活を送ること（通
　常の眼科医として開業医を続けるか、勤務医として働くこと）が可能」と判断
　して申立てを却下した。この決定の注目すべきところは、エキシマレーザーが
　眼科医にとって事業上必要な資産であるにもかかわらず「申立人が医師として
　生活すること」をベースに考えて、決定を下したことにある。

【解　　説】

　エキシマレーザーを差し押さえられた結果、患者数の減少があることは明
白であり、それはクリニックの評判にも直結し、明らかに機会損失を招く結
果になる。差押処分は一時的のものかもしれないが、それによって損失した
機会を取り戻すには当然一日では足りず、またエキシマレーザー購入のため
に事業ローンを組んでいたとすればそちらについても当初の返済計画どおり
に進まない可能性もあり、結果として廃業の可能性すらあるだろう。

第1節　強制徴収（滞納処分）手続／④ 滞納処分手続進行上の対応

　民事執行法と徴収法とでは私法と公法との差はあるが、民事執行法の判決が、その後の徴収法での同様の判決をするにあたっての理論的根拠（前述した非承継説）となっているものもあり、このような判決例がある以上、徴収法で同様のケースが生じた場合には同様の結果となる可能性が高いと考えられる[49]。しかし、先にも述べたように一時的な手続であるはずの差押えの結果、機会損失をまねき滞納者（債務者）のその後の生活を破綻させるような差押えはするべきではなく、その意味から徴収法75条3号から6号に関しては、政令で事業に直接的に必要な資産の原則差押禁止を明文化し、例外的に差押えが可能なものを定める（例えば事業用車両を明らかに必要以上の台数所有している場合のその超過台数）制度設計が必要であると考えられる。

(iii) 税理士としての見識

　この判決も前述の (2)(iv) と同様であるが、この分野に詳しい税理士の絶対数は多くないと考えられる。しかし理解していれば対処できるようなことも多いため、まずは差押禁止財産の趣旨と項目については、是非知っておく必要のある内容だろう。事実認定の問題にはなるが、ある財産が差押えの対象として検討される際、それが事業用資産であるかどうかで大きく結果は変わってくる。税理士としてそれがどのように事業に関わっているか、また、今後の収益稼得のための財産として妥当であるか、根拠をもって説明する能力が求められる。

(4) 差押解除

(i) 徴収法79条

　徴収法79条は差押解除について次のとおり規定する。

「徴収職員は、次の各号のいずれかに該当するときは、差押えを解除しなければならない。

　　一　納付、充当、更正の取消その他の理由により差押えに係る国税の全額が消滅したとき。

　　二　差押財産の価額がその差押えに係る滞納処分費及び差押えに係る国税

49　現に、前掲最判平10・2・10では民事執行法上の差押禁止財産である身障者給付金受給権について、預金債権払戻請求権に転化された直後に当該預金債権払戻請求権が差押えとなった事件であり、最高裁判決の結果において債権者勝訴となった。この判決例はこれ以降の類似事件（差押禁止財産である各種受給権が預金債権に転化した場合の差押禁止属性が承継されるか否か）について、非承継説をとることの理論的根拠とされていた。

173

第 3 章　滞納処分

に先立つ他の国税、地方税その他の債権の合計額を超える見込みがなく
なつたとき。

2　徴収職員は、次の各号のいずれかに該当するときは、差押財産の全部又
は一部について、その差押えを解除することができる。

一　差押えに係る国税の一部の納付、充当、更正の一部の取消、差押財産
の値上りその他の理由により、その価額が差押えに係る国税及びこれに
先立つ他の国税、地方税その他の債権の合計額を著しく超過すると認め
られるに至つたとき。

二　滞納者が他に差し押さえることができる適当な財産を提供した場合に
おいて、その財産を差し押さえたとき。

三　差押財産について、三回公売に付しても入札又は競り売りに係る買受
けの申込み（以下「入札等」という。）がなかつた場合において、その差
押財産の形状、用途、法令による利用の規制その他の事情を考慮して、
更に公売に付しても買受人がないと認められ、かつ、随意契約による売
却の見込みがないと認められるとき。」

(ii) 本条の趣旨

徴収法に定める滞納処分は、強制力を伴い、また滞納者の生活を圧迫するも
のであるから、滞納処分の原因となった税納税額が納付（ここでいう納付には、
通常の納付以外にも充当や更正の取消し、一定の第二次納税義務による納付も含ま
れる）された場合には、その税額に係る差押えを解除しなければならない。こ
れは当然に滞納者の生活維持を目的しているものである。徴収法 79 条では差
押えが解除（全部・一部）される要件が定められ、徴収法 80 条では差押えが解
除された場合の租税行政庁の必要な手続（登記の抹消）等について定められて
いる。

(iii) 代表的な裁決事例

裁決平 8・10・2（裁決事例集 52 集 163 頁）

本裁決事例は、基本的には差押処分の取消しを中心とした事例であるが、
一部差押え解除の論点もあるため紹介する。

第1節 強制徴収（滞納処分）手続／④ 滞納処分手続進行上の対応

【事実の概要】

　審査請求人のＡは、父の相続により取得した財産について共同相続人Ｂと遺産分割協議書を作成し、相続税の申告を行った。この時の納税については、金銭の一時納付をすることができず、Ａは延納申請をして税務署長から延納許可を受けた。しかしながらＡは、その分納税額等の納付をできなかったことから、担保供与資産の一部の差押えを受けてしまった。しかし、この時Ａは納期限後ではあるものの当初の遺産分割案について取消訴訟の係争中であり、それが確定すれば相続税額を０円として更正請求をする予定であり、その前提に立てば差押えに係る納付税額の発生という前提がなくなるため、差押処分の取消しを求めたものである。

【裁決要旨】

　課税処分と滞納処分とは別個の手続であり、その効果も異なることから、仮に遺産分割協議書の取消しが認められ課税処分が取消しとなった場合でも、それが滞納処分に直接的な影響を及ぼさないものとして請求を棄却した。

【解　　説】

　注目すべきは、審判所の判断材料の一つに「国税徴収法第79条《差押の解除の要件》など差押えの解除に関する全規定をもってしても、請求人の場合、本件差押処分における差押えを解除すべき、又は、解除できる場合にも当たらないことが認められる。」とされていることである。徴収法79条１項では、差押えを解除しなければならない場合として「納付等その他の理由により、租税が消滅したとき」とされているので、審判所の判断としては、遺産分割協議書の取消訴訟が係争中という理由だけでは、差押えは解除されないとしたといえる。

　本事例の主な論点は、基本的に違法性の承継であるため、これが差押解除の要件たり得ないと判断したことといえる。仮にこのまま公売とされ、その後で遺産分割協議書の取消訴訟が認めた場合には、滞納者にとっては非常に大きな実害となる。

　徴収法に限らず、租税法全般にいえることであるが、条文構成として要件裁量、効果裁量によるところが非常に大きい。例えば徴収法79条２項の規定は、「〜該当するときは、〜解除することできる」と定められている。前段の該当するかしないか、また後段の解除できるかできないか、を判断するのは租税行政庁であり、そこに滞納者がかかわる余地がない。例えば同条２

175

第3章 滞納処分

項2号に規定するような、他の財産を滞納者が提供した場合においても、租税行政庁がそれを適当でないと判断した場合には、差押えの解除がなされない（効果の前提となる要件（条件）に裁量が働くものは要件裁量と呼ばれる。またその効果（結果）についても、解除できる規定であるため、解除をしないこともありうる）。

差押登記がされた財産については、任意売却をすることもできず、また公売となった場合には、一般流通価格よりも低い価格設定となることが多いため、結果として滞納者の権利保護を図ることが困難となる。前述したことでもあるが、租税法は全般的にこのような裁量の働く条文が非常に多い。一方で、数多くある滞納事案について、すべてを画一的に規定することもまた問題があるといえる。このような場合に、滞納者の権利保護を図るために差し当っては予め解釈適用指針を規定・公表しておくことが重要だと考える。

（iv）税理士としての見識

差押解除の場で税理士が行うことは、異議申立て時の書類作成や当局への説明がメインと考えられる。（iii）で前述したように、差押解除には要件裁量が働くため、いかに説得的に説明できるかが重要である。また、それと同時に納税者へは納付の協力を促し、また差押登記がされたままであれば任意売却が不可能であること、時価よりも低い金額（一般的には7割～8割といわれている）での処分にならざるを得ないことなども納税者に説明する必要がある。納税者の権利を守ることと同時に、独立した公正な立場で税法の範囲内で適切な助言をすることも税理士にとって当然に求められる姿勢である。

⑤ 滞納処分の関連問題

1 租税債権と私債権の競合

徴収法8条は、租税債権と私債権の競合について、「国税は、納税者の総財産について、この章に別段の定がある場合を除き、すべての公課その他の債権に先だつて徴収する。」と想定している。

(1) 本条の原則的取扱い

国税債権にこのような一般的優先徴収権が承認されるのは、国税が国家存立

の財政的な裏づけであり、国税徴収の確保が国家活動の基礎をなすものであることはもちろん、「国税が国家の一般的需要を賄うために法律に基づいて一律に成立するものであって担保を提供する者に対して選択的に成立させることができる私債権とは根本的に異なるものであること」[50]、すなわち国税債権の特殊性を考慮した結果に基づくものである[51]。

徴収法8条に定める「別段の定め」とは、国税を優先徴収しない場合の取扱いである。具体的には強制換価手続の費用（徴9条）、直接の滞納処分費（徴10条）、強制換価の場合の消費税等（徴11条）、差押先着手に係る国税（徴12条）、交付要求先着手に係る国税（徴13条）、担保を徴した国税（徴14条）、法定納期限等前に設定された質権・抵当権等（徴15条、16条）などの定めがこれに当たる。

これを整理すると、租税債権と私債権との調整については、原則として租税債権が優先するが、法定納期限等以前に質権または抵当権が設定されている場合には、その質権または抵当権により担保される私債権が租税債権に優先する。また国税と地方税の優先順位は、観念的には同順位であるが、具体的には先に差押えや交付要求をした方が優先することとなる。これを差押先着手主義という。その他担保を徴した租税の優先徴収の原則の定めもある。

しかし、これらの規定に従うと、国税、地方税、私債権が三すくみの状態になる場合がある。例えば、競売による強制換価手続が行われる際に、その換価により配当を受けようとする国税、地方税、私債権の複数の債権が存在し、そのうちの私債権の抵当権設定前に地方税の納期限が到来しており、国税は地方税より先に差押え等に着手していて、なおかつ国税の法定納期限以前に抵当権設定がなされている場合がこれに当たる。この場合①地方税は私債権に優先し、②私債権は国税に優先し、③国税は地方税に優先するという、いわゆる「三すくみ」の状態が生じることになる[52]。

(2)「三すくみ」の状態が生じた場合の取扱い

この場合の取扱いについて徴収法26条は次のように規定する。

50　吉国・精解131〜132頁。

51　吉国・精解132頁。

52　山本守之監修『税務是認判断事例集』440頁（新日本法規、2005年）。

第3章　滞納処分

「強制換価手続において国税が他の国税、地方税又は公課及びその他の債権と競合する場合において、この章又は地方税法のその他の法律の規定により、国税が地方税等に先だち、私債権がその地方税等におくれ、かつ、当該国税に先だつとき、又は国税が地方税等におくれ、私債権がその地方税等に先だち、かつ、当該国税におくれるときは、換価代金の配当については、次に定めるところによる。」

こうした三すくみの状態を処理するための規定が徴収法26条であり、次のように三者間の競合を調整することになっている。

まず最初の手続として強制換価手続費用、滞納処分費に充当する。次に、租税債権および私債権について法定納期限等、質権等設定時期の古い順に並べ、この順序に従って①の金額を控除した残額を各債権にあてはめ、租税グループと私債権グループそれぞれの総額を定める。最後に、各グループの総額をそれぞれのグループ内の順序に従ってあてはめ、各債権ごとの配当を行う[53]。

(3) 裁判例

徴収法26条はこのような「三すくみ」状態の場合の配分方法を定めた規定であるが、この適用をめぐって争われた判決をみてみたい。配当異議訴訟係属中に地方税債権が消滅した事例（津地四日市支判平11・8・19訟月47巻12号3615頁、名古屋高判12・10・26訟月47巻12号3606頁)[54]がそれである。

【事実の概要】

　原告Xは、A医療法人の租税債権を徴収するため平成6年1月14日A医療法人所有の不動産を差押え、同日差押登記を経由した。被告・債権者Yは、この不動産に設定した根抵当権に基づき管轄の甲地方裁判所に競売の申立てをし、甲地裁は平成6年3月28日競売開始決定をした。

　甲地裁は、この競売手続において3回にわたって不動産を売却し、平成7年7月25日、平成7年8月17日および平成7年12月19日の各配当期日において配当表を作成し、X、Yその他の債権者に対して配当を行った。

　Xは、第2回目および第3回目の配当期日に出頭して、Yに対する配当額を定めた部分のうち一部の金額について意義の申出をし、配当異議の訴えを提起した。

　平成11年8月19日の第一審判決はYの請求を認容したため、Xが控訴したものである。

53　山本・前掲注(52) 440頁。
54　山本・前掲注(52) 437頁。

第1節　強制徴収（滞納処分）手続／⑤ 滞納処分の関連問題

第1回配当については、徴収法26条を適用して、①国税および地方税の法定納期限等と根抵当権設定登記の日の先後を比較して、その日に先行する日を法定納期限等とする各地方税に相当する金額を国税および地方税等に充てるべき金額の総額とし、かつその全額をYの国税に充て、その余を私債権に充てるべき総額として、私債権相互間ではXが他の債権者に優先するから、その全額をXの債権に充てるとした。

第2回配当においては、私債権に優先する公租公課につき優先権を反復して行使することは許されないとの立場から、徴収法26条を適用せず、不動産売却代金から手続費用を控除した全額をXに対し配当した。

第3回配当においても、同様の立場から徴収法26条を適用しなかった。

Yの国税の優先権の根拠となっている地方税については、地方税法15条の7第4項または5項に基づく不能欠損処分がなされたため、いずれも各配当表作成後に消滅している。

【判　旨】

裁判所は次のとおりX勝訴の判決を下した。

A医療法人に係る競売事件において、乙県税事務所は平成4年度の不動産取得税について平成8年3月に、丙市役所は平成4年度市民税を平成11年3月に、丁市役所は平成4年度の市民税、固定資産税、都市計画税を平成10年2月に、それぞれ地方税法15条の7第4項または5項を根拠に不能欠損処分にした。これにより、Xの抵当権設定より先に法定納期限等のある地方税等は消滅したことになる。

徴収法26条は、強制換価手続において国税が他の地方税等およびその他の私債権と競合する場合に、換価代金の配当方法を定めるものである。しかしこれを前提とする配当表を作成し配当期日を開いてのち、配当異議訴訟係属中に地方税等が消滅していわゆる「ぐるぐる回り」の要件を欠くこととなった場合には、もはや同条を適用する余地はなくなったと解するべきである。

Yは、第1回配当期日において徴収法26条によって、租税債権グループと私債権グループに充てるべき総額が決定しているにもかかわらず、配当期日以後、配当異議訴訟中に不能欠損処分があったことによってさかのぼって同条の適用を排除することは、すでに配当を受けた国税に不当利得返還請求の問題が生じ、不測の損害を被ることになると主張するが、これが第1回目の配当を指すものとすればこれが不当利得となるかどうかは不能欠損処分の効力発生時期の問題であって、徴収法26条が適用されるかどうかということとは別個の問題である。

地方税法15条の7第1項の滞納処分の停止処分は、その時期の選択は地方団体の長の裁量に委ねられていることに照らせば、本件のように後日配当金が生じて

179

第3章　滞納処分

充当されること、しかも数次にわたり配当が見込まれる場合には軽々しく滞納処分の執行停止をするべきではなく、また同じ租税グループとして互いに注意を喚起してこのような不具合を生じることを避けることができたはずであり、Yの主張は採用できない。

【解　説】

　一般債権者としては、抵当権等を付していた物件について強制換価手続がなされた場合は、租税債権との優先関係がどのようになっているかを把握しておく必要がある。また担保があったとしても、換価後に租税債権に優先的に配当されてしまう可能性があることに留意しなければならない[55]。

　この規定は法定納期限等より前に設定された抵当権等で担保される私債権が、租税債権に優先するとの定めの例外的な事象を引き起こす。私法秩序の安定に配慮して、抵当権等により担保される債権は担保設定日と法定納期限等との先後により租税債権との優劣を判断することとなったが、本件のような場合には本来劣後するはずの国税債権が担保設定のある私債権に優先配当される可能性がある。たまたま本件においては、法定納期限により私債権に優先する地方税債権が配当異議訴訟中に消滅したことが、私債権者にとって有利な結果を得られた一因となったが、地方税債権が消滅しなかった場合においてはどうなっていたであろうか。

　本来であれば法定納期限に遅れ劣後するはずの国税債権が、差押先着手主義といわゆる「三すくみ」の特殊な状況により優先順位が繰り上がるという事象が生じる。これは徴収職員にとっては、いち早く差押えに着手しようとの心理的誘因を与えるものであろう。債権の優先順位に関する問題について、租税徴収制度調査会第6回記録には以下のような我妻榮の発言が見受けられる。「2年とか3年とかの期限を切って、そこまでは優先権があるが、あとはないとしますか。そうすると二つの影響、一つは尻をたたかれるから無理にやる。そしてある場合には企業者がそのために破滅する。そうでなければ、現在のようであれば立ち直れるものも立ち直れないというものが一つ出てきますね。もう一つは、手が回りかねて税金をとれないものが出てくると思いますが、どっちの結果が多くなるかですね。」[56]

55　山本・前掲注(52) 440頁。

第1節 強制徴収（滞納処分）手続／5 滞納処分の関連問題

徴収職員が差押手続に早期に踏み切ることは、一方では徴収税額の確保を意味し、他方では企業倒産をもたらすかもしれない。これが大局的にみて日本社会にプラスの影響をもたらすのかは慎重に検討をすべき問題である。滞納者は国税だけあるいは地方税だけを滞納するという状況は通常では考えにくい。このため滞納者は通常複数の税目、異なる法定納期限の租税債務を抱えることになる。そうした前提で考えると、徴収法 26 条の規定は情報収集の能力において明らかに租税行政庁に劣る私債権者にとって不測の債権回収リスクをもたらす。担保設定を行ったとしても、担保設定当時にごく少額でも滞納税額が発生していれば、後日法定納期限が到来する租税債務が担保の目的債権に優先する可能性があるという事実は、私法取引における予測可能性を損なうものである。

2 倒産法制における滞納処分手続の制限

(1) 四つの倒産処理手続における租税債権の取扱概要[57]

わが国の倒産処理法制は、破産・特別清算・民事再生・会社更生の 4 種類である。これら四つの倒産処理手続において、租税債権がどのように取り扱われているかを概観すると図表3-7 のとおりである。

(2) 破産手続における債権の種類と優先順位、租税債権の地位

破産手続が開始されると、破産者に対する債権は優先順位に応じて以下のように分類される。このうち租税債権はその発生原因と債権の態様に応じて①財団債権、②優先的破産債権、③一般の破産債権、④劣後的破産債権、⑤約定劣後破産債権、および⑥一般債権のいずれかに分類される[58]。これらのうち①は破産手続によらずに、②〜⑤は破産手続においてそれぞれ弁済を受けられるが、⑥は破産財団から弁済・配当を受けられない債権である。

①財団債権（破産債権に先立ってかつ破産手続によらずに随時弁済の対象）
　破産管財人報酬、納期限未到来または納期限から 1 年経過前の租税公課
　破産手続開始決定前 3 か月以内の従業員給与

56　青山善充＝碓井光明編著『日本立法資料全集国税徴収法〔昭和改正編〕(1)』217 頁（信山社、2002 年）。

57　岡正昌「四つの倒産処理手続（破産・特別清算・民事再生・会社更生）における租税債権の取扱い」租税法研究 33 号 88 頁（2005 年）。

58　前川・図解 483 頁。

第3章　滞納処分

図表 3-7　倒産処理手続における租税債権の取扱い

			租税債権の自力執行権に対する制約	租税債権の優先徴収権に対する制約
清算型	管財人主導型	破産	〈財団債権、優先的破産債権、劣後的破産債権に共通〉 　破産手続前の滞納処分は容認され、そのまま優先徴収できる。 　破産開始後の新たな滞納処分は禁止される。	〈財団債権、優先的破産債権、劣後的破産債権に共通〉 　破産開始前までに滞納処分を行っていなかった租税債権は、破産法が独自に定める「優先順位」のなかに組み込まれる。 　新しい開始前租税債権は財団債権とされたが、古い開始前租税債権は優先的破産債権とされ、財団債権（一定の開始前労働債権を含む）に劣後させられた。 　加算税等、劣後的破産債権にさせられたものもある。
	原則DIP型	特別清算	〈手続費用・一般優先債権に共通〉 　制約なし（中止・取消しの規定はないが、換価の猶予の制度がある）	〈手続費用・一般優先債権に共通〉 　制約なし（優先債権間の優劣は実体法の定めるところによる）
再建型	原則DIP型	民事再生	〈共益債権・一般優先債権に共通〉 　制約なし（中止・取消しの規定はないが、換価の猶予の制度がある）	〈共益債権・一般優先債権に共通〉 　制約なし（優先債権間の優劣は実体法の定めるところによる）
	管財人主導型	会社更生	〈共益債権〉 　これに当たるものは少ない。原則として制約なし（再倒産の場合は滞納処分が取り消されることもありうる）。 〈優先的更生債権〉 　滞納処分は、原則として1年間凍結される。すでにされている滞納処分も原則中止される（再倒産の場合は滞納処分が取り消されることもありうる）。	〈共益債権・優先的更生債権〉 　会社更生法が独自に定める「優先順位」のなかに組み込まれる。 　開始前租税債権の大半は優先的更生債権とされ、共益債権（開始後の取引上の債権および大部分の開始前労働債権を含む）に劣後させられた。ただし一定以上の権利変更は徴収権者の同意がなければできないとされる。

※ DIP型とは Debtor in possession の略で破綻企業の経営陣が引き続き経営再建にあたる債務者主導の経営再建手続をいう。

出典：岡・前掲注(57) 89頁。

②優先的破産債権（破産債権の中で破産財団から優先的に配当の対象）

　　財団債権ではない租税公課、従業員給与

③一般の破産債権（破産債権の中で②に次いで配当の対象）

　　いずれにも該当しない債権

④劣後的破産債権（破産債権の中で②③に劣後して配当の対象）

　　手続開始決定後の利息、損害遅延金、延滞税、加算税

第1節　強制徴収（滞納処分）手続／⑤ 滞納処分の関連問題

⑤約定劣後破産債権（破産債権の中で④に劣後して配当の対象）

　　債権者と会社との間で劣後債権に劣後するとの取り決めがなされている
　　債権

⑥一般債権（破産財団からの弁済・配当の対象外で、自由財産のみからの弁済等
　　の対象）

　上記のほか、抵当権等により担保される債権については別除権といわれ、破
産手続外で換価配当を受けられるものがある。

　破産法上の債権の分類を発生原因とその態様および弁済を受ける形式別にま
とめると**図表 3-8** のとおりとなる。

図表 3-8　破産法上の債権の分類

発生原因	債権の態様	破産法上の分類		権利実現
破産手続開始前の原因に基づく債権	一般債権	破産債権	優先的破産債権	破産手続においてのみ弁済（別除権、財団債権に劣後）
			一般の破産債権	
			劣後的破産債権	
	抵当権等により担保される債権	別除権		破産手続外で権利行使（競売）（競売に対して交付要求した租税との優劣は、抵当権等の設定年月日と法定納期限等との先後による）
	租税債権	財団債権		随時弁済
破産手続開始後の原因に基づく債権	財団に関する債権（固定資産税、消費税、間接諸税等の本税、延滞税）			

出典：橘素子『最近の判例に学ぶ徴収実務（増補改訂版）』685 頁（大蔵財務協会、2015 年）。

　また、旧破産法と改正後破産法で租税債権の地位がどのように変化したかを
表としてまとめると**図表 3-9** のとおりとなる。

　さらに財団債権である債権の種類とそのなかでの優先順位をまとめると**図表
3-10** のとおりとなる。

第3章　滞納処分

図表 3-9　租税債権の地位

区分	旧破産法		現行破産法		
破産手続開始前の原因に基づくもの	財団債権（旧破産法47条2号）		破産手続開始当時、納期限から1年を経過していないもの	本税 利子税 延滞税	財団債権（破産法148条1項3号）
				加算税	劣後的破産債権（破産法99条1項1号）
			上記以外	本税および破産手続開始までの利子税、延滞税	優先的破産債権（破産法98条1項）
				加算税および破産手続開始後の利子税、延滞税	劣後的破産債権（破産法99条1項1号）
破産手続開始後の原因に基づくもの	源泉徴収に係る所得税、固定資産税、消費税、間接諸税等	財団債権（旧破産法47条2号但書）	源泉徴収に係る所得税、固定資産税、破産財団の管理、換価および配当に関する費用（消費税、間接諸税等）	本税、延滞税	財団債権（破産法148条1項2号）
				加算税	劣後的破産債権（破産法99条1項1号）
	予納法人税 法人住民税 予納事業税	劣後的破産債権または破産債権とはならない	破産財団に関して生じるもの		

出典：橘素子『最近の判例に学ぶ徴収実務（増補改訂版）』686頁（大蔵財務協会、2015年）。

図表 3-10　財団債権内での優先順位

手続費用	①破産債権者の共同の利益のためにする裁判上の費用の請求権 ②破産財団の管理、換価および配当に関する費用の請求権 ③債務者の財産の管理および換価に関する費用の請求権で、保全管理人が権限に基づいてした行為によって生じたもの
租税・労働	④破産手続開始前の原因に基づき生じた租税等で破産手続開始当時、まだ納期限の到来していないものまたは納期限から1年を経過していないもの ⑤破産手続開始前3か月間の破産者の使用人の給料の請求権 ⑥破産手続終了前に退職した破産者の使用人の退職手当の請求権
その他	⑦破産財団に関し破産管財人がした行為によって生じた請求権 ⑧事務管理または不当利得により破産手続開始後に破産財団に対して生じた請求権 （以下省略）

出典：岡・前掲注(57) 89頁。

第1節 強制徴収（滞納処分）手続／研究③ 経営者保証ガイドラインと納税緩和

研究③ 経営者保証ガイドラインと納税緩和

換価の猶予制度の現在納付能力調査における必要最低限の生活資金は現代社会の生活実態に照らして適当な水準にあるだろうか。

最近になって中小企業庁等を中心に作成された経営者保証ガイドラインはこの点で従前とは異なる考え方を提示している。中小企業金融における保証制度の進むべき方向性を検討したものであるため、納税や徴収の問題とは本質的に異なる問題にみえるかもしれない。しかしながら、最低限の必要生活費や事業体が再生するためにどの程度の期間を見込むべきか等について、実務的な目線から検討された資料には、一考の価値がある。

1 経営者保証ガイドラインの背景と概要[59]

経営者による個人保証は、中小企業の信用補完制度として資金調達の円滑化に有効であった。他方、融資を受けた企業の経営が行き詰った場合に、多額の保証債務履行が求められる事案も多く、事業再生を阻害する要因となっているなど、企業活力を阻害する面が指摘されていた。

平成25年1月、中小企業庁と金融庁が共同で有識者との意見交換の場として「中小企業における個人保証等の在り方研究会」を設置した。中小企業における経営者保証等の課題全般を整理し、中小企業金融の実務の円滑化に資する具体的政策的出口について継続的な議論が行われた。同年5月課題の解決策の方向性とともに当該方向性を具体化したガイドラインの策定が適当である旨の「中小企業における個人保証等の在り方研究会報告書」が公表される。

また日本再興戦略（平成25年6月14日閣議決定）においても、新事業を創出し、開・廃業率10%台を目指すための施策の一つとして、当該ガイドラインが位置づけられている。

経営者保証ガイドラインはその目的について以下のとおり記している。

「このガイドラインは、中小企業金融における経営者保証について、主たる債務者、保証人及び対象債権者において合理性が認められる保証契約の在り方等を示すとともに、主たる債務の整理局面における保証債務の整理を公正かつ

---

59 経営者保証に関するガイドライン研究会「経営者保証に関するガイドライン」2頁（2013年）。

185

第 3 章　滞納処分

迅速に行うための準則を定めることにより、経営者保証の課題に対する継続的かつ良好な信頼関係の構築・強化とともに、中小企業の各ライフステージにおける中小企業の取組意欲の増進を図り、ひいては中小企業金融の実務の円滑化を通じて中小企業の活力が一層引き出され、日本経済の活性化に資することを目的とする。」[60]

　この経営者保証ガイドラインの運用場面としては、以下の三つの場面が想定される。

　①新規融資時、個人保証に依存しない融資実行

　②既存融資からの個人保証人外し

　③主債務者が債務不履行に陥った場合の保証人への求償権行使

　このうち、特に倒産法制と関連が想定される③の場面について検討を行いたい。

　経営者保証ガイドラインにおいては、その保証債務整理の対象となりうる保証人について規定をしており、その7項において以下の要件を満たす場合に、保証人はこのガイドラインに基づく保証債務の履行を対象債権者に申し出ることができると規定している。

　①対象債権者と保証人との間の保証契約が3項のすべての要件を充足すること

　②主たる債務者が破産手続等の申立てをガイドラインの利用と同時に現に行い、手続が継続またはすでに終結すること

　③主たる債務者の資産および債務ならびに保証人の資産および保証債務の状況を総合的に勘案して、主たる債務および保証債務の破産手続による配当よりも多くの回収が得られる見込みがあるなど、対象債権者にとって経済的な合理性が期待できること

　④保証人に破産法252条1項に規定される免責不許可事由が生じておらずそのおそれもないこと[61]。

　上記で言及している経営者保証ガイドライン3項には、主たる債務者が中小企業であることや保証人が個人であり主たる債務者の経営者であること、誠実

60　経営者保証ガイドライン研究会・前掲注(59) 2頁。

61　経営者保証ガイドライン研究会・前掲注(59) 8頁。

186

であり財務状況等を適時適切に開示していること、反社会的勢力でないことを求めている。

上記要件に該当する保証人は、経営者保証ガイドラインによる保証債務整理を債権者に対して申し出ることができ、対象債権者はそのような申出があった場合には、自発的に尊重され遵守されることが期待されると2項で述べられている。

また、保証債務の履行基準（残存資産の範囲）に関して、従来の倒産法制の自由財産の範囲を広げて以下のような考えを示している。

「対象債権者は、保証債務の履行に当たり、保証人の手元に残すことのできる残存資産の範囲について、必要に応じ支援専門家とも連携しつつ、以下のような点を総合的に勘案して決定する。この際、保証人は全ての対象債権者に対して、保証人の資力に関する情報を誠実に開示し、開示した情報の内容の正確性について表明保証を行うとともに、支援専門家は対象債権者からの求めに応じて、当該表明保証の適正性についての確認を行い、対象債権者に報告することを前提とする。」[62]

上記で言及される勘案すべき事項とは、以下のとおりである。

①保証人の保証履行能力や保証債務の従前の履行状況

②主たる債務が不履行に至った経緯等に対する経営者たる保証人の帰責性

③経営者たる保証人の経営資質、信頼性

④経営者たる保証人が主たる債務者の事業再生、事業清算に着手した時期等が事業の再生計画等に与える影響

⑤破産手続における自由財産（破産法34条3項、4項その他の法令により破産財団に属しないとされる財産）の考え方や民事執行法に定める標準的な世帯の必要生計費の考え方との整合性

保証債務の履行という場面における残存資産の範囲に関して、ガイドラインQ&Aはさらに以下のように述べている。

「ガイドラインにおける債務整理手続においては、保証人が自由財産に加えて、安定した事業継続のため、一定期間の生計費に相当する現預金や華美でない自宅等を残存財産に含めることを申し出た場合、経営者たる保証人による早

62　経営者保証ガイドライン研究会・前掲注(59) 10頁。

第 3 章　滞納処分

期の事業再生等や着手の決断について、主たる債務者の事業再生の実効性の向上等に資するものとして、対象債権者としても一定の経済合理性が認められる場合には、対象債権者の回収見込み額の増加額を上限として、一定期間の生活に相当する金額や華美でない自宅等（「インセンティブ資産」）について当該保証人の残存資産に含めることを検討することができます。」[63]

　ここでいう一定期間の生活費の考え方は民事執行法の考え方を参考にしており、さらに民事執行法の考え方は雇用保険の給付期間の考え方と共通する。保証人の年齢により一定期間は異なることとなると考えられる[64]。

　生計費については具体的には 1 月当たりの標準的な世帯の必要生計費として民事執行法施行令で定める額（33 万円）を参考とし、保証人の年齢にも左右されるものの一定期間の生計費は 200 万円から 460 万円程度となると考えられ、また華美でない自宅を債務者の財産として残すことも検討するように述べられている[65]。ただし、このような取扱いはあくまでも弁済総額の増加が見込まれることを前提とする。

　また、こうした判断を行うためには保証債務の弁済計画が必要とあるが、ガイドライン 7 項(3)④ではその計画期間は原則 5 年以内とされている。

　このように経営者保証ガイドラインは従前からの自由財産の考え方の範囲を大幅に広げて、破産当事者の経済的な再出発を支援する設計となっている。

2　経営者保証ガイドラインの活用状況

　政府系金融機関における経営者保証ガイドラインの活用実績は、図表 3-11 のとおりである。

3　経営者保証ガイドラインと徴収法が関連する場面

　経営者保証ガイドラインが想定している基本的な債務者の態様は、主たる債務者が中小企業であり、その経営者が個人として法人中小企業の債務保証を行

63　経営者保証ガイドライン研究会・前掲注(59)「Q&A」各論 Q7-14（2013 年、最終改正 2018 年）。
64　経営者保証ガイドライン研究会・前掲注(63) 各論 Q7-14。
65　中小企業庁 HP http://www.chusho.meti.go.jp/kinyu/2014/140130keiei.htm（平成 30 年 11 月 6 日訪問）。

188

第1節　強制徴収（滞納処分）手続／研究③　経営者保証ガイドラインと納税緩和

図表3-11　政府系金融機関[※]における経営者保証に関するガイドラインの活用実績

	平成26年2月～平成30年3月	
	件数	金額（億円）
新規に無保証で融資した件数と金額	243,416	92,056
新規融資件数・金額	910,293	240,810
新規融資に占める経営者保証に依存しない融資割合	27%	38%
保証契約を解除した件数・金額	14,948	14,886

	平成26年2月～平成30年3月	
	件数	1月平均
ガイドラインに基づく保証債務整理を成立させた件数	406	8

※商工組合中央金庫、日本政策金融公庫

出典：中小企業庁HP http://www.chusho.meti.go.jp/kinyu/keieihosyou/2016/160603keiei.pdf（平成28年10月6日訪問）。

っている場合である。そのような態様において、経営者保証ガイドラインが活用されつつ徴収法の問題が発生する場面としては、以下のような場面が想定される。

①主たる債務者である中小法人が清算型の債務整理を行って消滅している場合の経営者個人の滞納税額

②主たる債務者である中小法人が再建型の債務整理を行って継続している場合の中小法人と経営者個人の滞納税額

　いずれの場合であったとしても、経営者保証ガイドラインの考え方により、経済的な再出発を目指しやすくするために債務者が保有することを赦された生計費用や自宅等の財産について、滞納処分により差押え、換価がなされるならば、経済的再出発を阻害し経営者保証ガイドラインの効果を削ぐものとなってしまう。また特に②の場合のように主債務者である法人が再建途上にある場合においては、滞納処分を行うとしても再建計画への配慮が必要になると考えられる。

4　納税の誠意、差押判断について

　納税の誠意の判断や、滞納者に残すべき財産の多寡について、徴収法も経営者保証ガイドラインから参考とすべきことが多いのではないだろうか。

　例えば、国税徴収の場合、悪質滞納事案の判断マニュアルというものがある。

189

第3章　滞納処分

一例として滞納整理事務運営方針の「売掛金の差押えマニュアル」について考慮する。

このマニュアルによれば、売掛金の差押えへと発展する悪質の定義を以下のとおり定めている[66]。

①まったく納税に応じない。

②継続的にみて納税資力がありながら納税に消極的である。

③滞納発生から相当期間以上経過しているにもかかわらず、過去の納付実績が一度もなく長期にわたり累積している。

④金融機関に対する借入金の返済等国税以外の支払を優先している。

⑤消費税、源泉所得税は赤字でも税金が発生するため、これまでの分割納付額ではさらに滞納が累増している。

上記①、②は確かに悪質な滞納者と判断できる要素である。④では借入金の返済を納税に優先している滞納者を納税の誠意に欠ける滞納者としているが、納税の誠意の判断基準として適切ではない。借入金の返済は借りたお金の返済であり、事業の運転資金や設備投資の形で事業に投下され収益獲得に貢献しているものである。事業者の立場からすれば継続して金融機関からの協力を確保するためにも返済を続けていくインセンティブが働く。他方、租税債務は対価性がなく、ゆえに優先的にこれを納付するインセンティブは働かない。現実に納税を優先し借入返済が滞るようになれば、企業は新規融資を金融機関から獲得する見込みはなくなり事業は行き詰まる。同様に、租税行政庁が売掛金や預金債権を差し押さえれば、企業は信用を失いやはり事業は立ち行かなくなる。

先に述べたが、経営者保証ガイドラインでは、残存資産の範囲を検討するにあたっては、経営者の資質や帰責性、整理計画の着手時期、財務状況の適時適正な開示等を考慮するように述べている。また闇雲に債務者保護を押し付けるものではなく、あくまでも回収総額の増加が見込めることを一つの前提条件として提示している。これは滞納処分における差押判断の基準として参考にはできないであろうか。財務状況の適時適切な開示や弁済計画の合理性などから滞納税額の回収見込額が増加するならば、関係当事者全員にとって望ましい結果となる。

66　中村・差押え174頁。

第 1 節　強制徴収（滞納処分）手続／研究③　経営者保証ガイドラインと納税緩和

5　中期的計画と換価の猶予、分納

　経営者保証ガイドラインでは保証債務の弁済計画を 5 年以内としている[67]。通常経営再建には中長期的な期間を要することが通常であり、例えば中小企業の事業再生計画は、中期的な期間をもとにして、実質的に債務超過である場合には、再生計画成立後の最初の事業年度開始の日から 5 年を目処に実質的債務超過を解消する内容とし、また経常利益が赤字出る場合には再生計画成立後の最初の事業年度開始の日から 3 年以内を目処に黒字に転換する内容とすることにし、その再生計画の最終年度（債務超過を解消する年度）には有利子負債の対キャッシュフロー比率が概ね 10 倍以内になる内容とするように立てられることが、基本とされている[68]。

　他方、徴収法の換価の猶予の規定では猶予される期間は原則 1 年間、やむを得ない場合でもプラス 1 年間となり、合計で最長 2 年間が猶予期間となる。平成 27 年に公表された納税猶予の取扱要領によれば、徴収法 151 条の 2 第 1 項 1 号による換価の猶予を行った後、2 号の要件に該当する場合には、同号による換価の猶予をすることができるとされている[69]。それぞれを別に適用できたとすると最長 4 年換価の猶予が可能となる。しかしながら、毎年換価の猶予の可否について当局との交渉が必要となり、新たな滞納が発生しないことが前提となる。これでは企業経営者は不安定な状況で経営再建に取り組まねばならず、企業再建を阻害する可能性がある。合理的な再建計画や第三者（金融機関）が承認した再建計画があることを前提に、換価の猶予可能期間を原則 5 年程度まで伸ばし再建計画と合致させるような運用や、分納制度について換価の猶予や担保提供を前提としない制度として、再建計画とリンクさせて納税計画を立てられるような制度設計を行うことは考えられないだろうか。

　経営者保証ガイドラインは政府主導で作成され、金融庁を通じて民間金融機関へ運用が促されている。対価のある私債権について経済活性化を名目として上記のような柔軟な対応を求めるのであれば、対価性のない租税債権についても従来とは異なる目線の運用を行い、国として範を示すべきである。

67　経営者保証ガイドライン研究会・前掲注(59) 12 頁。
68　中小企業庁「中小企業再生支援協議会地形実施基本要領（改訂版）」2018 年 9 月 25 日 10 頁参照。
69　国税庁徴収課・前掲注(30) 31 頁。

191

第2節　権利救済

1 執行停止の請求

　行政事件訴訟法 25 条は、処分の執行停止について「処分の取消しの訴えの提起は、処分の効力、処分の執行又は手続の続行を妨げない。」と規定する。

　この規定によると、取消訴訟が提起されても、当該行政処分の執行が継続する執行不停止が原則とされている。しかし、この執行不停止原則のもとでは、取消訴訟に勝訴しても処分の継続により損害が発生し、実効的な権利救済が図られない可能性がある。そこで、同法では例外的に、処分により生ずる重大な損害を避けるため緊急の必要があるなど一定の要件を満たす場合に、当該処分の執行停止が認められている。

　近年、取消訴訟係属中の課税処分等に係る差押財産の公売について、その執行により受ける損害が「重大な損害」に当たるとする執行停止の申立てが提起され、裁判所が公売処分の執行停止を命じる事例が発生している[1]。

　滞納処分に関する重大な損害の認定は、滞納処分の行政目的と申立人の損害を比較衡量し、行政目的を一時的に犠牲にしても救済する必要性の有無で判断する。

　滞納処分の行政目的は、「国民の納税義務の適正な実現を通じて国税収入を確保すること」とされており一般的な理解となっている。一方、滞納処分の内容および性質については、「高度の公益性を有する」ものの、差押えにより国税債権を確保している場合、処分を急ぐ必要性は高くないとされている。

　申立人の損害は、財産的損害（事後的な金銭賠償による救済が可能な損害）とされ、原則として執行停止の対象とならないが、その損害の程度が著しく大きい場合（申立人の資産・事業規模等と相対的に比較）は、重大な損害が認定されやすくなる。

　重大な損害の判定として、滞納処分に関する裁判例では、行政目的と申立人の損害を比較衡量し、申立人の損害に「事後的な金銭賠償だけでは償いきれな

1　岩淵浩之「滞納処分における執行停止に関する諸問題」税大論叢 80 号 13 頁（2015 年）。

い損害」が認められる場合に重大な損害の発生（救済の必要性）を認定している[2]。

認容決定がなされた損害等としては、自宅を失う損害、生活困難、事業継続困難、生命・身体に対する損害があげられる[3]。しかし、申立てを却下・棄却した件数の方が多く、「重大な損害等を避けるため緊急の必要性があると認められないもの」を理由とするものが圧倒的に多い[4]。

自宅として使用する居住用不動産の公売について処分により生ずる重大な損害が認定され、申立てが認容された裁判例としては、相当長期間居住する自宅から転居を余儀なくされ本案勝訴により公売処分が取り消されても公売により売却された自宅の登記名義の回復が法律上不可能になる場合がある例や、長年自宅として使用し強い愛着のある自宅から転居を余儀なくされる例がある。

損害を否定した裁判例としては、居住用財産について申立人が居住していない（申立人が経営する会社の従業員とその家族が居住している）例や、居住用財産が申立人の生活の本拠ではない例がある[5]。

以上の裁判例からすると、自宅として使用する居住用不動産の公売の事例では、自宅というもの自体に非代替的な独自の利益を認めており、重大な損害が認定される可能性が高いとみることができる[6]。

ただし、自宅以外の不動産では、次のような例がある。大阪地決平24・3・5（税資徴収関係判決順号24-13）では、本件土地建物は、現在も申立人の主たる事務所（本社事務所）として使用されており、本物件を公売により落札されることとなれば取引先と信用を失うこととなって、その事業の再開が不可能となる旨を申立人が主張したが、裁判所は、事務所の移転は滞納処分の続行を原因とする場合に限らず生じうるものであって、それ自体が申立人の取引先に対する信用を低下させるものとはいい難いとして損害を否認している。仕事の続行が難しくなることは重大な損害ではないだろうか。

執行停止が容認されるためにはいくつかの要件を満たす必要があり、そのな

2　岩淵・前掲注(1) 5頁。
3　岩淵・前掲注(1) 6頁。
4　岩淵・前掲注(1) 77頁。
5　岩淵・前掲注(1) 87頁。
6　岩淵・前掲注(1) 87頁。

第3章　滞納処分

かで最も重要とされるのは、「重大な損害を避けるため緊急の必要があること」という損害に関する要件である[7]。

この「重大な損害」がどの程度の損害をいうのかは判断が難しい。

② 納付徴収処分における義務付け訴訟

行政事件訴訟法3条6項は、義務付け訴訟の定義について次のように規定する。

「この法律において「義務付けの訴え」とは、次に掲げる場合において、行政庁がその処分又は裁決をすべき旨を命ずることを求める訴訟をいう。

一　行政庁が一定の処分をすべきであるにかかわらずこれがされないとき（次号に掲げる場合を除く。）。

二　行政庁に対し一定の処分又は裁決を求める旨の法令に基づく申請又は審査請求がされた場合において、当該行政庁がその処分又は裁決をすべきであるにかかわらずこれがされないとき。」

行政事件訴訟法37条の2は、義務付けの訴えの要件等について次のように規定する。

「第3条第6項第1号に掲げる場合において、義務付けの訴えは、一定の処分がされないことにより重大な損害を生ずるおそれがあり、かつ、その損害を避けるため他に適当な方法がないときに限り、提起することができる。

2　裁判所は、前項に規定する重大な損害を生ずるか否かを判断するに当たつては、損害の回復の困難の程度を考慮するものとし、損害の性質及び程度並びに処分の内容及び性質をも勘案するものとする。

3　第1項の義務付けの訴えは、行政庁が一定の処分をすべき旨を命ずることを求めるにつき法律上の利益を有する者に限り、提起することができる。」

平成16年に行政事件訴訟法が改正され、従来は、無名訴訟（法定外抗告訴訟）とされていた義務付け訴訟、差止訴訟等が、抗告訴訟の類型として明文化された[8]。これらのうち、義務付け訴訟は申請型義務付け訴訟と非申請型義務付け

7　岩渕・前掲注(1) 136頁。
8　白木康晴「徴収関係処分と義務付け訴訟等に関する一考察」税大ジャーナル23号92頁（2014年）。

194

第 2 節　権利救済／[2] 納付徴収処分における義務付け訴訟

訴訟に区別され、それぞれの類型に応じて訴訟要件が定められている。そのうち非申請型義務付け訴訟の要件は、①一定の処分がされないことにより重大な損害を生ずるおそれがあること（行訴法 37 条の 2 第 1 項）、②その損害を避けるため他に適当な方法がないこと（同項）、③行政庁が一定の処分をすべき旨を命ずることを求めるにつき法律上の利益を有する者が提起すること（同条 3 項）、とされている[9]。

　こうした義務付け訴訟が行政事件訴訟法にまだ明文規定が定められていなかった時代から、税務訴訟におけるもっとも一般的な取消訴訟で争われた問題の一つに延滞税の賦課の問題がある。例えば、納税者の所得税確定申告に対し課税庁がその誤りの指摘を怠ったため納税者が過少申告加算税および延滞税を納付することになったことを争った事案において、大阪地判平 9・11・25（税資 229 号 752 頁）は次のように判示し訴えを却下した。「延滞税の納税義務は、国税通則法 60 条 1 項所定の要件を充足することによって法律上当然に成立し、同条 2 項、同法 61 条等により納付すべき税額が確定するものであり（同法 15 条 3 項 8 号）、その後になされる延滞税のお知らせは、既に成立確定した延滞税とその税額を知らせるものにすぎないものと解される。」したがって、「本件訴えのうち、延滞税を賦課する旨の決定であるとして本件各通知の取消しを求める部分は、国民の権利義務に具体的影響のない、すなわち処分性のない単なる事実行為を対象とするものであって不適法であ〔る〕」とした。

　この判決のように延滞税の通知には「処分性」がないとする同様の判決はその後においても下された（例えば、津地判平 20・7・31 税資 258 号順号 11000、松江地判平 25・3・18 税資 263 号順号 12170 等）。

　延滞税をめぐっては、さらに、国税局長が延滞税免除通知書において、原告の相続税に対する高額の延滞税の免除をしない、とする部分の取消し等を争った事案として、東京地判平 15・2・26（税資 253 号順号 9291）がある。同判決は、国税通則法 63 条 5 項の延滞税の減免規定は「延滞税の免除をする場合に、免除処分という行政処分をすることを定めているのみであって、免除しない場合に何らかの処分をすべき旨は何ら定めていないのであるから、免除しない場合に不免除処分という行政処分をすることは予定していないものと解さざるを得

9　白木・前掲注(8) 93 頁。

195

第3章　滞納処分

ない」として、本件取消訴訟を却下した。

　このようななかで、延滞税免除について、行政事件訴訟法改正前ではあるが、それをはじめて義務付け訴訟として争った事案に、名古屋地判平15・4・18（税資253号順号9328）がある。しかし、同地域は「延滞税の免除については、被告の裁量判断が認められているのであるから、義務付け訴訟が許容されるための要件である行政庁が一定の行為をなすべきことが法律上羈束されている場合には当たらないことは明らかである」として、当該義務付け訴訟を却下した[10]。この判断は控訴審である名古屋高判平15・7・17（税資253号順号9398）でも維持されている[11]。

　この判決の直後の平成16年に行政事件訴訟法が改正されたが、この改正法のもとで延滞税の免除を義務付け訴訟で争った事案はまだ見当たらない[12]。

　しかし、行政事件訴訟法平成16年改正は、義務付け訴訟の活用可能性に大きな影響をもたらしたものと考えられる。それは、改正前は訴訟要件の一つとされてきた「一義的明白性の要件」が本案勝訴要件として位置づけられたことである。改正前の義務付け訴訟は、①一義的明白性、②緊急性、③補充性の3要件をいずれも訴訟要件としていたが、改正後の行政事件訴訟法では、上記②と③に相当する要件は訴訟要件として規定され、上記①に相当する要件は本案勝訴要件として規定された[13]。

　このように行政事件訴訟法改正前では、義務付け訴訟は、延滞税の免除規定に税務署長等の裁量の余地があるという理由だけで却下されたわけであるが、改正後においては「一義的明白性の要件」が訴訟要件でなく本案勝訴要件として規定されたことで、裁量規定のみを理由に裁判所も門前払いできなくなったのである[14]。

　以上より、平成16年改正後では、事案によっては納付徴収処分等における義務付け訴訟の可能性があると解する余地が出てきた。

10　中池達也「延滞税を巡る訴え却下判決の検討―抗告訴訟の活用可能性の観点から」青山ビジネスロー・レビュー6巻2号18頁（2017年）。

11　中池・前掲注(10) 17頁。

12　中池・前掲注(10) 20頁。

13　中池・前掲注(10) 22頁。

14　中池・前掲注(10) 28頁。

196

第2節　権利救済／③ 不服申立ての期間制限等の特例

③ 不服申立ての期間制限等の特例

1　特例の概要

　租税行政庁の処分に違法があった場合に、この処分によって侵害された納税者の権利の救済として不服申立ての方法が用意されている。不服申立てには一定の申立期間（除斥期間）の定めがあり、この除斥期間を過ぎてしまうと不服申立てはできなくなる。そればかりでなく、このような違法な税法上の処分をさらに税務訴訟において一般的な取消訴訟で争うことも、租税不服申立前置主義（通115条）によってできなくなってしまう。

　このような不服申立期間は、不服申立人の権利の救済と行政処分の効果ないし行政上の法律関係を早期に安定せしめることとの二つの要請の調和を図る趣旨によるもの[15]、とされている。

　この不服申立ての期間制限については、その原則が通則法77条に以下のとおり規定されている。

　　①「第一審としての審査請求（始審的審査請求）」の場合　　処分のあったことを知った日（処分に係る通知を受けた場合には、その受けた日）の翌日から起算して3か月以内

　　②「第二審としての審査請求（二審的審査請求）」の場合　　再調査決定書の謄本の送達があった日の翌日から起算して1か月以内

　　③ ①、②以外の場合　　処分があった日の翌日から起算して1年以内。ただし、①～③とも正当な理由があるときはこの限りでない。

　以上の不服申立ての期間制限の原則にかかわらず、滞納処分に関しては、以下のように徴収法171条が不服申立期間の「特例」として、滞納処分の態様ごとに不服申立ての期限の「特例」を規定している。

　「滞納処分について次の各号に掲げる処分に関し欠陥があること（第1号に掲げる処分については、これに関する通知が到達しないことを含む。）を理由としてする不服申立て（国税通則法第11条（災害等による期限の延長）又は第77条（不服申立期間）の規定により不服申立てをすることができる期間を経過したもの及び同法第75条第3項又は第4項（国税に関する処分についての不服申立て）の規定

15　黒坂昭一『Q&A 国税に関する不服申立制度の実務〔二訂版〕』164頁（大蔵財務協会、2015年）。

197

第3章　滞納処分

による審査請求を除く。）は、これらの規定にかかわらず、当該各号に定める期限まででなければ、することができない。

　　一　督促　差押えに係る通知を受けた日（その通知がないときは、その差押えがあつたことを知つた日）から3月を経過した日
　　二　不動産等についての差押え　その公売期日等
　　三　不動産等についての第95条（公売公告）の公告（第109条第4項（随意契約による売却）において準用する第96条（公売の通知）の通知を含む。）から売却決定までの処分　換価財産の買受代金の納付の期限
　　四　換価代金等の配当　換価代金等の交付期日」

　この徴収法の規定は、上記の通則法77条による一般的な不服申立ての期限と徴収法上の期限の特例とを比較して先に到来する方が、この場合の不服申立ての期限となるとしている（徴171条1項）。本条の期限の特例をまとめると、次のとおりである。

　　①督促　　差押えに係る通知を受けた日（その通知がないときは、その差押えがあったことを知った日）から3月を経過した日
　　②不動産等についての差押え　　この公売期日等
　　③不動産等についての公売公告から売却決定までの処分　　換価財産の買受代金の納付の期限
　　④換価代金等の配当　　換価代金等の交付期日

2　裁判例

　このように、滞納処分に関しては特例的な扱いが定められているのはなぜなのだろうか。最判平8・9・17（LEX/DB28022408：控訴審東京高判平7・3・7 LEX/DB22007752、第一審東京地判平6・2・28行集45巻1=2号226頁）において、特例の趣旨が示されているので確認する。

【事実の概要】

　　処分庁が公売財産である土地の見積価額を決定するにあたり、当該土地が現況鉱泉地であるにもかかわらず雑種地と評価したことにより見積価額は著しく低いもので違法である、見積価額の決定が違法である場合はそれに基づく公売通知、最高価申込者の決定および配当も違法であるとして、滞納者が公売通知および最高価格申込者の決定の取消し、ならびに

198

図表3-12　滞納処分の流れ

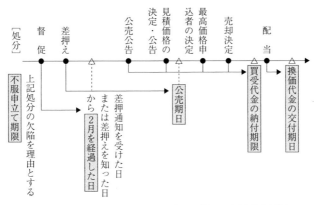

出典：中山裕嗣『租税徴収処分と不服申立ての実務（二訂版）』82頁（大蔵財務協会、2015年）。

に売却決定および換価代金等の配当の取消しを求めた事案である。

　なお、この訴えに先立った不服申立ては、換価代金の配当後になされているため、徴収法171条の期限である「買受代金納付期限」を過ぎており、不服申立前置（通115条）に反しているが、滞納者は不動産の「売却決定」と「買受代金納付期限」が同じ日となったことを理由に、憲法32条の裁判を受ける権利を侵害する不合理な規定であり違憲であると主張している。

〔滞納処分の経緯〕

平成3年8月15日　差押え
平成3年8月20日　見積価格の決定・公告
平成3年9月10日　公売通知および最高価格申込者決定（公売期日）
平成5年3月9日　売却決定および買受代金納付期限の通知
平成5年3月16日　午前10時　売却決定
平成5年3月16日　午後3時　買受代金納付期限
平成5年3月19日　配当

〔滞納者の不服申立の経緯〕

平成4年2月28日　公売通知および最高価格申込者決定への異議申立て（却下）
平成5年2月24日　公売通知および最高価格申込者決定への審査請求（却下）
平成5年3月25日　審査請求

第3章 滞納処分

　本件における主な争点は、①売却決定に対する不服申立てが「売却決定」の日にしかできないこととなる徴収法 171 条は、国民の裁判を受ける権利を侵害する不合理な規定か、②見積価額決定の違法は「最高価格申込者の決定」または「配当」に承継されるか、である。

【判　　旨】

　争点の①については、以下の理由をあげて徴収法 171 条が違憲であるという滞納者の主張を退けた。

(1) 不服申立ての期限を制限する特例を定めた趣旨は、滞納処分手続の安定を図り、かつ、換価手続により権利を取得しまたは利益を受けた者の権利利益を保護しようとすることにある。

(2) 売却決定に対する不服申立てが事実上不可能といえない。最高価申込者の決定により購入者と購入価格が実質的に決まるので、売却決定でなく最高価申込者の決定に不服申立てを行えば実質的な問題はない。

　争点の②についても、以下の理由をあげて見積価額決定の違法が、「最高価申込者の決定」または「配当」に承継され、これらも違法であるとの滞納者の主張を退けている。

(ア) 先行する見積価額の決定の違法は、後行する配当に承継すると解する余地がないでもないが、徴収法 171 条の趣旨は、各手続に対して不服申立てをなしうる期限をさらに制限することにより、滞納処分の安定を図り買受人の権利、利益を保護しようとするものであると解する。

(イ) 徴収法 171 条 2 項が通則法 115 条 3 項（訴えの提起の特例）の規定による訴えの提起について、徴収法 171 条 2 項を準用することにより滞納処分の安定を図ろうとしている趣旨をもあわせ考慮すれば、仮に違法の承継を肯定するとしても、徴収法 171 条の不服申立期限を徒過した場合には、訴訟段階においてももはや各行為についての違法を主張することができないことになると解すべきである。

【解　　説】

　徴収法 171 条の不服申立ての期間制限等の特例は、滞納者の権利利益の保護や理論的な整合性よりも、買受人の権利利益を保護し滞納処分の安定を優先する規定となっていることに留意する。

　見積価額が不当に低すぎる場合に、徴収法 171 条の期限を過ぎたことをもっ

第2節　権利救済／4 第二次納税義務者の権利救済

て一律に見積価額の違法を滞納者が主張できないのは、過度に滞納処分の安定を優先しているようにも思われる。例えば、見積価額が明らかに不当に低すぎる場合は、配当が行われる前であれば、滞納処分の安定と比較しても滞納者の権利利益が優先すべきケースもありうるのではないだろうか。

4 第二次納税義務者の権利救済

　ここでは、第二次納税義務者の権利救済の問題につき取り上げる。第二次納税義務は、本来の納税義務者に対して滞納処分を執行してもなお徴収すべき額に不足すると認められる場合に、第三者に対して補充的に課される納税義務である。

　例えば、課税庁から本来の納税義務者に対して課税処分がされ、その課税処分が適法でないにもかかわらず本来の納税義務者がその課税処分を争わないとすると、その不利益を第二次納税義務者が被ることになる。

　それゆえ、第二次納税義務者は、本来の納税義務者に対する課税処分に瑕疵がある場合に、その瑕疵を理由として主たる課税処分の取消しを求めることができるかが問題となる。この問題の重要な要素として違法性の承継の問題があげられる。

　そこで、まず、滞納処分における違法性の承継について触れ、そのうえで第二次納税義務に係る違法性の承継の問題に触れてみたい。

1　違法性の承継

　一般に違法性の承継とは、先行の処分が違法であった場合に、その違法性が後行の処分に承継されることをいう。

　例えば、先行の処分に違法があり後行の処分にこの違法性が承継されると、後行の処分に何らの違法がなくても、その先行の処分の違法を理由として後行の処分もまた違法であるということになる。

(1) 滞納処分を組成する各行政処分における違法性の承継

　滞納処分を組成する財産の差押え、換価、配当等の各処分はそれぞれ独立した行政処分である。したがって、財産の差押え、換価、配当等の各処分は独立

201

第3章　滞納処分

して不服申立てまたは訴訟の対象となる。

　これら財産の差押えにはじまる一連の行政処分からなる手続である滞納処分（交付要求を含まない狭義の滞納処分）を組成する各行政処分それぞれについての違法性は承継されるだろうか。

　これら滞納処分を組成する各行政処分は、租税債権の強制的実現という同一の目的を達成するために段階的に行われる一連の処分行為であるから、先行行為の違法性は後行行為に承継されると解されている[16]。また、督促についても滞納処分の前提条件であることから、その違法性は滞納処分に承継されると解されている[17]。

　ただし、徴収法171条1項は、滞納処分について督促、差押え等の処分に関し欠陥があることを理由としてする不服申立ては、一定の期限まででなければすることができないものと規定する。同条同項がこのように滞納処分を組成する処分の違法性は一定の期間内に限って争うことができるとしている理由は、滞納処分手続の安定を図るためとされる（地19条の4も同旨）。それゆえ、その期間の経過後においては、先行行為の違法性を理由として後行行為の取消しを求めることは許されないと解される[18]。

(2) 課税処分と滞納処分における違法性の承継

　それでは、「課税処分」の違法性は「滞納処分」に承継されるであろうか。「課税処分」は、租税債権を確定させることを目的とする「確定処分」であるのに対し、「滞納処分」は、租税債権の強制的実現を目的とする「徴収処分」である。

　滞納処分を組成する各行政処分は、租税債権の強制的実現という同一の目的を達成するための一連の処分行為であるのに対して、「課税処分」と「滞納処分」はそれぞれ異なる法的効果を目的とする処分である。このように、同一の目的ではなく、異なる法的効果を目的とする処分であるという観点から、「確定処分」の違法性は「徴収処分」には承継されず、「課税処分」の違法性は「滞納処分」に承継されないと解されている[19]。すなわち、租税確定手続であ

16　金子・租税法1015頁。
17　金子・租税法1015頁。
18　金子・租税法1015頁。

第2節　権利救済／4　第二次納税義務者の権利救済

る「課税処分」の違法性は、租税徴収手続である「滞納処分」には承継されないとされているのである。

したがって、一般に確定した「課税処分」に存する瑕疵を理由として「滞納処分」の取消しを求めることはできないと解されている[20]。

(3) 第二次納税義務者の違法性の承継

以上のとおり、租税確定手続である「課税処分」の違法性は、「滞納処分」には承継されないが、これは、課税処分を受けた者と「滞納処分」を受けた者が同一の者であることを前提とするものである。

では、「課税処分」を受けた者と「滞納処分」を受けた者が異なる者である場合はどうであろうか。徴収法2条1項7号所定の第二次納税義務者がこれに該当する。この点については、次に検討する。

2　第二次納税義務者への主たる課税処分の違法性の承継

(1) 問題の所在

第二次納税義務制度は、第二次納税義務が本来の納税義務者に対して滞納処分を執行してもなお徴収すべき額に不足すると認められる場合に、第三者に対して補充的に課される納税義務である。本来の納税義務者の納税義務が課税処分により生じた場合において、この本来の納税義務者に対する課税処分（本節では「主たる課税処分」という）に瑕疵があるとき、徴収法32条所定の納付告知処分を受けた第二次納税義務者は、その納付告知処分の構成要件とされる当該主たる課税処分の瑕疵について、不服申立てをすることができるかという問題がある。

徴収法32条1項は「税務署長は、納税者の国税を第二次納税義務者から徴収しようとするときは、その者に対し、政令で定めるところにより、徴収しようとする金額、納付の期限その他必要な事項を記載した納付通知書により告知しなければならない。この場合においては、その者の住所又は居所の所在地を所轄する税務署長に対しその旨を通知しなければならない。」と規定する。

従来から第二次納税義務者は、主たる課税処分に瑕疵がある場合に、その瑕

19　金子・租税法908頁。
20　金子・租税法908頁。

203

第3章　滞納処分

疵を理由として主たる課税処分の取消しを求めることができるかが問題とされてきた[21]。例えば、主たる課税処分が適法でないにもかかわらず本来の納税義務者がその課税処分を争わないとすれば、その不利益を第二次納税義務者が被ることになるからである[22]。

主たる課税処分が無効または不存在である場合には、その無効等を理由に納付告知処分の取消しを求めることができることには異論はない。問題は、主たる課税処分が取消原因たる違法性をもつにすぎない場合に、それを理由として不服申立てできるかどうかである[23]。

従来多くの学説および裁判例は、現行租税制度を前提として消極的に解してきた[24]。つまり、第二次納税義務の納付告知は、主たる納税義務が申告または課税処分により具体的に確定していることと、その確定税額の徴収が不能となることを要件として行われるものであり、確定した主たる納税義務の内容が実体上の抽象的納税義務と一致していることは納税告知の要件ではないから、その不一致は納付告知の瑕疵となるものではないとし、また、主たる課税処分に公定力が生じていることからいっても、納付告知の取消訴訟で主たる納税義務の瑕疵を争うことはできないというものである[25]。

そこで、次に第二次納税義務者が主たる課税処分の違法を争った事案に係る最高裁判決を中心に概観してみる。

(2) 最高裁判決

(i) 最判昭 50・8・27

最判昭 50・8・27（民集 29 巻 7 号 1226 頁、以下「最高裁昭和 50 年判決」という）は、第二次納税義務者は、主たる課税処分に瑕疵がある場合に、その瑕疵

21　金子・租税法 171 頁。
22　三木義一「第二次納税義務」『租税判例百選（第 6 版）』別冊ジュリスト 228 号 50 頁（2016 年）。
23　金子・租税法 171 頁。
24　佐藤繁「第二次納税義務の納付告知の取消訴訟において本来の納税義務者の納税義務を争うことの可否」『最高裁判所判例解説民事篇（昭和 50 年度）』406 頁、410 頁注 3（1979 年）。
25　佐藤・前掲注(24) 406 頁、410 頁注 3。第二次納税義務者がその納付告知の取消訴訟において主たる課税処分の瑕疵を争えるかどうかについての学説の分類については、川神裕「国税徴収法 39 条所定の第二次納税義務者が本来の納税義務者に対する課税処分につき国税通則法 75 条に基づく不服申立てをすることの可否」『最高裁判所判例解説民事篇（平成 18 年度上）』82 ～ 85 頁（2009 年）を参照。また、第二次納税義務者が主たる納税義務の瑕疵を直接に争えるかどうかについての学説の分類は、川神・前掲 85 ～ 89 頁を参照。

204

第2節　権利救済／4　第二次納税義務者の権利救済

を理由として主たる課税処分の取消しを求めることができるのかどうかについて消極説に立つ。

【事実の概要】

　訴外同族会社甲（甲の代表取締役は原告X）は、法人事業税等に滞納があったが解散し清算手続中で無資産であり滞納額の徴収が不能のため、被告Yは、甲の重要な営業財産を無償または低額で貸与していた同族株主である原告Xが地方税法11条の6所定の第二次納税義務者に当たるとして第二次納税義務の納付告知処分をした。XはYの甲に対する更正処分の内容に瑕疵があるとして、当該更正処分を前提とする第二次納税義務の納付告知処分が違法であるとしてその取消しを求めた。本件の第一審（岡山地判昭42・3・29民集29巻7号1232頁）および第二審（広島高判昭48・10・15民集29巻7号1242頁）においても、Xの主張は退けられている。

【判　　旨】

　「第二次納税義務は、主たる納税義務が申告又は決定もしくは更正等（以下「主たる課税処分等」という。）により具体的に確定したことを前提として、その確定した税額につき本来の納税義務者の財産に対して滞納処分を執行してもなお徴収すべき額に不足すると認められる場合に、租税徴収の確保を図るため、本来の納税義務者と同一の納税上の責任を負わせても公平を失しないような特別の関係にある第三者に対して補充的に課される義務であって、その納付告知は、形式的には独立の課税処分ではあるけれども、実質的には、右第三者を本来の納税義務者に準ずるものとみてこれに主たる納税義務についての履行責任を負わせるものにほかならない。この意味において、第二次納税義務の納付告知は、主たる課税処分等により確定した主たる納税義務の徴収手続上の一処分としての性格を有し、右納付告知を受けた第二次納税義務者は、あたかも主たる納税義務について徴収処分を受けた本来の納税義務者と同様の立場に立つに至るものというべきである。したがって、主たる課税処分等が不存在又は無効でないかぎり、主たる納税義務の確定手続における所得誤認等の瑕疵は第二次納税義務の納付告知の効力に影響を及ぼすものではなく、第二次納税義務者は、右納付告知の取消訴訟において、右の確定した主たる納税義務の存否又は数額を争うことはできないと解するのが相当である。」

（ⅱ）大阪高判平元・2・22および最判平3・1・17

　大阪高判平元・2・22（行集40巻1=2号111頁、以下「大阪高裁平成元年判決」

205

第 3 章　滞納処分

という）は徴収法 34 条所定の第二次納税義務者について不服申立てを認め、
その上告審である最判平 3・1・17（税資 182 号 8 頁、以下「最高裁平成 3 年判決」
という）もこれを維持した。

【事実の概要】

　　訴外会社 A 社は、昭和 58 年 5 月 31 日に株主総会で解散決議をし、同年 7 月 27 日に解
散のあった事業年度（昭和 57 年 4 月 1 日〜58 年 5 月 31 日、以下「本件事業年度」とい
う）の法人税確定申告をした。その後 A 社は清算手続に入り、訴外株主に残余財産を分配
し、昭和 59 年 6 月 21 日清算結了の登記をした。Y（税務署長、被控訴人）は、昭和 59
年 6 月 30 日付で、本件事業年度の法人税につき更正処分等（以下「本件課税処分」とい
う）をした。また、X（A 社の清算人、控訴人）は、A 社に対する本件課税処分の結果、
徴収法 34 条により本件課税処分の後続処分としての第二次納税義務の納付告知処分を受
けた。そこで第二次納税義務者である X がその納付告知処分の基礎となる本件課税処分の
無効確認（主位的請求）および本件課税処分の取消し（予備的請求）を求めた。

【判　　旨】

　　「第二次納税義務の納付告知は、主たる納税義務の徴収手続上の一処分としての
性格を有し、右納付告知を受けた第二次納税義務者は、あたかも主たる納税義務
について徴収処分を受けた本来の納税義務者と同様の立場にあるものというべき
こと、したがつて、主たる課税処分等が不存在又は無効でないかぎり、主たる納
税義務の確定手続における所得誤認等の瑕疵は、第二次納税義務の納付告知の効
力に影響を及ぼすものではなく、第二次納税義務者は、右納付告知の取消訴訟に
おいては、右の確定した主たる納税義務の存否又は数額を争うことができない（違
法性の承継の否定）ものといわなければならないこと、そして、右説示のとおり
の主たる課税処分等と第二次納税義務の告知処分との関係及びその間に違法性の
承継が認められないことなどに照らすと、第二次納税義務者は、主たる課税処分
等そのものの取消を求めるについて、前記説示にかかる法律上の利益を有する者
にあたるものというべく、したがつて、第二次納税義務者の救済のために、主た
る課税処分等そのものに対して第二次納税義務者が取消訴訟を提起することがで
きるものと解するのが相当であり、…さらに、第二次納税義務者が右取消訴訟を
提起する場合の不服申立ないし出訴期間の起算点については、主たる課税処分に
対する時機に遅れた取消訴訟の提起を許すことが、徴税の安定と能率を害するお
それがあることを考慮すると、主たる課税処分が主たる納税義務者に告知された

第 2 節　権利救済／④ 第二次納税義務者の権利救済

時をもつて基準とするのが相当であ〔る〕」

(iii) 最判平 18・1・19

　最判平 18・1・19（民集 60 巻 1 号 65 頁、以下「最高裁平成 18 年判決」という）も、徴収法 39 条所定の第二次納税義務者が主たる課税処分の違法について、通則法 75 条に基づく不服申立てをすることができるとした。

【事実の概要】

　訴外 A 社から同社の保有する株式の譲渡を受けた上告人 X が、同社に対する法人税の決定等（以下「本件課税処分」という）に基づく同社の滞納国税につき、徴収法 39 条に基づく第二次納税義務の納付告知を受けたため、告知後 2 か月以内に本件課税処分に対する異議申立てをしたところ、通則法 77 条 1 項所定の不服申立期間を経過した後にされた申立てであることを理由に異議申立て却下の決定を受け、審査請求も却下する裁決を受けたため、本件裁決の取消しを求めている事案である。第一審判決では X の主張が受け入れられたが、第二審判決では国側 Y の勝訴となった。最高裁で再び X の主張が受け入れられた[26]。

26　第一審（東京地判平 16・1・22 民集 60 巻 1 号 90 頁）は、第二次納税義務者は、本来の納税義務者に対する課税処分（以下「主たる課税処分」という）の取消しを求めるにつき法律上の利益を有し、その適否を争う地位を認められるべきものであるところ、第二次納税義務者が主たる課税処分に対して不服申立てをする場合の不服申立期間の起算日は、主たる課税処分が本来の納税義務者に告知された日の翌日ではなく、第二次納税義務者に納付告知がされ第二次納税義務が発生した日の翌日と解すべきであるなどとして、上記事実関係のもとにおいて、本件異議申立ては不服申立期間内にされた適法なものであると判断し、上告人の請求を認容して、本件裁決を取り消した。

　これに対し、第二審（東京高判平 16・6・15 民集 60 巻 1 号 101 頁）は、第二次納税義務者は、以下の理由により、本来の納税義務者の納税義務（以下「主たる納税義務」という）の存否または数額を争って主たる課税処分に対する不服を申し立てる適格を有しないとして、本件裁決に違法はないと判断し、上告人の請求を棄却すべきものとした。

（1）第二次納税義務制度は、本来の納税義務者との間に実質的な一体性を肯定しても公平に反しないような利害共通の関係がある第三者に補充的に納税義務を負担させるものであり、権利救済の面においても、主たる納税義務を争う第二次納税義務者の訴権は、本来の納税義務者によっていわば代行行使されるものとみて、主たる納税義務の徴収手続上の一処分としての性格を有する第二次納税義務の納付告知により、第二次納税義務者に対し、本来の納税義務者との間で確定した主たる納税義務の存否および数額を所与のものとしてその履行責任を負担させるというものである。

（2）そうであるとすれば、納付告知を受けた第二次納税義務者は、あたかも主たる納税義務について徴収処分を受けた納税義務者と同一の立場に立つものであるということができ、本来の納税義務者とは別に、主たる課税処分について不服を申し立てまたは訴えを提起する固有の利益は有しないものと解するのが相当である。

207

第 3 章　滞納処分

【判　旨】

　「同条〔筆者注：徴収法 39 条〕に定める第二次納税義務は、(……本来の納税義務者に対して滞納処分を執行してもなお徴収すべき額に不足すると認められる場合に、……) 第三者に対して補充的に課される納税義務であって」、「第二次納税義務者は、主たる課税処分により自己の権利若しくは法律上保護された利益を侵害され又は必然的に侵害されるおそれがあり、その取消しによってこれを回復すべき法律上の利益を有する」から、「主たる課税処分につき国税通則法 75 条に基づく不服申立てをすることができるものと解するのが相当である。」

　「確かに、一般的、抽象的にいえば、国税徴収法上第二次納税義務者として予定されるのは、本来の納税義務者と同一の納税上の責任を負わせても公平を失しないような特別な関係にある者であるということができるが、その関係には種々の態様があるのであるし、納付告知によって自ら独立した納税義務を負うことになる第二次納税義務者の人的独立性を、すべての場面において完全に否定し去ることは相当ではない。特に、本件で問題となっている国税徴収法 39 条所定の第二次納税義務者は、本来の納税義務者から無償又は著しく低い額の対価による財産譲渡等を受けたという取引相手にとどまり、常に本来の納税義務者と一体性又は親近性のある関係にあるということはできないのであって、譲渡等による利益を受けていることをもって、当然に、本来の納税義務者との一体性を肯定して両者を同一に取り扱うことが合理的であるということはできない。また、第二次納税義務が成立する場合の本来の納税義務者は、滞納者であるから、自己に対する主たる課税処分に瑕疵があり、これに不服があるとしても、必ずしも時間や費用の負担をしてまで主たる課税処分に対する不服申立て等の争訟に及ぶとは限らないのであり、本来の納税義務者によって第二次納税義務者の訴権が十分に代理されているとみることは困難である。」

(3) 各判決の争訟方法と納税者の権利救済

(i) 争訟方法

　そもそも、第二次納税義務者が主たる課税処分の瑕疵を争う方法として次の二つがある。

　①自らの第二次納税義務に関する「納税告知処分」の取消訴訟において、間接的に主たる課税処分の瑕疵を争う方法

　②第二次納税義務者が、主たる課税処分の取消訴訟を、直接提起して争う方

法

最高裁昭和50年判決においては、①の方法によることができるかどうかについて争われた。②の方法の可否が争点となったのが、最高裁平成18年判決および大阪高裁平成元年判決である。

(ⅱ) 裁判例にみる争訟方法

大阪高裁平成元年判決では、最高裁昭和50年判決を引用し、「主たる納税義務の確定手続における所得誤認等の瑕疵は、第二次納税義務の納付告知の効力に影響を及ぼすものではなく、第二次納税義務者は、右納付告知の取消訴訟においては、右の確定した主たる納税義務の存否又は数額を争うことができない（違法性の承継の否定）ものといわなければならない」として、①の方法により争うことができないものとした。そして同判決は、それゆえ、「主たる課税処分等と第二次納税義務の告知処分との関係及びその間に違法性の承継が認められないことなどに照らすと、第二次納税義務者は、主たる課税処分等そのものの取消を求めるについて、前記説示にかかる法律上の利益を有する者にあたるものというべく、したがつて、第二次納税義務者の救済のために、主たる課税処分等そのものに対して第二次納税義務者が取消訴訟を提起することができるものと解するのが相当」として、②の方法による争訟を認めた。この大阪高裁平成元年判決の判断は、その上告審である最高裁平成3年判決で維持されている。

これに対して、最高裁平成18年判決は、最高裁昭和50年判決にいう「違法性の承継」の問題には言及せず、第二次納税義務者の不服申立てを認め、第二次納税義務制度は、第二次納税義務者と本来の納税義務者との一体性を前提とした制度であるものの両者の関係はさまざまであるとし、特に徴収法39条所定の第二次納税義務者については、その訴権が本来の納税義務者に代理されない場合があることを明らかにした。そのうえで、本件の第二次納税義務者については不服申立てが認められ、その申立ての起算日は納付告知のあった日の翌日とされたのである。この判断は、実質的に第二次納税義務者がその納付告知処分の取消訴訟において主たる課税処分の瑕疵を争うことを認めたと考えられる。形式的には、①と②の争訟方法は異なるが、実質的に異なるのはその争訟提起の起算日であるからである。

第3章　滞納処分

　この点、首藤重幸教授は、違法性の承継を認めないとした最高裁昭和50年判決については、「公定力理論を機械的に前提としたものであるとの批判がなされていた。」とし、この批判に対して、最高裁平成18年判決は、「第二次納税義務者が主たる課税処分に対する不服申立てをすることができることを確認したうえで、その第二次納税義務者に対する納付告知（納付通知書の送達）のなされた翌日を不服申立期間の起算日とすることで、表面的には公定力の範囲を限定するという方法によらず、先行行為である主たる納税義務の違法性を後行処分である第二次納税義務の告知処分の不服申立て・取消訴訟で主張する権利を拡大した（この結論は、実質的には違法性の承継を認めるのと同様のものとなっているといえる）。」[27] と述べられている。

　また、藤曲武美氏は最高裁平成18年判決を前提とすれば、「第二次納税義務者は、不服申立期間の起算日を納付告知がされた日の翌日として、直接に主たる課税処分の瑕疵を争えることになるから、本来の納税者に対する更正・決定処分等に対しては、事実上納付告知処分の取消訴訟において主たる課税処分の瑕疵を争うのと同様の効果を得ることが可能になったといえる。したがって、事実上、昭和50年最高裁判決は形骸化してしまったといえ、見直されるべきものと考える。」[28] と述べられている。

(iii)　納税者の権利救済

　このように、最高裁平成18年判決により最高裁昭和50年判決は形骸化したという意見もあるが、先にみたように、最高裁平成18年判決は、②の争訟方法により提起された争訟についての判断であり、徴収法39条所定の第二次納税義務者についての判断であった。仮に最高裁平成18年判決の射程が徴収法39条所定の第二次納税義務者を含めそれ以外の第二次納税義務者まで広く及ぶものと考えても、その可否に争いがある場合には、最終的には司法の判断を待たなければならない。その意味で納税者にとって法的安定性や予測可能性が担保されているとはいえないと考えられる。

　また、第二次納税義務の納付告知によりはじめて自分に課された納税義務を

27　首藤重幸「税務訴訟にみる公定力理論の検証と克服」税務弘報59巻6号86頁（2011年）。

28　藤曲武美「第二次納税義務と訴えの利益」山本守之・守之会編『検証　納税者勝訴の判決［新版］』468頁（税務経理協会、2010年）。

第2節　権利救済／5　国への損害賠償請求

知ることとなる第二次納税義務者が、その納付告知の取消訴訟において本来の納税義務の瑕疵を、納付告知処分に固有の違法と同時に争うことができないのは納税者の権利救済の観点から適当ではないと考える。

　この点、金子宏教授は「最高裁判所の平成18年1月19日判決における、本来の納税義務者に対する確定処分に対して第二次納税義務者が不服申立てをする場合の申立期間の起算日は納付告知の日の翌日であるという判示を類推して、第二次納税義務者に、本来の処分に対する取消の訴えを認め、その出訴期間の起算日を納税告知の日の翌日であると解すれば、同じ救済が得られることになる。しかし、裁判制度の適正な運用と納税者の便宜の観点からは、本来の納税義務者に対する確定処分の違法と納付告知処分に固有の違法を同時に争い同時に解決しうることが適当であ〔る〕」[29] と主張されている。

　そのため、第二次納税義務者の争訟手続上の便宜を考慮すれば、第二次納税義務者の納付告知処分の取消訴訟において、主たる納税義務の瑕疵を争訟できることとすべきであると考えられる。この点については、「研究④」を参照。

5　国への損害賠償請求

　徴収職員による違法な徴収処分が行われた場合、納税者がこれに対抗するには、損害の賠償を求めて国に国家賠償請求を行うことが考えられる。憲法17条の「何人も、公務員の不法行為により、損害を受けたときは、法律の定めるところにより、国又は公共団体に、その賠償を求めることができる」とし、国家賠償法がその内容を定めた法律となっている。

1　国家賠償法上の違法の意義

　国家賠償法1条は、「国又は公共団体の公権力の行使に当る公務員が、その職務を行うについて、故意又は過失によつて違法に他人に損害を加えたときは、国又は公共団体が、これを賠償する責に任ずる」と定めている。したがって、公権力の行使に当たる公務員が、個別の国民に対して負担する職務上の法的義務に違背して当該国民に損害を加えたときは、国または地方公共団体がこれを

29　金子・租税法171頁。

211

第3章　滞納処分

賠償する責任を負うこととなる。

　国家賠償法上の「違法」の意義について、学説・判例には諸説ある。基本的な学説である行為不法説においては、公権力発動要件の欠如をもって違法と解する説（公権力発動要件欠如説）と、公務員として職務上尽くすべき注意義務を懈怠したことをもって違法とする職務行為基準説の対立がある[30]。従来の裁判例の大勢は公権力発動要件の欠如という行為態様をメルクマールとして違法性を判断する公権力発動要件基準説をとっていたといえる。この説は、行政処分につき、取消訴訟における違法と国家賠償法上の違法とを同視する「違法性同一説」につながる。

　これに対して、被害者救済機能・損害分散機能を重視する立場からの「違法性相対説」が存在する。違法性相対説とは、取消訴訟における違法と国家賠償における違法を別個のものと捉える説である。当初の違法性相対説は、被害者救済の拡大という実践的意図をもって展開されたのであるが、この説はそれ自体としては逆の方向、すなわち、国家賠償法の違法を抗告訴訟における違法よりは狭く解する方向で用いられる可能性を内在させていたといえよう。この立場では、取消訴訟における請求棄却判決のみならず請求認容判決の場合にも、その既判力は当然に国家賠償請求に及ぶものではないことになる。そして、裁判例においても、違法性相対説に属する職務行為基準説が次第に力を得てきている[31]。

　国家賠償法上の違法概念のなかで、行政処分の国家賠償法上の違法については、公権力発動要件欠如説が支配的であった。今日においても行政処分については職務行為基準説ではなく、公権力発動要件欠如説が通説である[32]。

　もっとも判例をみると、最判平5・3・11（民集47巻4号2863頁—奈良民商事件）は、行政処分である更正処分についても、職務行為基準説を採用した。さらに滞納処分としての差押えの国家賠償法上の違法について、上記判例を引用して職務行為基準説をとるものがある（最判平15・6・26金法1685号53頁）。

30　宇賀克也『行政法概説Ⅱ 行政救済法〔第6版〕』427頁（有斐閣、2018年）。

31　宇賀・前掲注(30) 428頁。

32　宇賀・前掲注(30) 435頁。

第 2 節　権利救済／⑤ 国への損害賠償請求

2　徴収処分に係る裁判例

　徴収処分等に対する国への賠償請求については、税務職員や徴収職員の法令違反の職務行為に対して国家賠償法に基づいて訴訟で争って勝訴したものは少ない。

　前述のとおり、学説の一つである違法性相対説では、国家賠償法における「違法」とは、職務上通常尽くすべき法的義務・注意義務を尽くさなかったという一種の注意義務違反であるとされている。この考え方に立てば、行政処分自体は違法でも、注意義務違反がない限り国家賠償法上の違法とはならないため、賠償責任は否定されることとなる。そのため被害者救済の観点からは、行政行為に関してこの立場をとることについては批判があるが、租税分野においても、所得税の更正金額を税務署長が過大に評価した事例において、税務署長が職務上通常尽くすべき注意義務を尽くすことなく漫然と更正したと認め得るような事情がない場合は、賠償責任はないとする判例がみられる（前掲最判平5・3・11）[33]。

　また、納税者の財産から租税債権の強制的実現を図る滞納処分については、行政処分として取消訴訟の対象となるが、これと同時にあるいはこれとは別に国賠訴訟が提起される場合がある。この点、税務署長が滞納者代理人名義の預金債権を差し押さえて充当した処分について、正当な弁護士業務の執行が阻害されたなどとして国賠請求がされた前掲最判平 15・6・26 がある。

　本件は、B 社から債務整理事務を委任された弁護士 X が、B 社の代理人として「B 代理人 X」名義の預金口座を開設して B 社所有の土地建物売却代金を預け入れたところ、A 税務署長が、同預金債権が B 社に帰属すると判断して、消費税徴収のため差押えをした。弁護士 X は、同預金債権は B 社でなく同人に帰属するから、差押えは違法である、差押えにより弁護士 X は B 社への金銭返還が不可能になったほか、正当な弁護士業務の執行が阻害されたとして、国家賠償法 1 条に基づき国に損害賠償を請求した事件である。

　これに対して裁判所は最高裁平成 5 年判決を引用して、「滞納処分としての差押えは、滞納者の財産に対してのみ行うべきものであるところ、税務署長が誤って第三者に属する預金債権を差押えた場合であっても、そのことから直ち

33　長尾浩行・伊藤真監修『行政法〔第 4 版〕』381 頁（弘文堂、2005 年）。

第3章　滞納処分

に国家賠償法1条1項にいう違法があったとの評価を受けるものではなく、税務署長が当該預金債権の帰属について認定、判断する上において、職務上通常尽くすべき注意義務を尽くすことなく漫然と差押えをしたと認め得るような事情がある場合に限り、上記の評価を受けるものとすると解するのが相当である」と判示し、滞納（差押）処分についても職務行為基準説に依拠することを明示している[34]。

3　行政処分に対する取消訴訟と国賠訴訟との関係

　前述のとおり、行政処分に対する取消訴訟の提起と同時に、あるいはこれとは別に国賠訴訟が提起される場合がある。ここで、取消訴訟と国賠訴訟は独立した関係であり、取消訴訟の手続を行うことが国賠訴訟の条件となるものでもない。これに関して、最判平22・6・3（民衆64巻4号1010頁）をとりあげておこう。

【事実の概要】

　倉庫を所有する上告人が、固定資産税賦課の前提となる倉庫の評価が公務員の職務上のミスにより過大評価されたとして、過納金額相当の国家賠償請求を行った事案である。更正期間分の過納税額は還付されたが、それ以前の期間分である昭和62年度から平成13年度分までは還付を受けることができなかった。該当の倉庫は「冷凍倉庫」であるにかかわらず一般用の倉庫として評価され、評価額が高くなってしまったものである。

　地方税法434条2項で、固定資産評価審査委員会に審査を申し出ることができる事項について不服がある固定資産税の納税者は、同委員会に対する審査の申出およびその決定に対する取消しの訴えによってのみ争うことができる、とされるところ、上告人は所定の不服申立手続を経ることなく国家賠償を求めており、地方税法の規定が公務員の国家賠償責任を否定する根拠となるか、が争点とされた。

　第一審・名古屋地判平20・7・7および原審（名古屋高判平21・3・13民集64巻4号1097頁）は、「国家賠償法に基づいて固定資産税等の過納金相当額を損害とする損害賠償請求を許容することは、当該固定資産に係る価格の決定又はこれを前提とする当該固定資産税等の賦課決定に無効事由がある場合は別として、実質的に、課税処分を取り消すことなく過納金の還付を認めたのと同一の効果を生じ、課税処分や登録価格の不服申立方法及

34　新田智明「課税処分その他税務職員の職務行為に対して提起される国賠訴訟上の問題点」訟務月報58巻1号別冊211頁（2012年）。

214

第2節　権利救済／⑤ 国への損害賠償請求

び期間を制限してその早期確定を図った地方税法の趣旨を潜脱するばかりか、課税処分の公定力をも実質的に否定することになって妥当ではない」として請求を棄却した。

【判　　旨】

「地方税法は、固定資産評価審査委員会に審査を申し出ることができる事項について不服がある固定資産税等の納税者は、同委員会に対する審査の申出及びその決定に対する訴えによってのみ争うことができる旨を規定するが、同規定は、固定資産課税台帳に登録された価格自体の修正を求める手続に関するものであって、当該価格の決定が公務員の職務上の法的義務に違背してされた場合における国家賠償責任を否定する根拠となるものではない。」

「原審は、国家賠償法に基づいて固定資産税等の過納金相当額に係る損害賠償請求を許容することは課税処分の公定力を実質的に否定することになり妥当ではないというが、行政処分が違法であることを理由として国家賠償請求をすることについては、あらかじめ当該行政処分について取消し又は無効確認の判決を得なければならないものではない。このことは、当該行政処分が金銭を納付させることを直接の目的としており、その違法を理由とする国家賠償請求を認容したとすれば、結果的に当該行政処分を取消した場合と同様の経済的効果を得られるという場合であっても異ならないというべきである。」

【解　　説】

最高裁は、このように、地方税法432条1項の審査の申出や地方税434条1項の取消訴訟等の手続を経ることなく国家賠償請求を行いうるとしている。

この最高裁判決には、金築誠志裁判官の補足意見が付されている。そのなかで、同裁判官が「特に、賦課課税方式を採用する固定資産税等の場合、申告納税方式と異なり、納税者にとってその税額計算の基礎となる登録価格の評価が過大であるか否かは直ちに判明しない場合も多いと考えられるところ、前記のとおり（地方税法432条1項本文：価格の公示の日から納税通知書の交付を受けた日後60日までの間）、審査の申出は比較的短期の間に行わなければならないものとされているため、上記期間の経過後は国家賠償訴訟による損害の回復も求め得ないというのでは、納税者にとっていささか酷というべきである」と述べた部分は、納税者救済の観点からの国賠訴訟の機能について触れたものであり、注目される。

215

第 3 章　滞納処分

4　職務上通常尽くすべき注意義務の意義

　現在の裁判例で主流となっている職務行為基準説によれば、公務員が職務上の通常尽くすべき注意義務に違反しているか否かが、国家賠償責任の有無を左右するポイントとなる。それでは、公務員の業務において何が不足すれば職務上通常尽くすべき注意義務違反となるかの事例をみていくこととしたい。

　まず、前掲最判平 15・6・26 では、債務整理事務を B 社から委任された弁護士は、B 社の不動産売却資金を債務弁済原資に充てるため、「B 社代理人・・弁護士」名義の預金口座に入金した。上告人である弁護士は、当該預金は自己に帰属するもので B 社のものではない、したがって税務署が消費税の徴収のため当該預金を差し押さえたのは滞納者の財産ではなく、誤って第三者に属する財産を差し押さえたのであって違法である、と主張している。

　これに対して裁判所は、①本件口座の開設時に入金された金銭は、上告人の固有財産を原資とするのではなく、B 社の所有不動産等の売却代金、上告人が B 社から交付を受けた現金を実質的な原資として、ほぼ同額を本件口座に入金されたものであること、②本件口座の名義が「株式会社 B 社代理人（弁護士個人名）」であること、以上の事実に鑑みて、税務署長が、上告人が代理人として本件口座を開設して上記金銭を預け入れたと認め、本件預金債権が B 社に帰属すると判断して、本件差押えをしたことには、その職務上通常尽くすべき注意義務を尽くすことなく漫然と差押えをした事情は認められないというべきである、と判示している。

　次に、相続税の延納許可の処分に関して、名古屋高金沢支判平 18・8・30（裁判所ウェブサイト）は、本来の納税義務者に対する延納の許可について、税務署長が増担保の提供、保証人の変更等の権限を行使しなかったことを理由とする第二次納税義務者らからの国家賠償請求を棄却した一審判決を次のように是認している[35]。

　「税務署長が延納許可をするに際し、担保について可能な限り適正評価をして延納税額を充足することを確認し、延納条件変更許可の際も、必要に応じて担保の評価を見直し、増担保を要求することにより延納の継続を認めてきたことが窺える」として、税務署長が延納許可または延納条件変更許可の判断にお

35　新田・前掲注(34) 218 頁。

第2節　権利救済／⑤ 国への損害賠償請求

いて職務上通常尽くすべき注意義務を尽くすことなく漫然と行ったと認めえる
ような事情があるとはいえない旨、判示している。

　それでは、反対に職務上通常尽くすべき注意義務を尽くしておらず、納税者
勝訴となった事例をみてみる。

　原告が相続により取得した土地について、被告である東京都が住宅用地に対
する固定資産税、都市計画税の課税標準の特例（地349条の3の2。住宅用地の
課税標準は3分の1、さらに面積が200㎡以下であるものは6分の1となる）を適用
するべきであったにもかかわらず、これを適用しないで過大な賦課処分を行い、
これにより損害を被ったとして国家賠償請求を行った事例である（東京地判平
28・4・28判タ1433号177頁）。東京都は納税通知書とともに、条例により住宅
用地の申告が土地所有者に義務付けられていること、課税明細書の備考欄に住
宅用地か非住宅用地かなどが印字されているので土地の利用状況と相違があれ
ば連絡すべきことを記載した書面を送っていたが、原告は住宅用地の申告をし
ていなかった。加えて登記上の地目も最近の平成26年まで「田」であり、「宅
地」ではなかった。

　本件について東京地裁は以下のとおり判示する。

　「固定資産税等については、申告納税方式ではなく賦課課税方式が採用され
ており、住宅用地の特例の適用につき、住宅用地の所有者の申告は要件とされ
ておらず、また、行政の担当者がこれを適用するか否かの裁量を有するもので
ないと解されること、固定資産の評価に関する事務に従事する都の職員は、固
定資産の評価の適正と均衡を確保するため、納税者とともにする実地調査、納
税者に対する質問、納税者の申告書の調査等のあらゆる方法によって公正な評
価をするように努めなければならず（地方税法403条2項、735条1項）、住宅用
地の特例の適用についても固定資産の公正な評価が要請されることからすると、
被告は、住宅用地の申告の有無にかかわらず、固定資産等の賦課処分の主体と
して通常要求される程度の注意を払って、住宅用地の特例の適用要件の有無を
調査し、この特例が適用される土地については、この特例に従って算出した価
格に基づき固定資産等の賦課処分をすべき職務上の注意義務を負っているとい
うべきである。」

　「住宅用地の特例の適用の在り方によれば、詳細な調査を実施すべき場合を

217

第 3 章　滞納処分

課税要件が判断できないことが明白である場合に限るのは相当ではなく、被告は、所内調査、簡易な外観調査等で課税要件について疑義が生じた場合には、これらを端緒として詳細な調査を実施すべきであったというべきである。」

このように、①固定資産税は申告納税方式でなく賦課課税方式が採用され、本特例の適用に住宅用地の所有者の申請は要件とされておらず、また行政は適用するか否かの裁量は有しない、②都の職員は実地調査や質問などのあらゆる方法によって公正な評価に努めねばならず、住宅用地の申告の有無にかかわらず、固定資産税等の賦課処分の主体として住宅用地の特例の適用要件の有無を調査し賦課課税する職務上の注意義務を負っている、とし、本件についてみると、住宅地図には「物置」が建っていることが記載されており、また航空写真でこの物置を確認できることから、本件土地の利用状況に疑義を生じうるとして、調査を怠ったという通常尽くされるべき注意義務への違反があったとしている。

このように納税者からの申告がなく地目の登記が「田」であったとしても、公務員が自ら現況調査をして正確な賦課処分をすることが求められており、賦課課税方式であることから、職務上の注意義務のレベルは高いものが要求されていることが特徴的である。前掲最判平 15・6・26 では、預金の帰属が滞納者であって差押えが適法か、預金の帰属が弁護士であって差押えが違法か、の判断はされていないが、仮に弁護士に帰属するとしても差押えに国賠法上の違法はないとしており、預金の帰属調査はそれほど厳格なものは要求されていない点に相違がある。

もう一つ、納税者勝訴の事例として、相続税の物納許可の審査遅延を違法として国賠訴訟が提起された事例があげられる（東京地判平 18・10・25 判時 1989 号 48 頁）。納税者は相続財産の土地について相続税の物納申請をしたが、物納許可までに申請から 11 年も要したため土地の価格下落により損害を受けた。これは税務署の処理に時間がかかったためであるとして、国家賠償を求めた事例である。

被告である国は、物納審査は段階的に調査を行い、必要に応じて補完要求を行う等の対応が一般的であり、本件も同様であるので職務上の法的義務違反はないと主張した。

218

第 2 節　権利救済／⑥ 源泉徴収制度の権利救済

　これに対して裁判所は、「相続税を延納によっても金銭で納付することが困難、及び物納財産が管理又は処分をするのに不適当、といった物納許可の要件は、速やかに検討、調査を行うべきことが職務上要請されている」と指摘し、「税務署員は遅くとも物納申請から 1 年程度の間には問題点を物納申請者に具体的に提示すべきであり、」管理または処分をするのに不適当なものに該当するかの審査として、土地の賃貸借契約の調査がなされていなかったことが、「職務上通常尽くすべき注意義務を尽くすことなく漫然と審査をしていたものとして、国家賠償法 1 条 1 項にいう違法の評価を免れないものというべきである」と判示している。

　なお、相続税法 42 条 2 項は、物納申請があった場合には、税務署長は申請書の提出期限の翌日から起算して 3 月以内に許可または却下の判断をすべきことを規定している。この場合でも、物納申請財産に抵当権が設定されている、隣地との境界に争いがあるといった個別事情があるために物納許可処分に長時間を要した場合は、通常尽くすべき義務を怠った事情を見出すことはできない、との裁判例（神戸地判平 23・3・2 税資徴収関係判決順号 23-10、大阪高判平 23・12・28 税資徴収関係判決順号 23-70）がある[36]。

　以上のように、裁判例の採用する立場は、固定資産税賦課決定等や、相続税物納許可等の一部の事例を除き、税法上の処分等について国家賠償責任が成立することを限定しているといえるが、それでも国家賠償請求訴訟は、公務員の違法な職務行為に対する有効な法的統制手段であり、特に徴収職員による法令執行の合法性を担保し、結果的に納税者の権利保障を確保するうえで重要な要素であるものと思われる。公務員の職務上の注意義務違反に該当するかは、事実認定の問題も含め形式的に範囲を定めることは難しいが、先行事例を踏まえ国家賠償による救済措置の可能性を意識しておくことが肝要である。

⑥ 源泉徴収制度の権利救済

1　源泉徴収制度の自動確定方式の問題

　源泉徴収義務の確定手続は、その成立と同時に特別の手続を要しない自動確

36　新田・前掲注(34) 222 頁。

第3章　滞納処分

定方式を採用している。そのため支払者が源泉徴収義務について容易に判断できるものでなければならない。しかし支払者がその支払の際に源泉徴収義務を認識することが困難である場合も多々あり、実際にその支払が源泉徴収の対象になるのかについて争訟になることも多い。

三木義一教授は源泉徴収制度の自動確定方式について、「それは受給者の納税義務を意識しているからであろう。受給者は支払時に天引徴収されているので、受給者に対する説明として同時確定にしないと受給者が徴収されたことを合理的に説明できないからである。源泉徴収義務は、一方では支払者の……義務の確定に際して受給者の視点が混入してしまっているのである。これは、源泉徴収制度が所得税の前取りとしての制約を免れないことを端的に物語っており、現行制度の建前がかなり無理な擬制の上に成り立っている。」[37]と指摘している。自動確定方式を建前とする現行の源泉徴収制度に限界がないか検討すべきではないだろうか[38]。

税理士が多く関わる源泉徴収義務者の立場を中心として、その支払が源泉徴収義務の対象になるかどうか争われた事例をもとに、源泉徴収制度の自動確定方式の問題について検討する。

なお、源泉徴収の権利救済の問題はこれまで、受給者（本来の納税義務者）の権利救済を中心に裁判で争われ[39]、議論されてきた[40]が、ここでは、源泉税の「納付」に関連して源泉徴収義務者の権利救済[41]に焦点を当てることとする。

37　三木義一「租税手続上の納税者の権利保護」租税法研究 37 号 16 頁（2009 年）。

38　源泉徴収制度の自動確定方式について限界を指摘するものに、髙橋舞「源泉徴収による所得税の自動確定論の問題点」龍谷大学大学院法学研究 10 号（2008 年）がある。

39　主要な裁判例として源泉徴収の法律関係では最判昭 45・12・24 民集 24 巻 13 号 2243 頁（租税判例百選（6 版）216 頁）、源泉徴収と確定申告の関係では最判平 4・2・18 民集 46 巻 2 号 77 頁（同百選 218 頁）等がある。

40　教科書等では差しあたり金子・租税法 997 頁以下、北野・原論 253 頁等を参照。

41　源泉徴収義務者の源泉徴収義務が争われた裁判例がこれまでなかったわけではなく、主なものとして強制徴収による支払賃金の回収と源泉徴収義務に関する最判平 23・3・22 民集 65 巻 2 号 735 頁（租税判例百選（6 版）220 頁）、破産管財人の源泉徴収義務に関する最判平 23・1・14 民集 65 巻 1 号 1 頁（同百選 222 頁）などがあった。

第2節　権利救済／⑥ 源泉徴収制度の権利救済

2　源泉徴収義務者に関する裁判例

(1)　債務免除益に対する源泉徴収の事案（広島高判平 29・2・8 民集 72 巻 4 号 353 頁）

【事実の概要】

　　Xは、権利能力のない社団である。Xは理事長であったAに対し、同人のXに対する借入金債務の免除をしたところ、所轄税務署長から当該債務免除がAに対する賞与に該当するとして給与所得に係る源泉所得税の納税告知処分および不納付加算税の賦課決定処分を受けた。

　　Xは、上記各処分を不服として異議申立てをし、所轄税務署長によりこれを棄却する旨の決定がされたことから審査請求をしたところ、国税不服審判所長は、上記納税告知処分のうち一部を取り消す旨の裁決をした。

　　その後、訴訟に及び、一審（岡山地判平 25・3・27 民集 72 巻 4 号 336 頁）は、本件債務免除益にも本件旧通達本文の適用があるものと認めるのが相当であるとして、Xの請求を認容した。その後の控訴審（広島高岡山支判平 26・1・30 訟月 62 巻 7 号 1287 頁）は、本件債務免除益を役員の役務の対価とみることは相当ではなく、Xに源泉徴収義務は存しないとして、上告人（国）の控訴を棄却した。

　　しかし、上告審（最判平 27・10・8 裁判集民 251 号 1 頁）は、本件債務免除益を役務の対価として付与された給与に該当するとして広島高裁に差し戻した。

【判　　旨】

　　最高裁は原審の前掲広島高判平 29・2・8 を破棄差し戻した。その理由として、まず本件債務免除益の給与所得該当性を次のように判断している。

　　「所得税法 28 条 1 項にいう給与所得は、自己の計算又は危険において独立して行われる業務等から生ずるものではなく、雇用契約又はこれに類する原因に基づき提供した労務又は役務の対価として受ける給付をいうものと解される（最高裁昭和 52 年（行ツ）第 12 号同 56 年 4 月 24 日第二小法廷判決・民集 35 巻 3 号 672 頁、最高裁平成 16 年（行ヒ）第 141 号同 17 年 1 月 25 日第三小法廷判決・民集 59 巻 1 号 64 頁参照）。そして、同項にいう賞与又は賞与の性質を有する給与とは、上記の給付のうち功労への報償等の観点をも考慮して臨時的に付与される給付であって、その給付には金銭のみならず金銭以外の物や経済的な利益も含まれると解される。」

　　続けて「事実関係によれば、Aは、Xから長年にわたり多額の金員を繰り返し

221

第3章　滞納処分

借り入れ、これを有価証券の取引に充てるなどしていたところ、XがAに対してこのように多額の金員の貸付けを繰り返し行ったのは、同人がXの理事長及び専務理事の地位にある者としてその職務を行っていたことによるものとみるのが相当であり、XがAの申入れを受けて本件債務免除に応ずるに当たっては、Xに対するAの理事長及び専務理事としての貢献についての評価が考慮されたことがうかがわれる。これらの事情に鑑みると、本件債務免除益は、Aが自己の計算又は危険において独立して行った業務等により生じたものではなく、同人がXに対し雇用契約に類する原因に基づき提供した役務の対価として、Xから功労への報償等の観点をも考慮して臨時的に付与された給付とみるのが相当である。」とした。

最高裁は、このように、本件債務免除益を所得税法28条1項にいう賞与または賞与の性質を有する給与に該当すると結論づけている。

この最高裁の差戻判決を受け、差戻審の広島高判平29・2・8（民集72巻4号353頁）は、結局、Xの源泉徴収義務を認めた。

なお、本件差戻審の上告審（最判平30・9・25民集72巻4号317頁）も債務免除益が給与等に当たるとした本件高裁判決を維持している。

【解　説】

上記判決により、債務免除益が給与等に該当することになったため、Xには源泉徴収義務が発生することになる。Xは源泉所得税を納めた後、所得税法222条によりAに対し源泉所得税相当額を求償することができるが、本件の場合、XとAの間では債務を弁済することが困難であるとの認識によりXは債務免除を行ったため、求償権を行使することは困難であろう。

仮にXが求償をすることになれば、XとAの関係は公法上の租税法律関係でないため求償の対象が源泉所得税であっても徴収法の適用はなく、民事執行手続により財産の差押え、換価処分等を進めざるを得ない。

このように、最高裁が本件債務免除益を給与所得と判断して原審へ差し戻す判決を下し、差戻審の広島高裁がXの源泉徴収義務を認めることになったという司法解釈のもとにおいては、源泉徴収義務者Xによるその元理事長Aに対する求償権行使が事実上不可能な状況にあるといえるので、このような源泉徴収義務者Xの負担は計り知れない不条理なものになってしまうといえる。こうした事案が司法解釈では解決できないとなると、金子教授も指摘するように、源

第2節　権利救済／6 源泉徴収制度の権利救済

泉徴収義務者の求償権行使についてさまざまな困難な事案が存在しており[42]、法解釈論的に限界があるものもあることを考えると、なんらかの立法上の手当てをする等の必要がある。

(2) 非居住者から不動産を購入した者の源泉徴収義務が争われた事案（東京高判平28・12・1裁判所ウェブサイト）

【事実の概要】

　Xは不動産業を営む法人であり、個人Aとの間で不動産（土地および建物）に係る売買契約を締結し、不動産の譲渡対価をAに支払った。税務署は、Aが所得税法212条1項5号にいう非居住者に該当するため、Xは所得税法212条1項に基づく源泉徴収義務を負うとして、納税告知処分を行った。XはAが非居住者に該当しないこと、また源泉徴収義務を負わないとして、当該告知処分を争って出訴し、一審・東京地判平28・5・19（税資266号順号12856）で棄却されたため控訴した。

　Xは、売買契約においてその契約書や全部事項証明書、住民票、印鑑登録証明書等の公的書類のいずれにも、Aの住所が日本国内（本件建物所在地）とされていたこと、Aが本件土地の一部を駐車場として貸付けを行い、不動産所得を得て国内居住者であることを前提に所得税の確定申告を行っていたこと、またAからの聞き取りによってAが国内居住者であることを明確に述べていた等の理由により、注意義務を尽くしており源泉徴収義務はないと主張した。しかし東京高裁は、原審の判断は相当であるとしてXの請求を棄却した。

【判　　旨】

　東京高裁は、本件請求を理由がないものとして判断し、その理由について原判決を補正し引用している。原判決では、非居住者の判定を次のように判断している。

　「所得税法は、『非居住者』に対して日本国内の不動産の譲渡による対価（国内源泉所得）を支払う者は、その支払の際、当該国内源泉所得に係る源泉徴収義務を負う旨を規定しているところ（同法161条1号の3、212条1項）、同法2条1項5号は、『非居住者』とは、『居住者以外の個人をいう。』と規定し、同項3号は、居住者につき、『国内に住所を有し、又は現在まで引き続いて1年以上居所を有する個人をいう。』と規定している。そして、同法は、日本国内の居住者を判定する際の要件となる上記『住所』の意義について明文の規定を置いていないが、『住所』とは、反対の解釈をすべき特段の事由がない以上、生活の本拠、すなわち、その者の生活に最も関係の深い一般的生活、全生活の中心を指し、一定の場所がその

42　金子・租税法999～1000頁。

223

第3章　滞納処分

者の住所に当たるか否かは、客観的に生活の本拠たる実体を具備しているか否かにより決すべきである。」

　東京地裁は、本件については、結局、住所の意義について従来の判例を踏襲し、認定事実を踏まえてＸが源泉徴収義務を尽くしたということはできないとした。

　なお、本件では租税行政庁は不納付加算税の賦課決定処分を行っていなかった。

【解　　説】

　前提事実によると、本件処分に係る税務調査は、本件土地の近隣に居住するＡの兄夫婦に対して質問調査のほか、法務省入国管理局に対しＡの兄夫婦の入出国記録を照会している。また国税庁を通じて、IRSに対しＡの米国における身分事項や所得税の申告状況等に関する照会を行っている。また税務調査は平成22年3月頃に開始され、Ｘに対し納税告知処分があったのは平成24年6月27日であり、税務調査に相当長期の日数を費やしていることが伺える。

　不動産取引があった場合において、譲渡対価の支払者が、譲渡者の非居住者判定について注意義務があることについて異論はない。しかし、不動産業者が一取引にすぎない案件について、租税行政庁の質問検査権のような権限を有していないので、税務調査のように十分に日時を費やすことはもとより、法務省入国管理局へ入出国記録の照会をしたり当該非居住者についてIRSへ照会をしたりすることは、一般の不動産業者にとって不可能な要求といえる。個人間の売買であればなおさらであろう。特別の手続を要しないで確定する源泉徴収制度の建前等に疑問があるといわなければならない。

3　受給者に関する裁判例

株式報酬制度により付与されたアワードに対する源泉徴収事案（東京高判平27・12・2税資265号順号12763）

【事実の概要】

　証券会社Ｘの従業員であるＡが、株主報酬制度（アワード）に基づいて取得したＸの親会社である外国法人Ｙの株式に係る経済的利益を所得金額の計算に含めずに申告し、これに対し所轄税務署長から更正処分等を受けたため、その取消しを求めて争った事案である。なおアワードとは、従業員が会社から報酬として株式を得る制度をいう。

　Ａは本件訴訟において、本件更正処分等は証券会社Ｘには源泉徴収義務があることを看

過してされたもので違法であるなどと主張したが、一審・東京地判平2・5・28（税資265号順号12671）、控訴審・前掲ともにＡの主張を退けた。本件は、本来の納税義務者が源泉徴収手続を逆手にとって争った事案である点で、源泉徴収義務者が争った事案とは異なる。

【判　　旨】

　所得税法183条1項の「給与等の支払をする者」について、次のように判示した。「所得税の源泉徴収義務を課しているのは、当該給与等の支払をする者がこれを受ける者と特に密接な関係にあって、徴税上特別の便宜を有し、能率を挙げ得る点を考慮したことによるものであるから、同項にいう『支払をする者』とは、支払を受ける者との間で当該支払につき法律上の債権債務関係に立つ債務者又はこれに準ずるような特に密接な関係にある者をいうものと解するのが相当である。」と判示し、事実関係により、Ａが受けた外国法人Ｙの株式に係る経済的利益は、外国法人Ｙ（支払手続は外国法人Ｙから委託を受けた外国法人Ｚが行っている）から受けたものとした。ただし、Ｘにその支払をさせることもありうるため、「その場合、同社が原告の雇用主であって原告と密接な関係にあることを考慮すると、当該支払については同社に源泉徴収義務が生じる余地もあるというべきである。」

【解　　説】

　本件は、支払者が外国法人と認定されたため源泉徴収義務は発生しなかったが、裁判所も指摘しているとおり、支払者が内国法人であった場合には源泉徴収義務が生じる。アワードとは、株式で報酬を支給する制度であり、支給時に源泉所得税を天引きすることができない。しかしアワードは給与所得に該当すると解されているため、支払者は自動確定方式により源泉徴収義務が生じるという問題が存することになる。

4　源泉徴収義務者と受給者の権利救済

　源泉徴収制度における権利救済の問題は、源泉徴収の法律関係に関連して論じられている。現行の源泉徴収制度では、源泉徴収義務者である支払者は、徴税機関でもあり納税者でもある。支払者は、本来の納税義務者である受給者への支払の際に源泉徴収できれば自己負担しなくても済むが、源泉徴収が必要な支払かを認識することが困難な場合もあり、その支払が後に税務調査等で源泉徴収が必要な支払と認められることになったときには、源泉徴収義務者は自己

第3章　滞納処分

で源泉所得税額を負担しなければならない。

　源泉徴収義務者が自己負担した源泉所得税額分については、受給者に支払を求めることになる。受給者が支払に応じなかった場合や事実上破産状態になり財産がなかった場合等には、最終的に民事裁判に訴えて求償権を行使しても求償を受けられないこともありうる。

　また、本来の納税義務者である受給者は、租税行政庁とはその者の確定申告に係る法律関係は成立するものの源泉徴収制度上の法律関係はないため、過大に徴収された源泉所得税の返還を租税行政庁に請求することはできないとされている。確定申告による源泉徴収税額の過不足額の精算は認められておらず、こうした過誤納金が生じた場合には、支払者と受給者との間の民事上の法律関係に基づいて解決されるべきであるとされる。

　このように、民事執行手続は源泉徴収義務者または受給者にとって過度の負担となることは明白であり、権利救済手続としては不十分で検討すべき課題である。

研究④　第二次納税義務者が主たる課税処分の違法を争える場合についての検討

1　最高裁判決の理論構成の分析

(1)　問題の所在

　最判昭50・8・27（民集29巻7号1226頁、以下「最高裁昭和50年判決」という）は「財産権上の一体性」を強調するあまり、「財産権上の一体性」と「訴権上の一体性」とを区分せず、第二次納税義務者の納付告知処分における主たる納税義務の瑕疵に対する不服申立適格につき消極説を採用した。同判決で問題となった第二次納税義務者は、本来の納税義務者である同族会社の判定基礎株主および代表取締役であり、両者には「訴権上の一体性」が認められるため同判決の結論については賛成ではある。しかしながら、いかなる場合においても主たる納税義務の瑕疵はその第二次納税義務の納付告知の効力に影響を及ぼすものではないとする同判決の判旨には賛成できない。

　大阪高判平元・2・22（行集40巻1=2号111頁、以下「大阪高裁平成元年判決」

226

第2節　権利救済／研究④　第二次納税義務者が主たる課税処分の違法を争える場合についての検討

という）は、第二次納税義務者が行政事件訴訟法（以下「行訴法」という）9条
所定の法律上保護された利益を有する者に該当するものと認定したが、最高裁
昭和50年判決を踏襲して第二次納税義務者の納付告知処分における主たる納
税義務の瑕疵に対する不服申立適格は認めず、それゆえに、第二次納税義務者
が直接的に主たる納税義務の瑕疵に対し不服申立てをすることを認めた。その
上告審である最判平3・1・17（税資182号8頁、以下「最高裁平成3年判決」と
いう）はこれを維持した。第二次納税義務者が行訴法9条所定の法律上保護さ
れた利益を有する者に該当すると判断した点で、憲法32条の要請を踏まえた
画期的な判断であると考えるが、いかなる範囲の第二次納税義務者について、
当該不服申立適格を認めるのかという点が明らかでない。

　最判平18・1・19（民集60巻1号65頁、以下「最高裁平成18年判決」という）
は、大阪高裁平成元年判決と同様に、第二次納税義務者が行訴法9条所定の法
律上保護された利益を有する者に該当するものとしたうえで、さらに第二次納
税義務者と本来の納税義務者との関係にはさまざまな態様があることを認めた。
そして、徴収法39条所定の第二次納税義務者については本来の納税義務者か
ら無償低額の財産譲渡を受けた取引相手にとどまり、つねに本来の納税義務者
との一体性があるとは認められないとした。本来の納税義務者と一体性がある
と認められない第二次納税義務者につき、不服申立適格を認めるという点を明
らかにしたことに最高裁平成18年判決の意義があると考える。しかし、最高
裁平成18年判決についても、第二次納税義務者について、どのような基準に
基づき不服申立適格を認めるのかという点が明確になったとはいいきれない。

　そこで、ここでは最高裁平成18年判決および最高裁昭和50年判決の理論構
成の分析をもとに、第二次納税義務者の不服申立適格がいかなる基準に基づい
て認められるのかを検討する。検討の結果、第二次納税義務者と本来の納税義
務者との「訴権上の一体性」という基準に基づき係る不服申立適格を判断すべ
きとの結論を得た。

　さらに、最高裁判例の射程と第二次納税義務者が主たる課税処分の瑕疵につ
いて争訟できるかどうかが明らかでない場合の教示制度の適用について検討を
した。また、補論として、違法性の承継と公定力の問題について検討を行った。

227

第 3 章 滞納処分

(2) 最高裁平成 18 年判決の分析

(ⅰ) 理論構成

最高裁平成 18 年判決は、「第二次納税義務者は、主たる課税処分により自己の権利若しくは法律上保護された利益を侵害され又は必然的に侵害されるおそれがあり、その取消しによってこれを回復すべき法律上の利益を有するというべきである。」と判示する。

川神裕最高裁判所調査官は、最高裁平成 18 年判決の判例解説において、その論拠について次のように説明されている。すなわち、「国税通則法 75 条は、『国税に関する法律に基づく処分で次の各号に掲げるものに不服がある者』は当該各号に掲げる不服申立てをすることができるとしている。行政不服審査法（以下『行服法』という。）4 条は、『行政庁の処分に不服がある者』は審査請求又は異議申立てをすることができると定めているが、『行政庁の処分に不服がある者』とは、当該処分について不服申立てをする法律上の利益がある者、すなわち、当該処分により自己の権利若しくは法律上保護された利益を侵害され、又は必然的に侵害されるおそれのある者をいうと解されている（最高裁昭和 53 年 3 月 14 日第三小法廷判決・民集 32 巻 2 号 211 頁〔ジュース表示事件〕）。『国税に関する法律に基づく処分……に不服がある者』という国税通則法 75 条の上記文言からしても、不服申立適格については、上記最判と同一の解釈を採るべきものと解される。また、国税通則法 114 条は、国税に関する法律に基づく処分に関する訴訟については、この節及び他の国税に関する法律に別段の定めがあるものを除き、行訴法その他の一般の行政事件訴訟に関する法律の定めるところによると定めている。行訴法 9 条の原告適格の定めも、当然適用される。行訴法 9 条（1 項）の『当該処分の取消しを求めるにつき、法律上の利益を有する者』とは、『当該処分により自己の権利若しくは法律上保護された利益を侵害され、又は必然的に侵害されるおそれがあり、その取消し等によってこれを回復すべき法律上の利益を有する者』と解されているところ（最高裁平成元年 2 月 17 日第二小法廷判決・民集 43 巻 2 号 56 頁〔新潟空港事件〕、最高裁平成 4 年 9 月 22 日第三小法廷判決・民集 46 巻 6 号 571 頁〔もんじゅ事件〕）、不服申立適格は、このような原告適格とも整合的に解釈されるべきものである。」[43] とされる。

43　川神・前掲注(25) 90 頁。

第2節　権利救済／研究④　第二次納税義務者が主たる課税処分の違法を争える場合についての検討

（ii）第二次納税義務者が主たる課税処分の取消しを求める法律上の利益の有無

　また、第二次納税義務者が主たる課税処分の取消しを求める法律上の利益を有するかについて、川神最高裁判所調査官は、「第二次納税義務者は、主たる課税処分により主たる納税義務の税額が過大に確定されれば、本来の納税義務者からの徴収不足額は当然に大きくなり、第二次納税義務の範囲も過大となって直ちに不利益を受けるのであり、仮に主たる課税処分が取り消されれば、本来の納税義務者からの徴収不足額が消滅又は減少することになり、したがって、自己の負担すべき具体的な徴税額に直接有利な影響を及ぼすことになるのであるから、主たる課税処分の取消しを求める法律上の利益を有するという見解が多数である。」とされる。

　そこで、最高裁平成18年判決は「〔筆者注：徴収法39条所定の〕第二次納税義務者は、主たる課税処分により自己の権利若しくは法律上保護された利益を侵害され又は必然的に侵害されるおそれがあり、その取消しによってこれを回復すべき法律上の利益を有する」から、「主たる課税処分につき国税通則法75条に基づく不服申立てをすることができるものと解するのが相当である。」としていると解される。

（iii）行政事件訴訟法の改正

　最高裁平成18年判決は、行政事件訴訟法の改正（平成17年4月施行）に影響を受けているとの見解がある。この改正により、行政事件訴訟法9条に2項が加えられた[44]。同条2項は、同条1項に規定する法律上の利益の有無を判断

44　行政事件訴訟法の改正で、9条に2項が付け加えられた。

　　第9条（原告適格）　処分の取消しの訴え及び裁決の取消しの訴え（以下「取消訴訟」という。）は、当該処分又は裁決の取消しを求めるにつき法律上の利益を有する者（処分又は裁決の効果が期間の経過その他の理由によりなくなつた後においてもなお処分又は裁決の取消しによつて回復すべき法律上の利益を有する者を含む。）に限り、提起することができる。

　　2　裁判所は、処分又は裁決の相手方以外の者について前項に規定する法律上の利益の有無を判断するに当たつては、当該処分又は裁決の根拠となる法令の規定の文言のみによることなく、当該法令の趣旨及び目的並びに当該処分において考慮されるべき利益の内容及び性質を考慮するものとする。この場合において、当該法令の趣旨及び目的を考慮するに当たつては、当該法令と目的を共通にする関係法令があるときはその趣旨及び目的をも参酌するものとし、当該利益の内容及び性質を考慮するに当たつては、当該処分又は裁決がその根拠となる法令に違反してされた場合に害されることとなる利益の内容及び性質並びにこれが害される態様及び程度をも勘案するものとする。

第3章 滞納処分

する場合の基準を提示している。すなわち、裁判所に、法令の趣旨および目的ならびに当該処分において考慮されるべき利益の内容および性質を考慮することを要求している。さらに、法令の趣旨・目的を考慮するにあたっては、法令と目的を共通にする関係法令があるときはその趣旨および目的をも参酌することを要求し、また、利益の内容および性質を考慮するにあたっては、当該処分または裁決がその根拠となる法令に違反してされた場合に害されることとなる利益の内容および性質ならびにこれが害される態様および程度をも勘案することを要求しているのである。

この同条2項は、「いわば従来の9条の法文解釈のあり方を法そのものの中に書き込んだものといえ、原告適格の範囲を拡充したもの」[45] といえるだろう。最高裁平成18年判決は、主たる納税義務の瑕疵に対する第二次納税義務者の不服申立適格につき、法律上の利益を検討するにあたって、同条2項に則って判断していると考えられる。

この点につき、藤曲武美氏は「最高裁判断は、改正行政事件訴訟法の9条2項に則って『法律上の利益』を判断しているといえ、司法制度改革の一環としての行政訴訟における『原告適格の拡充』の流れの延長線上に位置づくものと考える。」[46] と述べられている。

(iv) 小括

以上のとおり、最高裁平成18年判決の理論構成をみてみると、第二次納税義務者は、行訴法9条所定の法律上保護された利益を有する者に該当し、主たる課税処分の瑕疵により侵害される法律上の利益を回復すべき法律上保護された利益を有するから、第二次納税義務者は主たる課税処分の瑕疵について不服申立てをすることができるように解される。

しかしながら、そもそも第二次納税義務制度は第二次納税義務者と本来の納税義務者との親近性や一体性を基礎とする制度であり、第二次納税義務者のすべてについて、この不服申立てを認めるとするのには問題があると考えられる[47]。そこで、主たる納税義務の瑕疵につき不服申立てが認められるような第

---

45 藤曲・前掲注(28) 466頁。
46 藤曲・前掲注(28) 466頁。
47 例えば、徴収法33条（無限社員の第二次納税義務）所定の本来の納税義務者（合名会社）と第

230

第2節 権利救済／研究④ 第二次納税義務者が主たる課税処分の違法を争える場合についての検討

二次納税義務者と本来の納税義務者との関係について、改めて最高裁昭和50年判決の理論構成を考察してみる。

(3) 最高裁昭和50年判決の分析
(i) 理論構成

最高裁昭和50年判決が消極説を採用した理由として、佐藤繁最高裁判所調査官は、最高裁昭和50年判決の判例解説において、「現行法上の第二次納税義務者は、いずれも、なんらかの意味において主たる納税義務者と密接な親近性を有する者であり、少なくとも所定の範囲の納税義務に関しては、両者の間に実質的な一体性を肯定しても公平に反しないような利害共通の関係があるものと認められる。」とし、そこで「人的独立性よりもこの親近性のほうに重きをおいて考えれば、右所定の範囲の納税義務に関しては、その権利救済の面においても両者を一体的に扱い、主たる納税義務の存否等についての第二次納税義務者の訴権利益は、主たる納税義務者によっていわば代理されているものとみることも不可能ではない。そうであるとすると、主たる納税義務の存否及び内容等については、主たる課税処分の段階で主たる納税義務者に争訟の機会が与えられている以上、徴税確保という行政目的のために、その後の段階では第二

図表3-13 最高裁昭和50年判決の理論構成

第二次納税義務者は、何らかの意味において本来の納税義務者と密接な親近性がある

上記のうち所定の範囲の納税義務に関しては、両者の間に実質的な一体性を肯定しても公平に反しないような利害共通関係がある

人的独立性よりもこの親近性の方に重きをおけば、上記所定の範囲の納税義務に関しては、権利救済の面においても両者を一体的に扱い主たる納税義務の存否等の第二次納税義務者の訴権利益は、本来の納税義務者により代理されているものとみることもできる

主たる納税義務の存否及び内容等については、本来の納税義務者に争訟の機会が与えられているから、第二次納税義務者がこれを争うことを認めないという制度をとったとしても不合理ではない

二次納税義務者（無限責任社員）の場合にまで、改めて第二次納税義務者に不服申立ての機会を与える必要がないと考えられるからである。

次納税義務者が別途にこれを争うことを認めないという制度をとったとしても、あながちそれを不合理なものであるとはいいきれないであろう。」と説明される[48]。この理論構成を整理すると図表3-13のようになる[49,50]。

この理論構成を分析すると、第二次納税義務者は、何らかの意味で本来の納税義務者と密接な親近性があるが、そのうち所定の範囲の納税義務については、両者の間に実質的な一体性を肯定しても公平に反しないような利害共通関係がある場合があり、この親近性の方に重きをおけば権利救済の面においても両者を一体的に扱える場合があるとしている。この考え方が、すべてにおいて不合理であるとはいいきれないだろう。

(2) 本来の納税義務者と第二次納税義務者の関係性

他方、最高裁昭和50年判決の上述の理論構成を裏返してみると、第二次納税義務者と本来の納税義務者との密接な親近性が認められない場合には、第二次納税義務者に訴権を与えないことが不合理となるという解釈をもできることが明らかとなる。

すなわち、第二次納税義務者には何らかの意味で本来の納税義務者と密接な親近性はあるが、そのうち所定の範囲以外の納税義務については、両者の間には実質的な一体性を肯定しても公平に反しないような利害関係があるとはいえず、人的独立性の方に重きをおけば権利救済の面においては両者を一体的に扱うべきではない場合があると解されるからである[51]。

この最高裁昭和50年判決の調査官解説の分析からも示唆されるとおり、第二次納税義務制度は、第二次納税義務者と本来の納税義務者との親近性や一体性を前提としている制度であるということができるとしても、それは後述するとおり、「財産権上の一体性」を前提としているのであり、「訴権上の一体性」という観点からは両者の関係にはさまざまな関係があるのである。

この点、金子宏名誉教授も従来から「第二次納税義務者が、常に本来の納税義務者とそのような密接な関係をもっているとは限らない。むしろ、第二次納

48　佐藤・前掲注(24) 409頁。

49　高木英樹「第二次納税義務者が本来の納税義務者に対する課税処分の瑕疵につき不服申立てをすることの可否」アコード・タックス・レビュー8号37頁（2016年）。

50　高木英樹「第二次納税義務が争われた事例」税理58巻7号75頁（2015年）。

51　高木・前掲注(49) 37頁。

第2節　権利救済／研究④　第二次納税義務者が主たる課税処分の違法を争える場合についての検討

税義務の告知があって、はじめて自分のおかれている状況を知り、しかもその
ときには、本来納税義務者に対する更正・決定等に対する出訴期間が経過して
いる場合も少なくない。このような場合に、第二次納税義務者に更正・決定等
の違法性を争う機会を与えないのは、不合理である。」と主張されていた[52]。

　佐藤繁最高裁判所調査官も「本判決は、……消極説[53]を採用した。もとより、
それは現行制度を前提としての解釈であって、およそいかなる者でも立法が第
二次納税義務者として定めさえすれば、当然に争訟の機会を与えなくてもよい
ものとしているものではない。」と言及されている[54]。

(3)　まとめ

　以上のとおり、最高裁平成18年判決および最高裁昭和50年判決の理論構成
の考察から、第二次納税義務者の主たる納税義務の瑕疵に対する不服申立ての
可否のもう一つの基準として、第二次納税義務者と本来の納税義務者との「訴
権上の一体性」という関係がクローズアップされてくるように思われる。次に、
第二次納税義務制度の趣旨や最高裁平成18年判決および最高裁昭和50年判決
を検討しながら、その基準を探りたい。

2　第二次納税義務者が主たる課税処分の違法を争える場合の基準

(1)　第二次納税義務制度の趣旨にみる「公平を失しない」関係の意味

　租税徴収制度調査会答申によれば、「第二次納税義務制度は、形式的に第三
者に財産が帰属している場合であっても、実質的には納税者にその財産が帰属
していると認めても、公平を失しないときにおいて、形式的な権利の帰属を否
認して、私法秩序を乱すことを避けつつ、その形式的に権利が帰属している者
に対して補充的に納税義務を負担させることにより、徴税手続の合理化を図る

52　金子・租税法171頁。

53　佐藤・前掲注(24) 406頁、410頁注3において消極説につき「これまでの多くの学説及び下級審
　　裁判例は消極説をとっていた。すなわち、第二次納税義務の納付告知は、主たる納税義務が課税
　　処分又は申告により具体的に確定したことと、その確定税額の徴収不能とを要件として行われる
　　ものであって、確定した主たる納税義務の内容が実体上の抽象的納税義務と一致していることは
　　納付告知の要件ではない……から、その不一致は納付告知の瑕疵となるものではないとし、また、
　　主たる課税処分の公定力からいっても、納付告知の取消訴訟で主たる納税義務の存否等を争うこ
　　とは許されない」と説明している。

54　佐藤・前掲注(24) 409頁。

第3章　滞納処分

ために認められている制度」である[55]。

これは、第二次納税義務制度の趣旨と解され、ここでいう「公平を失しないとき」とは、「形式的に第三者に財産が帰属している場合であっても、実質的には納税者にその財産が帰属していると認めても」という文言からみて、「財産の帰属」を問題としており、「財産権上」の「公平を失しない」関係をいうものと解される。すなわち、徴収手続の合理化を図るため、「財産権上」の「公平を失しない」関係にある者を第二次納税義務者として補充的に納税義務を負担させるのである[56]。

(2) 憲法32条の要請する関係性の意味

第二次納税義務者は主たる課税処分の瑕疵について、どのような場合に争うことができるであろうか。これは、憲法32条の裁判を受ける権利の要請と、第二次納税義務者と本来の納税義務者との関係とに関わるものである。

この点、川神裕調査官は、最高裁平成18年判決につき「昭和50年判決の前記判示の趣旨を徹底すれば、本件原判決のように、納付告知を受けた第二次納税義務者は、あたかも主たる納税義務について徴収処分を受けた納税義務者と同一の立場に立つものであるということができ、本来の納税義務者とは別に、主たる課税処分について不服を申し立て又は訴えを提起する固有の利益は有しないとする見解を導き出すことも可能であった。」としながらも、「しかし、このような見解については、主たる納税義務を争う第二次納税義務者の訴権は本来の納税義務者によって代理行使されているものとみて、第二次納税義務者が独立して主たる課税処分の瑕疵を争う救済手段を一切認めないとしても憲法32条（裁判を受ける権利）に抵触しないといえるだけの関係を本来の納税義務者と第二次納税義務者との間に常に肯定することができるかという問題があった。」[57]とし、不服申立ての可否を判断する基準としては、第二次納税義務者と本来の納税義務者との関係上、その訴権が代理行使されるかどうか憲法32条を根拠に判断すべきことを示唆されている。

これは、次に述べるように不服申立ての可否の判断をする場合には、「財産

55　大蔵省租税徴収制度調査会「租税徴収制度調査会答申」12頁（1958年）。

56　高木・前掲注(49) 38頁。

57　川神裕「時の判例」ジュリスト1330号137頁（2007年）。

第2節　権利救済／研究④　第二次納税義務者が主たる課税処分の違法を争える場合についての検討

権上の一体性」と「訴権上の一体性」を区分して考えるべきことを示唆していると解される。

(3) 第二次納税義務者と本来の納税義務者との一体性における二つの意味内容

そもそも第二次納税義務制度は、本来の納税義務者と一定の関係のある者を第二次納税義務者として補充的に徴収を図ろうとするものであり、それは本来の納税義務者と第二次納税義務者との「一体性」を前提としている制度であるということができる。

その意味で、最高裁昭和50年判決は、第二次納税義務について、「租税徴収の確保を図るため、本来の納税義務者と同一の納税義務を負わせても公平を失しないような特別の関係にある第三者に対して補充的に課される義務」と判示していると解される（**図表3-14**参照）。

第二次納税義務者と本来の納税義務者との「一体性」を議論するときには、その「一体性」が、「財産権上、公平を失しないような特別な関係」であるのか「訴権上、公平を失しないような特別の関係」であるのかを区別しなければならない。

前者では、財産権を侵害されても公平を失しない程度の一体性・親近性がある関係（以下「財産権上の一体性」と呼ぶ）であり、後者では、訴権が本来の納税義務者によって代理されていると判断しても第二次納税義務者の憲法32条に抵触しない程度の一体性・親近性があるという意味での公平を失しない関係

図表3-14　一体性を前提とした制度

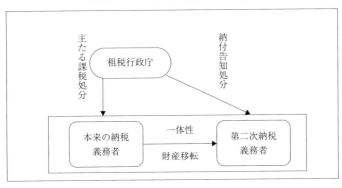

235

図表 3-15 「訴権上の一体性」がある場合

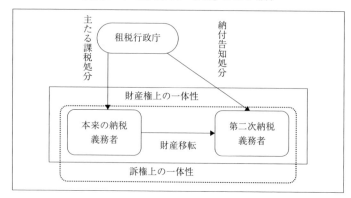

(以下「訴権上の一体性」と呼ぶ)である[58]。

これら「財産権」と、「訴権」とはいずれも憲法が要請する権利であり、前者は「財産権の保障」を、後者は「裁判を受ける権利の保障」を目的としているとみることができる。本来の納税義務者と第二次納税義務者との関係において、「財産権の保障」と「裁判を受ける権利の保障」の両方が満たされることが要請されていると解されるが、本来の納税義務者と第二次納税義務者との関係態様により、「財産権の保障」と「裁判を受ける権利の保障」の満たされる仕方はさまざまである(図表 3-15 参照)[59]。

例えば、徴収法 37 条所定の本来の納税義務者(同族会社)と第二次納税義務者(同族会社の株主)の関係であっても、その同族会社の代表取締役である株主が第二次納税義務者となる場合と、その同族会社の単なる同族株主でしかない第二次納税義務者とでは、「財産権の保障」の観点からは同様とみられても、「裁判を受ける権利の保障」という観点からは、同様とみることができないと解される。すなわち、前者の場合には本来の納税義務者の争訟の機会と第二次納税義務者の争訟の機会は一体とみられるが、後者の場合には、そうとはいいきれない。会社の経営にまったく関与しない同族株主が想定されるからである(図表 3-16 参照)[60]。

---

58 高木・前掲注(49) 39 頁。
59 高木・前掲注(49) 40 頁。

第2節　権利救済／研究④　第二次納税義務者が主たる課税処分の違法を争える場合についての検討

図表 3-16　「訴権上の一体性」がない場合

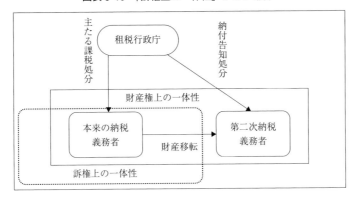

　よって、「財産権上の一体性」と、「訴権上の一体性」は、同一のものと判断すべきではなく、それぞれ区別して判断すべきものであると解される。言い換えれば、「財産権上の一体性」と「訴権上の一体性」を混同して判断することは許されないというべきである[61]。

(4) 小括

　このように、第二次納税義務者の主たる納税義務の瑕疵に対する不服申立ての可否のもう一つの基準として、第二次納税義務者と本来の納税義務者との「訴権上の一体性」という基準を提示することができた（**図表 3-16 参照**）。

　そこで次に、最高裁昭和50年判決および最高裁平成18年判決の射程などを考察したい。

60　例えば、親が事業を営んでいた同族会社Ｘ社の重要財産および株式が、2人の子に相続（重要財産は共有）され、一方の子Ａは事業承継してＸ社の代表取締役に就任し、他方の子Ｂは事業にはまったく関与せずＡとＢは疎遠の関係となった。その後、Ｘ社は法人税につき課税処分を受け、その課税処分に係る税を滞納していた。その滞納税につき、Ｘ社の重要財産を所有し株主であるＡおよびＢに対し、徴収法37条所定の第二次納税義務の納付告知がされた。ＡはＸ社の代表取締役のためＸ社が受けた課税処分を当然に知っているが、他方、ＢはＸ社の事業に関わらないため、納付告知を受けるまでＸ社が受けた課税処分につき不知であったというようなことは十分にありうる。このような場合、ＡとＸ社は一体と考えられ、Ａの主たる課税処分の瑕疵に対する訴権はＸ社によって代理されていると考えられるのに対し、他方で、ＢはＸ社の事業に関わらないため、Ｂの主たる課税処分の瑕疵に対する訴権はＸ社によって代理されないと考えられる。

61　高木・前掲注(49) 40頁。

第 3 章　滞納処分

3　射程と教示制度の適用

（1）最高裁昭和 50 年判決の射程

　最高裁昭和 50 年判決における第二次納税義務者は、地方税法 11 条の 6 第 2 号（共同的な事業者の第二次納税義務[62]）所定の同族会社判定基礎の株主であり、さらに当該同族会社の代表取締役でもあった。それゆえ、同判決は、第二次納税義務者に当該同族会社の課税処分の瑕疵につき訴権を与えなくても、当該同族会社において訴権は代理されていると判断したとみることもできる[63]。

　この点、佐藤繁最高裁判所調査官の解説において、「現行法上の第二次納税義務者は、いずれも、なんらかの意味において主たる納税義務者と密接な親近性を有する者であり、少なくとも所定の範囲の納税義務に関しては、両者の間に実質的な一体性を肯定しても公平に反しないような利害共通の関係があるものと認められる」ところ、第二次納税義務者の「人的独立性よりもこの親近性のほうに重きをおいて考えれば、右所定の範囲の納税義務に関しては、その権利救済の面においても両者を一体的に扱い、主たる納税義務の存否等についての第二次納税義務者の訴権利益は、主たる納税義務者によっていわば代理されているものとみることも不可能ではな」く、「主たる納税義務の存否及び内容等については、主たる課税処分の段階で主たる納税義務者に争訟の機会が与えられている以上、徴税確保という行政目的のために、その後の段階では第二次納税義務者が別途にこれを争うことを認めないという制度をとったとしても、あながちそれを不合理なものであるとはいいきれないであろう。」[64]とされている。

　最高裁昭和 50 年判決にあてはめれば、同族会社の株主である第二次納税義務者は、当該同族会社との関係上「所定の範囲の納税義務」者であって、訴権上の「権利救済の面においても両者を一体的に扱い、主たる納税義務の存否等についての第二次納税義務者の訴権利益は、主たる納税義務者によっていわば代理されているものとみること」ができ、「徴収確保という行政目的のために、その後の段階では第二次納税義務者が別途にこれを争うことを認めない」とし

62　徴収法 37 条 2 号所定の納税義務と同旨の規定である。

63　高木・前掲注(49) 36 頁。

64　佐藤・前掲注(24) 409 頁。

238

ても、「不合理なものであるとはいいきれない」場合に該当すると解釈できるのである[65]。

これは、第二次納税義務者の訴権利益が本来の納税義務者によって代理されていると判断しても公平を失しないほど両者の関係が強く、徴税確保という行政目的のため第二次納税義務者に別途の訴権利益を認める合理性がないとの判断であろう。

最高裁昭和50年判決の射程は、この観点から第二次納税義務者と本来の納税義務者との訴権利益上の一体性が強いものにのみ限定すべきという結論が得られよう[66]。

(2) 最高裁平成18年判決の射程

最高裁平成18年判決で問題となっている第二次納税義務者は、徴収法39条所定の第二次納税義務者であり、「本来の納税義務者から無償又は著しく低い額の対価による財産譲渡等を受けたという取引相手にとどまり、常に本来の納税義務者と一体性又は親近性のある関係にあるということはできない」という認定のもと、不服申立てできるとの判断を受けている。

そこで、最高裁平成18年判決の射程がどこまで及ぶかが問題となるが、最高裁平成18年判決は、「一般的、抽象的にいえば、国税徴収法上第二次納税義務者として予定されるのは、本来の納税義務者と同一の納税上の責任を負わせても公平を失しないような特別な関係にある者であるということができる」とし、第二次納税義務制度が両者の一体性を前提としていることを明らかにしているが、「その関係には種々の態様があるのであるし、納付告知によって自ら独立した納税義務を負うことになる第二次納税義務者の人的独立性を、すべての場面において完全に否定し去ることは相当ではない。」としている。

この点、川神裕最高裁判所調査官は最高裁平成18年判決の解説で、「本判決は、本件におけるXが国税徴収法39条所定の第二次納税義務者であることから、同条所定の第二次納税義務者についての判断を示したものである。同条所定の第二次納税義務者の場合であれば、上記のようなことをある程度一般的に述べることができるが、国税徴収法33条（無限責任社員）、34条（清算人等）、

---

65 高木・前掲注(49) 37頁。

66 高木・前掲注(49) 37頁。

第3章 滞納処分

35条（同族会社）等の場合には、本来の納税義務者との一体性が強く、必ずしもそのようにはいえないという見解もあるだろう。他の類型の第二次納税義務者についても同様に解されるかどうかは、本来の納税義務者との関係が、その類型の第二次納税義者に主たる課税処分の違法を争う訴権を全く認めないこと、あるいは、（訴権を認めるにしても、）独立した不服申立期間を認めないことも合理的と考えられる程度のものかどうかという判断に係ることになろう。」[67]と指摘している。

また、判例評釈で「他の類型の第二次納税義務者についても同様に解されるかどうかは、本来の納税義務者との関係が、その類型の第二次納税義務者に主たる課税処分の違法を争う訴権を全く認めないこと、あるいは、（訴権は認めるにしても）独立した不服申立期間を認めないことも合理的（合憲的）と考えられる程度のものかどうかという判断に係ることになろう。」[68]とも述べられている。

(3) 第二次納税義務者の不服申立ての可否の判断基準

この川神最高裁判所調査官の指摘は、第二次納税義務者に不服申立ての可否が認められるかどうかは、徴収法36条から41条までの種々の類型の第二次納税義務者と本来の納税義務者との関係が、訴権をまったく認めない、あるいは、独立した不服申立期間を認めないとしても、憲法32条の裁判を受ける権利に抵触しないほどの、強い一体性があるかどうかという基準に基づいて判断されるべきものとしていると解したい[69]。

また、川神最高裁判所調査官の「同条所定の第二次納税義務者の場合であれば、上記のようなことをある程度一般的に述べることができる」との書きぶりからは、徴収法39条所定の第二次納税義務者については最高裁平成18年判決の射程に入るようにも解されるが、徴収法39条所定の第二次納税義務者であっても、訴権上の一体性が認められるものもあるのであるから、徴収法39条所定の第二次納税義務者のすべてが最高裁平成18年判決の射程に入るわけではない。

67　川神・前掲注(25) 96頁。
68　川神・前掲注(57) 138頁。
69　高木・前掲注(49) 45頁。

第2節　権利救済／研究④　第二次納税義務者が主たる課税処分の違法を争える場合についての検討

(4)　第二次納税義務者の訴権

　第二次納税義務制度の制度趣旨上の「公平」の意味するところが、上述の検討のとおり「財産権上の一体性」を意味するという前提で考えると、第二次納税義務者の「訴権上の一体性」については別個に判断すべきものと解される。すなわち、訴権が本来の納税義務者によって代理されていると判断しても第二次納税義務者の憲法32条（裁判を受ける権利）に抵触しない程度の一体性・親近性があるかどうかで判断すべきと考えられる。

　また、現行の実定法上の第二次納税義務制度は、第二次納税義務者の主たる課税処分に対する訴権についての規定を設けていない。いわば、現行制度は、第二次納税義務者が主たる課税処分について争訟提起することを予定していなかったと解される。制度上、第二次納税義務者の当該訴権が予定されてないならば、納税者権利救済の観点からは、憲法32条の要請に応えるべく、原則として第二次納税義務者に訴権を与えることとすべきである。

　この点、川神最高裁判所調査官は最高裁平成18年判決の解説で「租税関係法規が第二次納税義務を制度上予定しながら第二次納税義務の発生に際して主たる課税処分を争う手段を設けておらず、解釈論によってもそれを認める余地がないとすれば、主たる納税義務を確定する課税処分において、適正な課税を要求する租税法規は、本来の納税義務者のみならず第二次納税義務者の権利利益を保護することをも目的として行政権（課税権）の行使に制約を課しているものと解すべきであろう。」[70]と指摘される。

　すなわち、制度上義務だけを制定し、その義務に対する権利救済手段が設けられていない場合には、適正な課税を要求する租税法規は、その権利救済手段が設けられていない義務者の権利利益を保護することをも目的として行政権の行使に制約を課しているものと解すべきであるとしているのである。

　これを第二次納税義務者の主たる課税処分に対する訴権についていえば、第二次納税義務に対する権利救済手段が設けられていないから、適正な課税を要求する租税法規は、当該第二次納税義務者の権利を保護することをも目的として、徴収手続の合理化を目的とした第二次納税義務制度（課税権）の行使に制約を課しているものと解すことができよう。

70　川神・前掲注(25) 93頁。

第3章 滞納処分

　そして、例外的に第二次納税義務者の当該訴権を認めない場合を、第二次納税義務者の訴権が本来の納税義務者によって代理されていると判断しても憲法32条に抵触しない程度の一体性の強い特別の関係がある場合、すなわち、「訴権上の一体性」がある場合に限るのである。

　第二次納税義務者が主たる課税処分の瑕疵について不服申立てをすることができるかどうかのメルクマールは、第二次納税義務者の訴権が本来の納税義務者によって代理されているとみても憲法32条に抵触しないかどうかである。すなわち、両者に「訴権上の一体性」が存するかどうかで判断すべきこととなると考えられる。

　一般論としては、原則的に第二次納税義務者は、自己の法律上の利益を侵害されるおそれがある場合には、主たる課税処分の瑕疵について訴権を有するものとするのが、納税者権利救済の観点から望ましいと考えられる。例外的に、第二次納税義務者と本来の納税義務者との間に「訴権上の一体性」が認められ、その「訴権上の一体性」の程度が第二次納税義務者に主たる納税義務の違法を争う訴権をまったく認めないこと、あるいは、独立した不服申立期間を認めないとしても、憲法32条の裁判を受ける権利に抵触しない程の強いものであると認められる場合に限り、不服申立てまたは独立した不服申立期間を認めないこととするのである。

　具体的には、当該訴権を認めないのは、第二次納税義務者と本来の納税義務者とが実質的に同一の者と認められるもの（例えば徴収法33条所定の無限責任社員や、本来の納税義務者が会社で第二次納税義務者が当該会社の代表取締役である場合等）に限ることとするのである。

　また、最高裁平成18年判決で問題とされた徴収法39条所定の第二次納税義務者であっても、必ずしも最高裁平成18年判決の射程が及ぶとは限らない。例えば、徴収法39条所定の本来の納税義務者が非同族である株式会社で、第二次納税義務者が当該会社の代表取締役であったような場合、本来の納税義務者と第二次納税義務の間には「訴権上の一体性」が認められる。この場合には、当該第二次納税義務者には不服申立てを認めるべきでないと考えられる。もし、このような場合にまで最高裁平成18年判決の射程を認めてしまうと、徴収手続の合理化が図られない。

242

第2節　権利救済／研究④　第二次納税義務者が主たる課税処分の違法を争える場合についての検討

　他方、徴収法 34 条、35 条所定の第二次納税義務者であっても、「訴権上の一体性」が認められないような場合には、不服申立てが認められると解される。例えば、徴収法 34 条所定の第二次納税義務者である清算人または残余財産の分配を受けた者が、本来の納税義務者である法人に対して行われた課税処分について不知であるようなことは十分にありうるのであるから、その場合には、「訴権上の一体性」を基準として個別具体的に判断することとなろう。

(5)　教示制度の適用

(i)　納付告知処分の不服申立てで主たる課税処分の瑕疵の争訟

　最高裁平成 18 年判決の射程が徴収法 39 条所定の第二次納税義務者を含めそれ以外の第二次納税義務者まで広く及ぶものと考えても、その可否に争いがある場合には、最終的には司法の判断を待たなければならない。その意味で納税者にとって法的安定性や予測可能性が担保されているとはいえないと考えられる。

　また、第二次納税義務の納付告知によりはじめて自分に課された納税義務を知ることとなる第二次納税義務者が、その納付告知の取消訴訟において本来の納税義務の瑕疵を、納付告知処分に固有の違法と同時に争うことができないのは納税者の権利救済の観点から適当ではないと考える。これは、裁判制度の適正な運用と納税者の便宜の観点からは、本来の納税義務者に対する確定処分の違法と納付告知処分の違法を同時に争い同時に解決しうることが適当であると考えるからである[71]。

　そのため、第二次納税義務者の争訟手続上の便宜を考慮すれば、第二次納税義務者の納付告知処分の取消訴訟において、主たる納税義務の瑕疵を争訟できることとすべきであると考えられる。第二次納税義務者の訴権につき、憲法 32 条の要請と徴収手続の合理化の要請を基準に整備したうえで、第二次納税義務者は主たる課税処分の瑕疵についても、その納付告知処分の取消訴訟において争訟しうるよう、条文上不服申立制度を規定すべきだと考える。

(ii)　第二次納税義務者へ主たる課税処分に係る教示制度

　第二次納税義務者と主たる納税義務者に訴権上の一体性が認められない場合に、第二次納税義務者は、主たる納税義務の瑕疵について不服申立てすること

71　金子・租税法 171 ～ 172 頁。

第3章　滞納処分

ができることとなる。この場合に第二次納税義務者の権利救済の観点から、第二次納税義務者への主たる課税処分に関する教示制度の適切な適用が問題となる。

　行政不服審査法 82 条によれば、行政庁は、不服申立てをすることができる処分をする場合には、処分の相手方に対し不服申立てをすることができる旨、不服申立てをすべき行政庁および不服申立てをすることができる期間を書面で教示しなければならないこととされている。同条は、税法上の処分についても通則法 80 条 1 項の規定により適用されることとなる[72]。よって、主たる納税義務の瑕疵について不服申立てすることができることとなる場合には、当然に行政不服審査法 57 条の適用があることとなる。

　しかしながら、現在の課税実務上、第二次納税義務者への主たる納税義務に対する課税処分の理由説明が、教示制度に従って適切になされているかどうかは疑問である。

　この点について、中村芳昭青山学院大学名誉教授は、「税務行政上は第二次納税義務の納税告知処分に対して教示制度の適用が従来からなされているとしても、主たる課税処分に対する教示制度の適用はどのようになるのか、前記の納付告知処分に対する教示（教示文）があればそれでよいのか、それとも主たる課税処分に対する教示も併せて必要とされるのか、そして、この場合に併せて必要とされる場合の教示は一体どのような形式・内容でなされるのかといった問題が手続的に未解決となっている。こうした問題に関する何らかの議論は現段階ではまったく見あたらないので、これまでこのような場合の教示制度の適用に関する議論はなされていない」[73] とされる。もし、この教示制度が主たる納税義務についてなされないならば、第二次納税義務者は、主たる課税処分に関して、少なくとも不服申立てをすることができる旨、不服申立てをすべき行政庁および不服申立てをすることができる期間の教示を受けず、主たる課税処分に対する不服申立てあるいは争訟に係る情報の点で、租税行政庁に対して相対的に弱い立場におかれることとなる。

　さらに、第二次納税義務者が主たる課税処分の瑕疵について争訟できるかど

72　中村・教示制度 214 頁。

73　中村・教示制度 213 頁。

第2節　権利救済／研究④　第二次納税義務者が主たる課税処分の違法を争える場合についての検討

うかが明らかでない場合について、教示制度の適用についてどのように考える
べきかという問題がある。

　この点、中村芳昭名誉教授は「租税の課税処分および徴収処分の不服申立て
には制度的に不服申立前置主義が適用されていることからすれば、租税行政庁
が第二次納税義務者と本来の納税義務者との間の法律関係における一体性又は
親近性に基づいて教示義務の適用の要否を判断することは適当でない。その判
断を間違えれば、第二次納税義務者の権利救済の権利と機会を奪ってしまう危
険性を孕むことになり、場合によっては憲法上の裁判を受ける権利を侵害する
ことにもなりかねないからである」とし、「税法上は租税行政による処分性が
認められる限り、教示制度は一律に適用されるべきである」[74] とされる。

　また、中村芳昭名誉教授は、最判昭 49・4・25（民集 28 巻 3 号 405 頁）[75] が、
青色申告承認の取消処分に対する理由附記に関して、先行手続において相手方
納税者がその取消理由を了知できる場合であっても、その知、不知に関わりな
く必要な取消理由を附記すべきであると判示したことにならって「第二次納税
義務者が主たる課税処分の権利救済を認められることに関する知、不知に関わ
りなく適用されると解すべきである。」[76] とされる。納税者救済の観点から中
村芳昭名誉教授の考え方に賛同したい。

（iii）第二次納税義務者へ主たる課税処分に係る理由附記

　主たる納税義務に課税処分があった場合には、主たる納税義務者は当該課税
処分につき理由の説明を受けることとなっている。国税通則法 74 条の 11 によ
り、税務調査の結果、更正決定等をすべきと認められる場合には、国税職員は
納税義務者に対して、その調査結果の内容（更正決定等をすべきと認めた額およ
びその理由を含む）を説明するものとされているからである。

74　中村・教示制度 231 頁。

75　最高裁は、「所論は、更に、一般的には取消しの基因となつた事実を附記すべきであるとしても、
　少なくとも処分の相手方において現実に右事実を了知し、かつ、これを自認していたような場合
　には、その附記を要しないものと解すべきである旨主張するが、右附記を命じた規定の趣旨が、
　処分の相手方の不服申立てに便宜を与えることだけでなく、処分自体の慎重と公正妥当を担保す
　ることにもあることからすれば、取消しの基因たる事実は通知書の記載自体において明らかにさ
　れていることを要し、相手方の知、不知にはかかわりがないものというべきである。」と判示し
　ている。

76　中村・教示制度 232 頁。

245

第3章　滞納処分

　一方、第二次納税義務者が主たる納税義務の瑕疵について争うには、主たる納税義務に係る課税処分がいかなる理由に基づいて行われたかを知る必要がある。しかしながら、現行の課税実務上、第二次納税義務者へは主たる納税義務に対する課税処分の理由の説明がされていないのが現状である。そのため、主たる課税処分に瑕疵があったとしても、第二次納税義務者が主たる課税処分の瑕疵を明らかにするための情報が不足し[77]、不服申立てをする際の便宜を図ることができない。

　この点、現在の租税法において処分理由の記載が基本とされる環境のなかでは、むしろ第二次納税義務者に対しても主たる課税処分に対する理由の説明が必要であると解すべきであろう。その理由は2点あげられる。一つは、前掲最判昭49・4・25によって青色申告の取消通知書等の理由附記の趣旨・目的として確立された①処分庁による処分の判断の慎重性の担保と②相手方の不服申立ての便宜のためという法理に基づくものであり、今一つの理由は、第二次納税義務者の権利救済を主たる課税処分についても納付告知処分日を基準に認めた最高裁平成18年判決が課税実務上の実効性をもちうるためには第二次納税義務の納付告知処分の理由附記が不可欠であるとの考え方によるものである。

　このような観点に立てば、主たる納税義務が租税行政庁の課税処分に基づく場合においては、第二次納税義務の納付告知の際に、第二次納税義務の納付告知を行うときは、納付告知にあたって租税行政庁は第二次納税義務者に対して、主たる納税義務に対する課税処分につき、その調査結果の内容（更正決定等をすべきと認めた額およびその理由を含む）を説明すべきと考える。

4　違法性の承継と公定力の問題について

（1）概要

　第二次納税義務者が主たる課税処分の瑕疵を争う方法として次の二つがある。

①自らの第二次納税義務に関する「納税告知処分」の取消訴訟において、間接的に主たる課税処分の瑕疵を争う方法

②第二次納税義務者が、主たる課税処分の取消訴訟を、直接提起して争う方

77　いわば「情報の非対称性」ともいうべき状況であり、第二次納税義務者は、課税庁との対比において主たる課税処分に関する情報の点で相対的弱者となっている。

246

第2節　権利救済／研究④　第二次納税義務者が主たる課税処分の違法を争える場合についての検討

法

　最高裁昭和50年判決においては、①の方法によることができるかどうかについて争われた。他方、②の方法の可否が争点となったのが、最高裁平成18年判決および大阪高裁平成元年判決である。

　①の争訟方法が可能であるというためには、克服すべき問題として違法性の承継および公定力の問題があるので、ここでは、最高裁昭和50年判決で問題となった違法性の承継の問題について検討したい。

(2)　違法性の承継と公定力の問題

　ここでは、最高裁昭和50年判決の判断を今一度見直して、①の争訟方法によって、第二次納税義務者の権利救済が図れるかどうかを検証したい。この違法性の承継および公定力の問題については、小早川光郎東京大学名誉教授が主張される「客観的納税義務説」を前提とした「公定力制限論」により克服できると考える[78]。

　小早川名誉教授は、最高裁昭和50年判決の評釈において、違法性の承継の問題につき、「問題のひとつは、主たる課税処分と第二次納付告知とのあいだに違法性の承継が認められるか、である。最高裁昭和50年判決は、学説の傾向に沿い、主たる課税処分の無効が主張される場合は別として、これを否定している。結論としては正当であろう。ただしそれは、第二次納付告知も徴収手続に属し、かつ、一般に課税手続と徴収手続とのあいだには違法性の承継がない、という理由からではなく（主たる納税義務者については課税手続の違法をその段階で争うための制度が整備されているのに対し、後述するように第二次納税義務者の場合は事情が異なる）、第二次納付告知は、主たる納税義務の賦課徴収手続とはその当事者を異にし、それぞれのよって立つ法律関係を異にするものだからである。」[79]と述べられている。

　このように最高裁昭和50年判決について、第二次納税義務制度の納付告知処分は主たる課税処分とその当事者を異にするから両当事者のよって立つ法律関係も異なるため、その結論は正当であるとしつつも、その理由（機械的に、

---

[78]　小早川光郎「第二次納税義務にかかる納付告知を受けた者は、右告知の取消訴訟において、主たる納税義務の存否または額を争うことができるか」ジュリスト583号159頁（1975年）。

[79]　小早川・前掲注(78) 160頁。

第3章　滞納処分

本来の納税義務者と第二次納税義務者との間に違法性の承継がないという根拠）については、問題があるとしているのである。

(3) 納付告知の構成要件である「主たる納税義務」の意味

そこで、小早川名誉教授は、第二次納税義務の付従性の問題につき、「第二次納付告知の前提としての第二次納税義務の成立および存続は、主たる納税義務のそれと無関係でありえない。第二次納税義務のいわゆる付従性の問題である。そこで、つぎには、主たる納税義務の存否・内容およびその賦課徴収手続の進行が、第二次納付告知の要件のうちにいかなるかたちで組込まれているか、を検討しなければならない。これは、第二次納付告知の要件と解される "主たる納税義務（に係る滞納）"の意味の問題であり、右の概念については二つの理解がありうる。」とされて、納付告知の構成要件である「主たる納税義務」の意味について、次の二つの見解をあげられている。

①確定納税義務説…主たる納税義務を、申告ないし課税処分によって確定された税額を内容とする納税義務と解する説

②客観的納税義務説…主たる納税義務を、客観的事実および法の正当な解釈・適用に基づいて認定されるべき納税義務と解する説

そして、小早川名誉教授は、最高裁昭和50年判決が主たる納税義務の瑕疵に関する第二次納税義務者の主張を本件納付告知の固有の瑕疵に当たらないとしているのは、確定納税義務説の理解を前提とするものであろうとし[80]、他方、「客観的納税義務説によれば、主たる課税処分によってありとされた納税義務が客観的には存在せず、あるいはその客観的な額が右処分によって確定された額より少ない場合には、右処分を基礎としてなされた第二次納付告知は違法となる。しかもそれはまさに第二次納付告知の固有の要件に関する瑕疵にあたるわけである。」[81]と述べられている。

(4) 客観的納税義務説の問題と「公定力制限論」

この「客観的納税義務説」によれば、納付告知処分の取消訴訟において主たる納税義務の瑕疵を争うことができるとされる。しかし、この説の問題として

80　小早川・前掲注(78) 160 頁。
81　小早川・前掲注(78) 161 頁。

第2節　権利救済／研究④　第二次納税義務者が主たる課税処分の違法を争える場合についての検討

小早川名誉教授は、「納税義務者が客観的な存否または額を独自に主張することは、先行する主たる課税処分の公定力に触れるのではないかという反論が当然生じうる。」[82]と指摘される。

すなわち、主たる納税義務が課税処分により具体的に確定すると、その確定した具体的な納税義務の内容が抽象的納税義務と一致するものとして取り扱われる（公定力）こととなっており、その確定した税額等とは別に、さらに抽象的なあるべき税額等を措定しなければならないという問題への批判である。

この批判に対し、小早川名誉教授は、現行の取消訴訟手続制度上、納税者の権利救済の要請と行政上の必要性との機能的な調和の観点から、この公定力の及ぶ範囲が制限されうるという「公定力制限論」を展開される。「単なる試論ではあるが、公定力の及ぶ範囲の問題として説明することができるように思われる。すなわち、課税処分とは、納税義務の存否・額についての判断を内容とし、これに、納税義務者に対する一種の債務名義たる効力が結合されているものと考えられる。いま問題となっている主たる課税処分の公定力とは、このうち、（主たる）納税義務の存否・額の判断について生ずるものであり、それが主たる納税義務者に対して及ぶことは当然である。しかし、右処分の公定力が自己に対する納付告知を争う第二次納税義務者にまで及ぶと考えることは、おそらく不当であろう。というのは、かりにこれを肯定するとすれば、そのような公定力を伴う主たる課税処分に対しては、第二次納税義務者が適時に不服を主張しうる機会を制度上設定しておくべきはずである。しかし、そのような制度的しくみが設けられていないことは前述したとおりであり、このことから逆に、第二次納税義務者に対しては主たる課税処分の公定力が及ばないと考えることが許されるのではなかろうか。かりにそうであるとすれば、さきにもどって、客観的納税義務説をとることは理論的に可能であり、したがってまた、結論としてはこの説が正当と考えられる。」[83]と述べられている。

佐藤繁最高裁判所調査官も最高裁昭和50年判決の判例解説において「この公定力制限論は、いわゆる先決問題について行政処分の公定力ないし遮断効がどこまで及ぶかは、画一的機械的に考えるべきではなく、取消訴訟手続の制度

---

[82]　小早川・前掲注(78) 161頁。
[83]　小早川・前掲注(78) 161頁。

的仕組みに考慮を払いつつ、行政上の必要性と権利救済の要請との機能的調和の見地から判断すべきであるという基本的考え方を前提として、現行制度上、主たる課税処分に対して第二次納税義務者が適時に不服を主張しうるような仕組みが設けられていないことからすると、その公定力ないし遮断効は納付告知の取消訴訟において第二次納税義務者が主たる納税義務を争うことに対してまで及ぶものではないと説くものである。基本的な問題提起を含む注目すべき見解」[84] と述べられている。

金子宏名誉教授もこの点につき、「本来の納税義務者に対する更正・決定等の内容が、第二次納税義務の内容をなしていることにかんがみると、このような場合には、更正・決定等の違法性のうち実体的違法性は第二次納税義務の告知処分の違法原因でもあると考え、第二次納税義務者は、更正・決定等に存した実体的違法性を理由として告知処分の取消を求めることができると解すべきであろう」[85] と述べられる。

(5) 小括

このように、違法性の承継および公定力の問題は、「公定力制限論」により克服できると考えられる。

すなわち、自己に対する納付告知を争う第二次納税義務者に対しては主たる課税処分の公定力が及ばないと考えることにより、主たる納税義務を客観的事実および法の正当な解釈・適用に基づいて認定されるべき納税義務と解する「客観的納税義務説」をとることによって、違法性の承継および公定力の問題は克服されるのである。

よって、最高裁昭和 50 年判決のように、自らの第二次納税義務に関する「納税告知処分」の取消訴訟において、間接的に主たる課税処分の瑕疵を争うという方法も可能とすべきである。この観点からは、最高裁昭和 50 年判決は取り消されるべきである。

84 　佐藤・前掲注(24) 408 頁。
85 　金子・租税法 171 頁。

第2節 権利救済／研究⑤ 徴収手続の現状と問題点について

研究⑤ 徴収手続の現状と問題点について

1 現状

　徴収法は、国や地方公共団体に対し租税徴収に関する自力執行権を付与し、租税債権に関する一般的優先権を承認するという特別の制度的前提のもとに租税の強制徴収制度を定めている[86]。

　また、徴収法は租税の滞納者に対し最終的にその財産を差し押さえて公売等の処分をし、その滞納者の滞納税額分をその者の財産の処分によって強制徴収することを主たる目的とする手続法制であり、換言すれば、租税を滞納した場合にその滞納納税者の財産を強制的に剥奪する手続であるといえる。そうした滞納納税者の財産の強制的な剥奪手続においてそもそも滞納納税者をどのように処遇すべきか、またその手続はどのようなものでなければならないかが問題となる[87]。

　わが国の膨大な財政赤字の基礎的財政収支（プライマリーバランス）を回復し、少子高齢化社会の社会保障財源を安定的に確保するために、今後消費税率の引上げが行われる場合、消費税の滞納が大きく増大することが予測される。また、同じく国家財政の大幅な赤字は、税務行政においては、それを背景として一方では国税の滞納整理の強化が強調され、他方ではしかしそのために必要な徴収職員数の増強が十分になされなければ、徴収職員に対し直接間接に滞納整理に関するある種のノルマ主義的な徴税強化圧力として作用し、滞納処分手続における強権化を誘発するおそれがある。このような強権化を避けるには、徴収手続法制度に対し適正手続の観点から滞納者や関係者の権利保障を強化することが不可欠であるといえる[88]。

　徴収法を法的基盤とする租税および公課等の強制徴収手続が、滞納納税者等の財産権を侵害することは避けられないが、決して無制限に認められているわけではない。いかなる滞納者であっても、それぞれの実情に応じた形で滞納問題を解決し、生活や事業の再建・再生を含め人間として再チャレンジする機会

86　中村・現状と課題1頁。
87　中村・現状と課題9頁。
88　中村・現状と課題5頁。

251

第 3 章　滞納処分

が与えられる必要があろう[89]。

　徴収法のもとでの滞納整理行政の中心的問題が、徴税実務上、徴収職員に広範な裁量が認められている点である。例えば差押えの実施日（徴47条）、差押財産の選択（徴基通47条関係17）、第三者の権利の目的となっている財産の差押換えの請求（徴50条）に対する判断、滞納処分の停止（徴153条1項）など、多くの事項について、その決定・判断は徴収職員の裁量に委ねられている[90]。しかし、最近の徴税行政実務においては、量的にその処理能力を超える滞納事案が累積し、質的にますます複雑困難な滞納事案が増大してきているにもかかわらず、それに見合った徴税職員の増員がなされず、多数の滞納処理事案を割り当てられるという事実等を背景として、例えば、売掛債権の差押え、取引先・金融機関等への無差別照会、納税者の居宅差押えといったこれまでの徴税行政自身による自制を踏み越える事例が増えてきていることが指摘されている。こうした自制の限界は、強制徴収手続における滞納納税者に対する徴税行政の基本的理念を転換して、滞納納税者の権利保障の観点から強制徴収手続における法治主義を徹底させるための手続的保障を検討すべき時代にきていることを示している[91]。

　平成23年12月通則法改正で通則法第7章の2（国税の調査）が定められた。法改正の趣旨は「手続の透明性及び納税者の予見可能性を高め、調査に当たって納税者の協力を促すことで、より円滑かつ効果的な調査の実施と申告納税制度の一層の充実・発展に資する観点及び課税庁の納税者に対する説明責任を強化する」というものである。この改正によって従来論じられてきた、調査対象・範囲・時期、事前通知、理由の開示義務、調査実施時における国税職員の裁量権の逸脱、調査終了手続等の税務調査の論点が解決され、税務調査の開始から終了に至るまでの一連の手続が整備改善された。

　従来からの税務調査の議論で、税務調査における租税行政庁と納税義務者との基本的な関係は、情報・資料の収集を通じた公正な課税の実現を図ることと納税義務者の権利ないしは自由と利益の保護との調整に関わっているとされ、

89　角谷啓一「手つかずの徴収行政上の納税者の権利保護」日本租税理論学会報告書17頁（2013年）。
90　中村・現状と課題11頁。
91　中村・現状と課題12頁。

第2節　権利救済／研究⑤　徴収手続の現状と問題点について

大きな権限が集中している租税行政庁の権利行使について、その要件を具体的に定める行政実体法・行政手続法の存在の必要性が論じられており、今回の通則法改正はこの租税行政庁の税務調査の権利行使に対して、手続法の整備・制定を行ったものといえる。

この他、税務調査で取引の非違が生じた場合の不利益な課税処分等のすべてに理由附記が義務付けられた[92]。

今回の通則法改正では、公権力の行使、租税行政庁の裁量に係る問題点の解決分野として、税務調査における手続規定の見直し、一定の進展をみたわけであるが、滞納処分の分野は見直しの対象範囲に含まれていない。

そのなかでも、平成23年の改正通則法では、申請の拒否処分および不利益処分（督促、差押えなど）のすべてに理由附記が実施されることになり、平成25年1月1日以後の処分から適用されている[93]。

しかしながら、税務調査においては事前通知の手続、実地の調査の意義、質問検査権、提出物件の留置き、調査終了の手続、理由附記などについて明確化されたことを考えれば、徴収・滞納処分の手続は多くの未検討項目が残されている。

2　問題点

徴収法は租税の滞納者に対し最終的にその財産を差し押さえて公売等の処分をし、その滞納者の滞納税額分をその者の財産によって強制徴収することを主たる目的とする手続法制であり、換言すれば租税を滞納した場合にその滞納納税者の財産を強制的に剥奪する手続である。そうした財産の強制的な剥奪手続においてそもそも滞納納税者をそのように処遇すべきか、またその手続はどのようなものでなければならないかが問題となる[94]。

売掛金債権の差押え、取引先・金融機関への無差別照会、納税者の居宅差押えといったこれまでの徴税行政自身による「自制」を踏み越える事例が増えて

92　東京税理士会調査研究部『納税者の権利を守るための税理士が使いこなす改正国税通則法』76頁（清文社、2016年）。

93　東京税理士会調査研究部・前掲注(92) 122頁。

94　中村・現状と課題9頁。

253

第3章　滞納処分

きていることが指摘されている。滞納納税者に対する徴税行政の基本的理念を転換して、滞納納税者の権利保障の観点から強制徴収行政における法治主義を徹底させるための手続的保障を検討すべき時代にきている[95]。

　例えば、差押えの具体的な実施日（徴47条）や差押え財産の選択（徴基通47条関係17）について、さらには滞納者による差押え財産の変更の申立てを認めるか否かについて、税務行政庁には広範な裁量権が認められている[96]、という実態がある。

　また、別の例として、納税者から納期限どおりの納付ができない旨の相談があった際、納税猶予制度に係る法律を適用せず、徴収職員の裁量で分納処理を決めてしまう慣例があげられる。滞納の累積化・長期化の背景には「納付折衝中心の事務処理」が定着したことがある。「納税者の実情に即した処理」の誤った考え方が脈々と引き継がれている。すなわち、最初から「猶予ありき」の対応で初期接触から「何回の分納とするか」という処理である。徴収職員の裁量を認めているところから、法令に基づかない処理がみられ、租税法律主義および租税公平主義から好ましくない状況にある。これらの是正が「滞納整理に当たっての適正手続のあり方」に繋がると考えられる[97]。

　わが国の差押えは、「実務上は直ちに差押えに移行するのではなく、まず文書催告あるいは電話催告または面談による納付慫慂を実施し、その後に差押予告等を行い、それでも納付がない場合に差押えがされるのが一般的である。したがって、法律上規定されている差押え等の事前通知は督促状のみではあるが、実務上は行政指導という形で事前通知を行っており、この納付慫慂等の行政指導については行政手続法が適用され、また、事実上苦情や嘆願を申し述べることもできる。この点ではわが国の徴収手続きは適正手続が保障されているということができる」[98]との見方もある。しかしながら、徴税実務上では文書催告、

95　中村・現状と課題12頁。

96　高木英行「米国連邦徴収行政における手続的デュー・プロセス」早稲田法学会誌54巻55頁（2004年）。

97　藤田健治「滞納整理に当たっての適正手続の在り方―滞納整理のあるべき姿の一考察」税大論叢57号56頁（2008年）。

98　森浩明「米国の租税徴収制度について―内国歳入庁（IRS）改革法下の徴収制度」税大論叢40号656頁（2002年）。

第2節　権利救済／研究⑤　徴収手続の現状と問題点について

電話催告、面接による納税慫慂といった事前告知手続が事実上実施されているとされるものの、それらが法令による要件として定められてはいないことから、司法審査には限界があったといえる。仮に滞納処分において適正手続にかなった事前告知制度が徴税手続において事実上実践されているのであれば、それは本来立法化されるべきものである[99]。

　わが国では差押え前の適正手続の保障において行政指導の果たす役割が大きいのが特徴である。これに対し米国では、内国歳入法により差押え前の事前通知と聴聞手続が整備され、適正手続が保障されている。わが国では差押えの後に、処分庁への異議申立ておよび国税不服審判所への審査請求の手続が認められているのとは対照的である[100]。わが国では納付慫慂等の行政指導において納税者の申立てを斟酌しており、必ずしも事前聴聞を設ける必要はない[101]との考え方については、事実上納税者の保護が図られているといっても、あくまでその運用は課税庁の裁量下におかれており、法令化を検討する必要がない、とはいえないであろう。

　徴収法を準用している社会保険事務所の差押え等では国税が「すべての公課その他の債権に先だつて徴収する」（徴8条）ことから、国税との競合を避けるために社会保険料等の滞納に対して、十分に弁明を聞かずに直ちに債権等を差し押さえる事例が増え、滞納者とのトラブルの原因となっていることもある[102]。

99　中村・現状と課題 14 頁。

100　森・前掲注(98) 662 頁。

101　森・前掲注(98) 662 頁。

102　中村芳昭監修『税務行政の改革』／東京税財政研究センター編 111 頁（勁草書房、2002 年）。

255

第3章 滞納処分

第3節 地方税の納付徴収手続

1 概説

　地方税の場合、主な税目の課税方式として賦課課税方式がとられている。これは、地方公共団体等の租税行政庁が納付すべき税額を計算して納税者に通知する方法である。

　賦課課税方式においては、例えば市町村の基幹税である固定資産税でいえば、不動産登記簿に基づき課税される。これは、地方税でも申告や給与支払報告書に基づいて課税される市民税や県民税（住民税）などのように、地方公共団体が調査権を行使して独自に収集した資料に基づいて賦課処分するというよりも、既存の他の制度によって登記され、あるいは納税者等から提供された資料に基づいて賦課処分するという仕組みになっている[1]。

　一方で、地方税の具体的な滞納処分については、地方税法は「国税徴収法に規定する滞納処分の例による」としており、地方税法に規定する事項を除き[2]、徴収法（徴収法施行令、徴収法施行規則を含む）の規定を全面的に準用することとしている[3]。そのため、地方税の課税の仕組みのなかにあって、地方税法は、「滞納処分のため滞納者の財産を調査する必要があるときは、その必要と認められる範囲内において、次に掲げる者に質問し、又はその者の財産に関する帳簿書類を検査することができる。」（地331条6項等が準用する徴141条）であるとか、「滞納処分のため必要があるときは、滞納者の物又は住居その他の場所につき捜索することができる。」（徴142条）と規定している。したがって、地方税の滞納整理においては、上記に例示した地方税の賦課等の場合とは異なり、地方の徴収職員が独自に収集した資料に基づいて滞納者の納付能力を判断し、滞納処分をすることができるとしている[4]。このように、地方税の滞納整理に

1　鷲巣・よくわかる2頁。
2　地方税独自の規定として、自動車等の売主の第二次納税義務（地11条の9）等がある。
3　橘・実務14頁。
4　鷲巣・よくわかる2頁。

256

第3節　地方税の納付徴収手続／② 地方税の納付

関しても、国税と同様に徴収職員には比較的広範で強力な調査権限と、滞納税を強制徴収するための強い権限（自力執行権）が与えられているのである[5]。

　実務上、地方における滞納処分については、各地方公共団体に備え付けられているマニュアルに従って行われるケースが多い。これは、ほとんどの地方団体では、地方税の執行を担当する徴収職員も専門の税務職員を置かずに各自治体の職員を一定の期間の間、地方税の担当者として配属しているという現実に基因するところが大きいといえる。そして、近年、地方における強硬な滞納処分の事例がたびたび取り上げられている現状は、その主な要因として、地方公共団体の税務職員が滞納処分を行う場合にもそのようなマニュアルに依存せざるを得ないことに起因していると推測できる。

② 地方税の納付

1　地方税の徴収方法

　地方税法は、地方税の徴収の方法として次の4種類の方法を規定している[6]。

（1）普通徴収

　普通徴収とは、地方団体徴税職員が納税通知書を納税者に交付することにより地方税を徴収することをいう。例えば固定資産税等がこの方法により徴収されており、納税者の納得による納税が期待されている。

（2）申告納付

　申告納付とは、納税者がその納付すべき地方税の課税標準額および税額を申告し、その申告した税金を自主的に納付することをいう。この方法は、最も正確に所得等を把握し、また、徴税側の事務量も減少させることとなるものであって、国税においては大部分の税目が申告納付となっている。しかし、地方税においては、納税者自身において申告の基礎資料を整える仕組みとすることが適当でない税目もあり、一般的に地方税に申告納付方式を採用することは困難であると考えられる。

5　鷲巣・よくわかる2頁。
6　地方税務研究会編『地方税法総則逐条解説』11頁（地方財務協会、2017年）。

257

第3章　滞納処分

(3) 特別徴収

特別徴収とは、地方税の徴収について便宜を有する者を特別徴収義務者[7]として指定し、地方税法上の納税義務者とされる者が負担すべき税金をその者に徴収させ、その徴収すべき税金を納入[8]させることをいう。特別徴収には、給与所得者の市町村民税所得割額および均等割額の合計額のように、もっぱら徴収の便宜の理由によるものもあり、また、入湯税のように、法制上は、特別徴収義務者に当たる者を納税義務者とするのであるが、実質上の担税者を納税義務者とされており、このことにより、その地方団体への税負担を通じて、地方団体の行政への自覚を喚起しようとする趣旨に基づくものもある。

(4) 証紙徴収

証紙徴収とは、客観的な事実により納税義務が発生し、税額が確定するものについて、地方団体が納税通知書を交付しないで、その発行する証紙をもって地方税を払い込ませることをいう。具体的には、納税義務が発生することを証する書類その他の物件に、その確定した税額に相当する金額の証紙を貼付することにより納付することとなるが、証紙の額面金額に相当する現金の納付を受けた後、納税済印を押すことによってこれに代えることができる。この方法は、徴税費を節約する点において効果をもつものである。

上記のうち、原則として、特別徴収に係る申告納入を「納入」として、その他のものを「納付」として区別している[9]。

2　地方税の確定と納付手続

先にも述べたとおり、地方税には賦課税目が多い。固定資産税のような賦課課税の地方税の納税義務は、抽象的には賦課期日において成立する[10]。この賦課期日とは、賦課課税の地方税の納税義務が成立するための課税要件を確定させる期日をいう。このような賦課課税の納税義務の履行を求めるためには、賦課期日において成立している納税義務の確定、すなわち税額の確定がされなけ

7　特別徴収義務者とは、特別徴収によって地方税を徴収し、納入すべき義務を負う者である。

8　申告納付に準じた方法として申告納入があり、これは特別徴収義務者がその徴収すべき地方税の課税標準額および税額を申告し、その申告した税金を納入することをいう。

9　地方税法総則研究会編『新訂逐条問答地方税法総則入門』15頁（ぎょうせい、1994年）。

10　川村栄一『地方税法概説』374頁（北樹出版、2009年）。

258

第3節　地方税の納付徴収手続／② 地方税の納付

ればならない[11]。

　賦課課税方式の税額確定方法では、租税行政庁側が課税標準および納付すべき税額を記載した賦課決定通知書を送達して行う[12]。この確定方法では賦課決定通知書を納税者に送達すれば、具体的納税義務が確定することになる。仮に納税者が何らかの理由でこの通知書を手に取らず通知書の存在すら知らない場合、納税者は納税義務の存在を認識していないため当然納税はしない。しかし、納税義務は賦課決定通知書の送達により発生しているため、納期限までに納付がなければ地方自治体等は滞納処分を執行することになる。納税者は納税義務を認識していない状況にもかかわらず財産を差し押さえられる可能性がある。賦課課税方式にはこのような問題点がある。

　実際、横浜地裁で納税者の住民登録上の住所宛に自動車税の納税通知書等が送付されたが、納税者が刑務所に収容されており、同住所に居住していなかったために自動車税が不納付になり、普通預金が差し押さえられ、この滞納処分手続が適法といえるかどうかが争われた裁判例がある（横浜地判平24・5・30平成24年分地方税判例年鑑93頁）。

　本事案では、賦課徴収に関する書類が通常の取扱いによる郵便によって発送されたときは、通常到達すべきであった時に送達があったものと推定され、かつ、各書類の送達については、受送達者が現実にその書類を受領し領置する必要はなく、その内容を了知できる状態におかれればよいと判示した。また、納税者が住民登録上の住所に居住していない場合でも、その推定は覆されないとした。さらに、納税者が刑務所に収容されており、身体の自由が拘束され納税ができないという特殊な状況であっても、弁護士等その他の関係者に委任する等で対処可能であるとした。本判決は、いかなる場合であっても納税者は地方税の納税義務を果たすべきであることを前提としてこのような判断をしていると思われる内容であった。

　この事案は自動車税という割と税額が少ない事案であったが、固定資産税等の税額が多額になる地方税でも、同様の問題が生じることがありうる。このこ

11　川村・前掲注(10) 374頁。
12　地方団体は地方税法に基づき地方税の課税権をもつが、具体的な課税の仕方は地方税法3条に基づき条例で定めることとされており、条例が地方税の課税の直接の根拠となる。

第 3 章 滞納処分

とはまた、現行法の賦課課税方式の税額確定方法のもとでは、このように納税者の救済を困難にする場合があるといえる。地方自治体は、そうした納税者の権利を保護するため、まずは当該納税者と接触・折衝し、その折衝を通じて必ず納税者の納税の意思を正確に把握したうえで滞納処分手続に入るべきである。

3　地方税の納付緩和

　地方税の納付緩和としては、国税の場合と同様に、災害等のような、いわば不可抗力の場合に認められる納税の猶予（地15条以下）[13] のほかに、地方団体の徴収金の滞納処分についても、次のものがある。

(1)　換価の猶予

　地方税の滞納者の差押財産を直ちに換価することにより、滞納者の事業の継続または生活の維持を困難にするおそれがあるとき、または、財産の換価を猶予することが直ちに換価をすることに比して、地方団体の徴収金の徴収上有利であるとき、のいずれかに該当する場合に、滞納者が地方団体の徴収金の納付または納入について誠実な意思を有すると認められるときは、地方団体の長は1年の期間内において換価を猶予することができる（地15条の5第1項）。この地方団体の徴収金の換価の猶予についても、国税の場合と同様に、申請による換価の猶予が認められた（地15条の6）。なお、ここにいう「地方団体の徴収金」とは、「地方税並びにその督促手数料、延滞金、過少申告加算金、不申告加算金、重加算金及び滞納処分費という」（地1条1項14号）とされている。

　これは地方団体の徴収金の滞納者が法所定の要件に該当する場合に所定の手続によってその申請をすることを認められたという点で、従来のこの制度ではもっぱらその適用が地方団体の税務当局の裁量的判断によっていたことを考えると、納税者の権利保障のうえでは制度的には格段の違いがあることを認識すべきである。というのは、申請は、行政法上は国民が一般に法令に基づき行政庁の許認可等につき自己に対し何らかの利益を付与する処分を求める行為であ

13　平成27年度税制改正において、地方団体の長は徴収猶予に係る地方団体の徴収金の納付または納入について、当該地方団体の条例で定めるところにより、当該徴収猶予をする金額を、当該徴収猶予期間内において、当該徴収猶予を受ける者の財産の状況その他の事情からみて、合理的かつ妥当なものに分割して納付しまたは納入させることができることとされた。

り、行政庁にはこの行為に対し応答義務が生ずると解され（行政手続法2条3号参照、ただし、租税手続法上は適用除外）、これに伴って行政庁はその判断のための審査基準等をあらかじめ策定し公表することが求められると解されているからである。

　もっとも、地方税の場合には、「申請による換価の猶予をすることが適当でない場合として当該地方団体の条例で定める場合」には、これを適用しないことができるとされていることに注意されるべきである（地15条の6第2項本文、除外規定は同項1～2号）。

(2) 滞納処分の停止

　滞納者について、滞納処分をすることができる財産がないとき、滞納処分をすることによってその生活を著しく窮迫させるおそれがあるとき、または、その所在および滞納処分をすることができる財産がともに不明であるときは、地方団体の長は滞納処分の執行を停止することができる（地15条の7第1項）。

　この制度のもとにおいては、地方団体の徴収金を納付しまたは納入する義務は、滞納処分の執行の停止が3年間継続したときは消滅すること（地15条の7第4項）、また、滞納処分の執行を停止した場合において、その地方団体の徴収金を徴収することができないことが明らかであるときは、その地方団体の長は、納付しまたは納入する義務を直ちに消滅させることができること（地15条の7第5項）などが定められている。しかし、この滞納処分の停止は、従前と同様、依然として地方団体の税務当局の裁量的な処分として行われる措置であることが維持されている点で、滞納納税者の救済措置ではあるが、前記の換価の猶予とは大きく異なっている。

　なお、例えば横浜市においては、執行停止の要件にある「滞納処分をすることによってその生活を著しく窮迫するおそれがあるとき」について、判定が困難なものは保護課などに照会して判断することとされている。

(3) 減免

　上記の換価の猶予および滞納処分の停止が徴収法と同様の内容であるのに対して、特徴的であるのが地方税の減免制度である。

　地方税の減免とは、地方団体が税条例の規定によって課税権を行使した結果、納税者について発生した納税義務を当該納税者の申請に基づき担税力の減少そ

第 3 章　滞納処分

の他の事情に着目して、課税権者である地方団体自らがその租税債権の全部または一部を放棄し、消滅させることによって納税義務を解除するものである[14]。

　国税の減免措置の要件が自然災害などに限定され、かなり狭いものであるのに対し、地方税のそれには一般的な要件が定められている[15]。地方税法では、「市町村長は、天災その他特別の事情がある場合において市町村民税の減免を必要とすると認める者、貧困に因り生活のため公私の扶助を受ける者その他特別の事情がある者に限り、当該市町村の条例の定めるところにより、市町村民税を減免することができる。」（地 323 条）とあるように、税の減免について税目ごとに規定しており、その多くは条例に基づく減免を認めている[16]。その趣旨は、単に減免手続を条例で定めるということではなく、減免要件を地方自治体が条例により具体化すべきことを要求するものであり、その意味において「減免要件条例主義」が採用されているというべきである[17]。

　この「減免要件条例主義」に照らした場合に、地方自治体によっては、条例において個別の税目の減免の要件、減免割合を定め、手続も規定するといった条例主義を満たしているものもある一方で[18]、条例には法とほぼ同様の減免規定をおくにとどめ、減免の内容は規則に委ねられているものもある[19]。

(i) 横浜市の市民税減免制度の例

　地方税の減免について、横浜市を例にあげると、同市では、市民税の減免について条例 39 条において次のように規定している。

　「第 39 条（市民税の減免）

　　市長は、市民税の納税者につき次の各号の一に該当する事実があると認めた場合は、市民税を減免することができる。

　①災害を受けた場合で減免を必要とするとき。

　②貧困により生活のため公私の扶助を受ける場合で減免を必要とするとき。

　③公益上その他の事由により、特に減免を必要とするとき。」

14　辻智仁「公益性と地方税の減免について」自治大阪 57 巻 12 号 49 頁（2007 年）。

15　奥谷・権利保護 38 頁。

16　奥谷・権利保護 38 頁。

17　碓井光明『要説 地方税のしくみと法』62 頁（学陽書房、2001 年）。

18　例えば、神戸市税条例には、減免すべき事由および減免割合が詳細に規定されている。

19　碓井・前掲注(17) 63 頁。

第 3 節　地方税の納付徴収手続／② 地方税の納付

　減免することができる具体的な要件については施行規則において定めている
（施行規則 18 条の 3）。

（ⅱ）地方税減免の委任立法の問題

　このような地方税の減免について、横浜市等の地方公共団体が、減免措置の
要件をその長が定める規則に定めることの妥当性が地方税法 3 条の地方税の賦
課徴収に関する地方税条例主義の規定との関係で問題となるが、これを検討す
るうえで適当な裁判例として秋田地判昭 54・4・27（行集 30 巻 4 号 891 頁）お
よび仙台高判昭 57・7・23（行集 33 巻 7 号 1616 頁）がある。本件は、秋田市国
民健康保険税条例が課税要件たる税率を定額または定率で定めるのではなく、
課税総額を決定したうえで、これを一定割合で所得割、資産割、均等割、平等
割の 4 つに区分して税率を算出することとしているのは、憲法 84 条に定める
租税法律主義に違反する、として争われたものである。

　秋田地裁は、本件秋田市国民健康保険税条例の課税総額の定義が客観的一義
的に明確ではなく、その額の認定については裁量によるさまざまな政策的な判
断を必要とすると解されることから、租税法律主義の原則に反することは明ら
かであると判示し、仙台高裁においても、租税法律主義から課税要件法定主義
および課税要件明確主義を導き、それらに反するものと判示し、いずれも秋田
市が行った保険税賦課決定処分を取り消した。もっとも、この判決のなかでは、
地方税の課税要件法定（条例）主義を述べたうえで、その規則委任については、
一般的に「しかし、課税要件法定（条例）主義といっても、課税要件のすべて
が法律（条例）自体において規定されていなければならず、課税要件に関して、
法律（条例）が行政庁による命令（規則）に委任することが一切許されないと
いうものではなく、ただ、その命令（規則）への委任立法は、他の場合よりも、
特に最小限度にとどめなければならないとの要請が働くものとして理解される
べきである」と判示した。判決ではこの点の判断は必ずしも明快とはいえない
が、これは地方税法が「条例の実施のための手続その他その施行について必要
な事項を規則で定めることができる」（地 3 条 2 項）と定められていることによ
ると解されるので、このような実施手続以外の地方税の実態的な減免要件は条
例規定事項というべきである。

　条例において、どの範囲の事項を規定すべきかについては単にその地方公共

263

第 3 章　滞納処分

団体が課する税目および地方税法が条例で定めるところによらしめている事項についてのみを規定し、その他は「地方税法の規定による」旨を規定すれば、法的には課税権は実現できるものとも解される[20]。しかし、納税者の便宜のためには、法律、政令および規則において明確に規定され、地方団体ごとの選択判断の余地のないものについても、課税の基本的事項で住民の理解上最小限度必要なものについては重複をいとわず条例に規定することが適当であると考えられている[21]。このように、地方税の課税に関しては、基本的なことは条例で規定するものとし、条例の委任を受けた事項その他条例を執行するための手続上の事項等についてのみ、地方団体の委任立法である規則で定めることができることとしているのである[22]。

　そのような面からして、多くの地方自治体の減免規定には問題があると指摘せざるを得ない。減免措置の具体的要件を規則に委任するということは、「減免要件条例主義」に反する方法であり[23]、それは、最終的に地方団体の長の判断に委ねるということになる[24]。その場合には、納税者からすると、分かりにくいうえに、どのような場合に減免がなされるのか判断がつかないおそれがあり、納税者が減免の申請を行う機会を奪ってしまうことになりかねない[25]。

　減免措置は、換価の猶予等と異なり、納税義務自体を消滅させるものであるため例外的なものでなければならない[26]。しかし、両者ともに税額確定後における納税者の担税力の減殺を考慮するという同じ趣旨に基づくものであることからすると[27]、減免措置を弾力的に適用することが、納税したくてもできない滞納者を救済することに繋がるといえる。減免措置の要件を整備することと併せて、納税者に対して減免制度の内容や申請手続を広く周知する等、より透明で利用しやすい制度にしていく必要がある。

20　地方税務研究会・前掲注(6) 20頁。
21　地方税務研究会・前掲注(6) 20頁。
22　地方税務研究会・前掲注(6) 21頁。
23　碓井・前掲注(17) 63頁。
24　辻・前掲注(14) 51頁。
25　辻・前掲注(14) 52頁。
26　奥谷・権利保護33頁。
27　奥谷・権利保護37頁。

264

③ 地方税の滞納処分

1 強制徴収マニュアル問題

ここで、強硬な地方税徴収により問題となった事例[28] を紹介する。

鳥取県下で不動産業を営むAは、事業税および自動車税を計24万円滞納していたが、県から「納税の誠意なし」と判断され、預金に振り込まれた直後の児童手当13万円とそれまでの預金残73円、合わせて13万73円の預金（払戻請求権）を差し押さえられた（児童手当は差押禁止財産である）。Aの生計は、生業では生活が維持できないので、パートによる夜間警備員の仕事で月収は約5万円を得て、病弱の妻と認知症の父親、子供5人の計8人家族を支えてきたという。

この事例の問題点は、差押禁止財産である児童手当13万円の振込みを待ち構え、預金口座に入金された直後に県が差し押さえたということである。元々の預金残は73円であったので、預金残のなかにおける児童手当（差押禁止財産）を識別・特定することは容易であった。Aは「差押禁止財産に対する違法な差押えである」と、差押えの取消しを求め不服を申し立てたが、これに対し県側は「あくまでも預金の差押えであり、違法ではない」とAの主張を斥けたので、平成21年9月にAは鳥取地裁に提訴した。

控訴審・広島高松江支判平25・11・27（判例地方自治387号25頁）は、差押禁止財産である児童手当が、「金融機関の口座に振り込まれると、預金者の預金債権に転化し……原則として、差押禁止債権としての属性を承継しない」とした（最判平10・2・10金法1535号64頁）の法解釈を拠りどころにしている。しかし、裁判所は、県側の主張は認められず、児童手当が本件口座に振り込まれる日であることを認識したうえで、本件児童手当が本件口座に振り込まれた9分後に、本件児童手当によって大部分が形成されている本件預金債権を差し押さえた本件差押処分が、本件児童手当相当額の部分に関しては、実質的には本件児童手当を受ける権利自体を差し押さえたことと変わりがないと認められるから、児童手当法15条の趣旨に反して違法であると認めざるを得ないとし、県側に、Aに対し13万円を支払うよう命じた。

28　中村・差押え180頁。

第 3 章　滞納処分

　この事例のように、地方公共団体が行う滞納処分について、不適切あるいは行き過ぎと思われるケースが散見される[29]。これについて、地方公共団体には独自のマニュアルが備えられており、それが強硬な滞納処分を生じさせている要因となっているのではないかと推測できる。

　実際に、横浜市で財政局主税部債権回収担当部長等を歴任してきた鷲巣研二氏は、「滞納整理は法律に基づいて進められるとしても、実務はそれだけで回っていくわけではなく、実際には国税徴収法基本通達や行政実例、裁判例、参考書籍、マニュアルなどをさまざまに活用して行っていくこととなります。中でもマニュアルは、徴収職員にとって実務の最も身近な手引書として重宝ですし、初めて滞納整理に携わることとなった職員にとっては当面の必読書でしょう。」[30] と述べている。

　租税行政庁の裁量に任される余地が大きい滞納処分について、その現場で用いられるマニュアルには、法律で明確にされていない「どのような財産について」、「どのような基準に基づいて」、「どのような範囲まで」といった、滞納執行上の具体的な必要性判断基準の内容が明記されている可能性が高い[31]。これらの内容を確認することで、法律に規定されていないいわゆる「裁量基準」が認められている部分を明らかにすることができ、納税者の滞納整理に関する理解を深めることや、そこに隠れている問題を発見することができる[32]。

　このような理由から、地方公共団体が用いる滞納整理事務に関するマニュアルに着目し、東京国税局、神奈川県および横浜市に対し、それぞれ「滞納整理事務に関するマニュアル」の開示請求を行った。開示された部分からの判断となるものではあるが、それぞれの「滞納整理事務に関するマニュアル」の検討・評価を行っていく。

29　地方公共団体が行う強硬な滞納処分の他の事例として、横浜市で予告なしに売掛金の入金額が全
　　額差し押さえられた事例（朝日新聞 2015 年 8 月 31 日付）、同市で滞納税金を分割納付している
　　最中に予告なしに預金が差し押さえられた事例（朝日新聞 2015 年 10 月 26 日付）等がある。
30　鷲巣・よくわかる 6 頁。
31　東京地方税理士会シンポジウム研究委員会編『租税徴収制度における納税者権利救済―第二次納
　　税義務と納税緩和を考える』145 頁（東京地方税理士会、2014）。
32　東京地方税理士会シンポジウム研究委員会・前掲注(31) 145 頁。

(1) 折衝

特に着目すべき点として、東京国税局のマニュアルでは納税者との折衝を行うことを中心として滞納執行が進められることが述べられている。折衝を行ううえでの徴収職員の心構え、身だしなみから滞納者の性格に応じてどのように対応していくべきかが事細かに記載されている。このことは、マニュアル内における「出張して滞納者と面接することが滞納処分の原則である」という文言からも読み取ることができる。

これに対して、横浜市のマニュアルにも折衝についての記載はあるが、東京国税局のそれと比較すると、その位置づけが若干異なるように思われる。マニュアルでは「折衝は、単に納税催告にとどまらず、滞納原因や納税誠意の有無、また所有資産や営業活動の実情等を把握する良い機会であり、滞納整理担当の仕事の中でも特に事務量が多いものである。」として記載されている。また、滞納整理案件を質的滞納整理案件と量的滞納整理案件に区分し、主に質的滞納整理案件について折衝を行うこととしている。つまりは、手数が掛かるものであるためすべての案件について折衝を行うことはしないで、重要案件であるものに限り折衝を行うという考え方である。

滞納整理は、究極的には、納付する能力と財産がありながら早期に納付しない滞納者から強制的に租税を徴収することが目的である[33]。悪質な滞納者に対しては厳正な滞納整理を、納税について誠意のある滞納者については納税緩和措置を踏まえた的確な滞納整理を行う[34]ためにも、折衝を通じて納税誠意を見極める必要がある。

(2) 分割納付

東京国税局および横浜市のマニュアルにおいて、分割納付の取扱いが記載されている。これらのうち、横浜市のマニュアルでは、折衝において滞納者から分割による市税納付の申し出があったときの対応について、「地方税法の規定（分納の明文規定がある徴収猶予・換価の猶予、納入委託の規定のある証券受託）によらない分割納付により、滞納市税を整理する場合の注意」として、とくにつぎのように述べているのが注目される。すなわち、「自主納税の推進という観

33　小林能彦『地方税務職員のための租税徴収の技術』8頁（ぎょうせい、2014年）。

34　小林・前掲注(33) 9頁。

第3章　滞納処分

点から、納税者の自主的な分割納付の申し出を受け入れているのであり、積極的に分納を働きかける立場ではありません」として、法規定のある分割納付と必ずしも明示的な法規定のない分割納付とでは違った対応をすべきことを述べている。この点は、あるいは地方税には申告納税（申告納付）によるよりも賦課課税によって確定するものが多いことが影響しているとも考えられる。しかし、いずれによって確定した租税であっても、その納付は等しく納税者の自主納付に基づくことからすれば、こうした異なる取扱いには疑問の余地があるといえる。

　近年においては、地方税法でも、徴収法におけると同様に、従来の職権による換価の猶予（地15条の5）にくわえて申請による換価の猶予（地15条の6）が認められた。これによって、地方税の分割納付についても、マニュアルで指摘のあるように、納税の猶予のもの（地15条3〜5項）と職権による換価の猶予のもの（地15条の5第2項）にくわえて申請による換価の猶予のもの（地15条の6第3項）が認められた[35]。このような換価の猶予の分割納付（特に自主納付の意思を持ってする申請による換価の猶予のもの）が滞納税における基本的手続の一部を構成することを考えると、そこで規定された滞納地方税の分割納付は一般的に認められたものと解することができる。

　また、もともと納税資金に余裕があるにもかかわらず滞納する場合は別として、そうでない場合の納税困難な納税者で納税の意思がある者には、その納税者の納付事情すなわち納付能力に適合した合理的かつ妥当な地方税の納付が本来的に認められるべきものともいえる。

　これらによれば、地方税の納税においてその分割納付を必要とする納税者を前述のように形式的に峻別して取り扱おうとする対応には、大きな疑問があるといわなければならないだろう。

　なお、地方税では租税債権一件当たりの税額が少額なものが多く、少額の分納事案が多発するおそれがあることなどから、その納付納入の具体的な方法について地方団体の条例で定める[36]とされるが、この場合でも納税者にとって合理的かつ妥当なものでなければならないことはいうまでもないだろう。

35　これらの分割納付については、地方税務研究会・前掲注(6) 363〜364頁、395頁、405頁参照。
36　地方税務研究会・前掲注(6) 364頁。

2　共同滞納整理機構の仕組みと機能

　近年、共同徴収を行う地方自治体が増加している。

　共同徴収は、何らかの形で庁内の他課や他自治体と協力して徴収することをいう[37]。

　共同徴収が行われる理由としては、各自治体により事情はさまざまであるが、主に次の二つが考えられる[38]。

　一つは、自力で徴収することには限界があるという現状を踏まえ、自発的に自治体同士が協力しあって徴収するということである。

　もう一つは、個人住民税の徴収体系が影響している。個人県民税は県の財源でありながら市町村が個人住民税としてあわせて徴収する仕組とされており、通常は道府県が直接徴収しない税である。これは地方税法41条1項に基づくものであるが、市町村において徴収が困難となった滞納事案については、同法48条に基づき道府県が直接徴収を実施すること。この48条の規定は、個人の住民税の徴収の責任者は原則的には市町村であることを前提としつつ、一定の場合において道府県による徴収または滞納処分を認めることとして、これにより道府県と市町村の協力関係の確立、徴収率の向上等に寄与する趣旨に基づくものである[39]。このように道府県と市町村が一体となって徴収を行うことは、双方にとってメリットが大きいから、滞納地方税共同徴収の流れが急速化したものであるとみられる。

　共同徴収の組織には、特別地方公共団体である一部事務組合や広域連合のほかに任意組織がある[40]。現在では、一部事務組合、広域連合および任意組織を合わせて50を超える団体が存在している。

---

[37]　柏木恵『自治体債権の共同徴収の類型化とその実態』2頁（キヤノングローバル戦略研究所、2013年）。

[38]　柏木恵「地方自治体の共同徴収の現状と今後の方向性」税64巻7号25頁（2009年）。

[39]　実際に、多くの道府県では地方税法48条に基づく徴収引受けを実施している。また、宮城県のように48条の徴収引受けのほか、宮城県地方税滞納整理機構による徴収体制の強化、市町村の人材育成、各県税事務所に市町村滞納整理業務改善支援チームの設置、県と市町村との共同催告および合同捜索の実施等を行い、県と市町村の連携・協同体制の強化を図っているところも見受けられる。

[40]　柏木・前掲注(38) 26頁。

第 3 章　滞納処分

(1)　一部事務組合

　一部事務組合は地方自治体の事務（自治事務）の一部を共同で処理するための組合であり、都道府県の加入するものにあっては総務大臣、その他のものにあっては都道府県知事の許可を得て設置することができる（地方自治法284条2項）。

　一部事務組合としては、昭和33年4月に岡山県市町村税整理組合が発足するに至った[41]。その後、滋賀県の甲賀広域行政組合の前身である甲賀郡町村税滞納整理組合が昭和36年4月に設立され、昭和37年には富山県市町村総合事務組合で徴収業務がスタートした。平成13年4月には県内全市町村参加型である茨城租税債権管理機構が設立されている[42]。

(2)　広域連合

　広域連合は、普通地方公共団体および特別区の事務で広域にわたり処理することが適当であると認めるものに関し、広域にわたる総合的な計画を作成し、その事務の管理および執行について広域計画の実施のために必要な連絡調整を図り、ならびにこれらの事務の一部を広域にわたり総合的かつ計画的に処理するための組合である（地方自治法284条3項）。総務大臣または都道府県知事の許可を得て設置することができることは上記 (1) の一部事務組合と同様である。

　一方で、この広域連合は「共同処理という概念を超えて、政策・事務について広域計画を作成し、必要な連絡調整を図り、広域にわたる総合的かつ計画的な処理のための組織」として設立されるので、その処理する事務も構成団体すべてにわたって異なったものであってもよいとされる点で、一部事務組合とは制度的に大きく異なるとされている[43]。このことから、広域連合の方が「政策的で、より機動的かつ弾力的なものということができる」[44]とされている。

　広域連合としては平成10年4月に鳥取中部ふるさと広域連合が設立されている。

41　その前身は昭和26年の「児島郡地方税整理組合」である。

42　柏木・前掲注(38) 25頁。

43　中村芳昭「税務行政の整備・強化と広域行政」池上岳彦編『地方税制改革』284頁（ぎょうせい、2004年）。

44　久保信保「地方公共団体のあり方と市町村合併」園部逸夫ほか編『最新地方自治法講座10』219頁（ぎょうせい、2003年）。

(3) 任意組織

　任意組織は、将来的には市町村に自立してもらうため時限的に設置しているところが多い。県庁の税務課に組織をおき、県庁に集約されるケース、実働部隊を県税事務所内に分散しているケースまたは県職員を市町村に派遣するケースが存在する[45]。平成17年8月に任意組織としてはじめて香川滞納整理推進機構が設立され[46]、近年、任意組織としての滞納整理機構の立ち上げが多くなっている。

　地方税回収機構の効果について、県内84全市町村が県の支援のもとに設立した一部事務組合である茨城租税債権管理機構を例にあげてみてみる。

　同機構は、平成13年4月に全国に先駆け県内全市町村を構成団体として、市町村税（個人県民税を含む）の徴収業務を専門的に行うとともに、市町村税務徴収職員の研修を行う一部事務組合として設立された[47]。基本方針として、同機構が処理するのは市町村単独での処理が困難な滞納事案に限定されており、まずは当該市町村が充分な回収努力を尽くすことが滞納事案引受けの前提となる[48]。同機構へ移管される事案の選定基準として、滞納額累増事案（少額分納や不定期分納のため、滞納額が累増しているもの）、大口滞納事案（当該市町村にとって大口滞納であるもの）および広域的な財産調査が必要な事案（地元には財産がないが、他市町村の財産調査をすべきもの）等が例示されている[49]。なお、市町村から移管を受けた事案の処理は、同機構の長名で行われている。

　同機構の方針として、基本的には臨戸徴収は行わず強制処分を前提として滞納者に強い態度で臨むことにしており、意識的にビジネスライクに回収を進める態度をとっている[50]。

　近年における機構の活動実績をみると、平成26年度は1,353件、合計32.8億円の滞納事案を市町村から引き受け、その処理状況は徴収率が47.7%（設立当初の平成13年度の徴収率は9.1%）にも及ぶものであった。

45　柏木・前掲注(38) 29頁。
46　柏木・前掲注(38) 26頁。
47　茨城租税債権管理機構HP　http://ibaraki-sozei.jp/index.php（平成28年7月4日訪問）。
48　田村政志＝桑原隆広『分権時代の地方税務行政』392頁（ぎょうせい、2003年）。
49　倉持公三「『茨城租税債権管理機構』の取り組みについて」地方税52巻12号133頁（2001年）。
50　田村＝桑原・前掲注(48) 392頁。

第 3 章　滞納処分

　なお、同機構では、徴収、納付約束および事前約束による納付の効果が、機構の運営上要する市町村負担金に対して極めて高い費用対効果であると自己評価している。また、目に見えない効果として、自主納税の促進・滞納の抑止と、市町村での内部効果として、税務職員の積極性の喚起、全庁的な滞納対策意識の共有、住民への説明責任の再認識があげられている[51]。

　このような同機構の取組みは、その後他県にも影響を与え、同様の組織が各地に生まれた。一部事務組合としては、平成 16 年 4 月に三重地方税管理回収機構、平成 18 年 4 月に和歌山地方税回収機構、徳島滞納整理機構、愛媛地方税滞納整理機構、広域連合としては平成 20 年 1 月に静岡地方税滞納整理機構が設立されており、これらの団体とは毎年にわたり徴収確保会議を開催し、事例検討や情報交換を行っている[52]。

　機構等に派遣された職員は相互に参加市町村の徴税吏員に任命（併任）されることとなる。

④　地方税の権利救済

　行政庁の処分についての行政庁による救済手段としての不服申立てについては、一般法として行政不服審査法が制定されており、地方団体の徴収金に関する審査請求の場合には、国税の場合と違って、原則として同法の定めるところによって行われることとされている（行審 1 条 2 項）[53]。

　ところで、行政不服審査法 1 条 2 項において、「他の法律に特別の定めがある場合を除くほか、この法律の定めるところによる」と規定されており、本条でも、地方税に関する特定の処分について、地方税法に特別の定めがあるものはこれによること、およびその他は行政不服審査法の定めるところによることが規定されている。これによると、地方団体の長の行った処分についての審査請求には、行政不服審査法の規定が適用されるという原則に立ちながら、特に納税の告知、督促、滞納処分等のような大量的、集中的に行われる処分につい

51　田村＝桑原・前掲注(48) 394 頁。

52　茨城租税債権管理機構 HP・前掲注(47)。

53　地方税務研究会・前掲注(6) 569 頁。

272

ては、地方税法に特則を設けられ、これが優先適用されること、および特則の
ない部分については行政不服審査法が適用されることになる[54]。

　なお、行政不服審査法は平成 26 年に全部改正が行われ、平成 28 年 4 月 1 日
より施行されている[55]。改正により、不服申立ての種類について、原則として
審査請求に一元化されており（行審 2 条、3 条）、異議申立てという不服申立類
型は廃止された。ただし、例外的に、法律に特別の定めがあるときに限り、再
調査の請求（行審 5 条）および再審査請求（行審 6 条）が認められているので
あるが、地方税に関してはこれらは認めない取扱いとされている[56]。

⑤ 専門家としての対応

　法的根拠がないマニュアルに基づいて行われている地方の滞納処分において、
専門家はどのように対応すべきなのであろうか。

　まずは、代理人手続をとったうえで滞納者がおかれた状況を把握することが
必要である。どのような経緯で滞納しているのか、滞納額はどのくらいである
のか、また、地方公共団体からどのような滞納処分を受けているのかを聴き取
りしたうえで、とるべき対応策を検討していく。この際に、その滞納者が、納
税したくてもできない者であるのか、あるいは納税できるにもかかわらず滞納
している者であるのかを見極めることが求められる。前者に対しては、納税緩
和措置の適用可能性も含めて対応策を検討すべきである。

　そして、地方公共団体に対して折衝の場を設けることを要求していく。場合
によっては、書面上の手続のみで滞納処分が行われているケースも考えられる
ことから、地方公共団体と滞納者が直接話し合う機会を設け、税理士としても
その話し合いの場に加わることが望ましい。そうすることで、両者の話し合い
のなかから、地方公共団体が行っている滞納処分の適法性、あるいは滞納者が
適用を受けることができる納税緩和措置を検証することができる。また、実務

54　地方税務研究会・前掲注(6) 569 頁。

55　地方税法についても、行政不服審査法の施行に伴う関係法律の整備等に関する法律（平成 26 年
　　6 月 13 日法律第 69 号）により、一部改正が行われている。

56　地方税務研究会・前掲注(6) 571 頁。

第3章　滞納処分

上用いられている分割納付についても、その趣旨を踏まえて、その適用を要求していくことが求められる。

　このように、地方税における滞納処分の現場に出向き、そこで本当に納税したくてもできない滞納者を救済する役割が税理士には求められている。そのためには、税理士として、地方税における滞納処分の制度を熟知することが必要である。

事項索引

あ 行

秋田市国民健康保険税条例　263
一部事務組合　270
一般的優先権　7
一般的優先徴収権　176
一般法　28
違法性の承継　201
　　——と公定力の問題　247
印紙税　33
延滞税の額の計算の基礎となる期間の特例
　60
延滞税の計算　58
延滞税の納付　58
延納　12
　　——における利子税の納付　41
応答による規制方法　21
OECD 租税委員会　16

か 行

外国法人　35
過少申告加算税　5
課税要件法定主義　263
課税要件明確主義　263
換価　127, 140
　　——の猶予（期間）　10, 13, 47, 48, 143, 144,
　　147, 260
　　——の猶予の効果　145
　　——の猶予の手続　145
　　——の猶予の要件　47, 143
期限後申告　5
　　——書　32
期限内申告　5
　　——書　32
義務付け訴訟　194
求償権の行使　78
教示制度　243
強制換価手続　26
行政事件訴訟法　192

行政指導　4
行政処分に対する取消訴訟と国賠訴訟との関係
　214
行政制裁　5
行政手続法　4
行政不服審査法　272
　　——82 条　244
共同滞納整理機構　269
協力的税法遵守プログラム　21
居住者　35
経営者保証ガイドライン　185
　　——と徴収法　188
源泉徴収　33
　　——義務者と受給者の権利　225
　　——制度　33
減免制度　261
減免要件条例主義　262
広域連合　269
公権力発動要件基準説　212
更正の請求　32
更正または決定　38
公定力制限論　247, 248
公売　140
交付要求　127
国税収入の確保　25
国税、地方税、私債権の三すくみ　177
国税庁の事務運営指針　50
国税通則法　3
国税の優先権　26
国民主権主義　1
国家賠償法 1 条　211
国家賠償法上の「違法」　212

さ 行

最高裁昭和 50 年判決　209
最高裁平成 18 年判決　209
財産権上の一体性　232
財産権の保障　171

275

事項索引

財務省設置法19条　2
詐害行為取消権　76, 117
詐害の意思　102, 119
先取特権　25
差押え　127, 130
　　──の制限　131
　　──の対象財産　132
　　──の要件　130
　　売掛金の──マニュアル　190
　　超過──の禁止　40, 137
　　無益な──　161
　　無益な──の禁止　40, 137
差押禁止財産　40, 134, 164
　　──の規定　26
　　絶対的──　134
差押先着手主義　177
時価の「おおむね2分の1」　93
自主申告原則　3
自主的申告　3
自主的納付　3
自主納付原則　3
質権　25
執行停止の請求　192
執行不停止原則　192
質問検査権　138
自動確定方式　35, 219
私法秩序との調整　25
修正申告　5
　　──書　32
充当　127
受益の限度　97, 104
主たる納税義務　248
　　第二次納税義務と──との関係　72
出入禁止除外の該当者　159
出入禁止措置　159
承継説　170
条件付差押禁止財産　134
証紙徴収　258
職務行為基準説　212
職務上通常尽くすべき注意義務の意義　216
除斥期間　197
所得税の延納　41
自力執行権　7, 26

申告納税制度　1
申告納税方式　32
申告納付　257
審査　48
申請　148
　　──による換価の猶予（申請型）　148
　　──のための書類　48
生存権の保障　171
捜索の権限　138
捜索の立会人と代理人　158
相続財産の優先　137
相続税・贈与税の延納　41
相続税・贈与税の連帯納付義務　54
相続税の連帯納付義務者　39
訴権上の一体性　232
租税債権と私債権の競合　176
租税不服申立前置主義　197
租税法律主義　263

た　行

滞納者の生活の維持または事業の継続、換価等
　の容易性　137
滞納者の代理人　159
滞納処分　127
　　──の停止　10, 13, 40, 62, 147, 156, 261
滞納整理事務に関するマニュアル　266
第三者に利益を与える処分　99
第三者の権利　25
　　──の尊重　137
第二次納税義務　65
　　──による納付　55
　　──の附従性　71
　　──の補充性　72
　　共同的な事業者の──　86
　　合名会社等の無限責任社員の──　80
　　事業を譲り受けた特殊関係者の──　87
　　実質所得者課税額等の──　85
　　人格のない社団等の──　89
　　清算人等の──　82
　　無償譲受人等の──　90
　　離婚に伴う財産分与に対する徴収法39条
　　　の──　110
第二次納税義務者　25

事項索引

――が主たる課税処分の違法を争える場合　226

――の権利救済　201

――の訴権　241

――の不服申立ての可否　240

――への主たる課税処分に関する教示制度　244

――への主たる課税処分の違法性の承継　203

本来の納税義務者と――の関係性　232

担保　44

――の解除　54

――の額および見積価額　52

――の種類　52

――の提供手続　53

――の変更等　53

徴収納付　33

徴収不足　69

――と無償譲渡等の処分の基因関係　94

徴収法39条と通則法42条の適用　124

抵当権　25

倒産処理法制　181

同族会社の第二次納税義務　84

督促　128

――状　128

特別徴収　34, 258

特別法　28

な　行

内国法人　35

任意組織　271

納税緩和制度　40, 147

納税義務の成立　30, 35

納税義務の適正な実現　25

納税者　35

――権利憲章　18

――の申請による制度　13

納税の猶予　13, 42, 147

――の申請手続等　44

――の要件等　42

納付期限　37

納付告知と遺産分割　76

納付告知の消滅時効　76

納付受託　151

納付書　39

納付誓約　151

納付通知書による告知　72

納付の手続　39

は　行

配当　142

破産手続における財産債権　181

破産手続における優先的破産債権　181

破産手続における劣後的破産債権　181

非居住者　35

非承継説　169

賦課課税方式　32

普通徴収　257

不服申立て　197

分割納付（分納）　12, 51, 267

法定申告期限　38

ま　行

民法424条と徴収法39条の関係　121

無償または著しく低い額の対価による譲渡　90

無申告加算税　5

命令的規制方法　21

や　行

猶予期間の延長　49

預金債権差押え事件　165

預金払戻債権　169

ら　行

留置権　25

理由附記　75, 253

277

執筆者紹介（執筆順）

清水一男（しみず　かずお）　　　（神奈川）【編集委員】

木下尚実（きのした　なおみ）　　（横浜中央）【編集委員】

木島裕子（きじま　ゆうこ）　　　（川崎南）【編集委員】

城田英昭（しろた　ひであき）　　（藤沢）【編集委員】

小原勝己（おばら　かつみ）　　　（平塚）【第１章】

杉浦大介（すぎうら　だいすけ）　（鎌倉）【第２章】

石井幸子（いしい　さちこ）　　　（横浜南）【第２章】

大沢優子（おおさわ　ゆうこ）　　（鎌倉）【第２章】

瀧口勇人（たきぐち　はやと）　　（大月）【第２章】

秦光一郎（しん　こういちろう）　（横浜中央）【第３章】【第１節】

石澤健太（いしざわ　けんた）　　（横浜中央）【第３章】【第１節】

寺井智之（てらい　ともゆき）　　（保土ヶ谷）【第３章】【第１節】

清水幸夫（しみず　ゆきお）　　　（鶴見）【第３章】【第１節】

南波隆之（なんば　たかゆき）　　（戸塚）【第３章】【第２節】

高木英樹（たかぎ　ひでき）　　　（相模原）【第３章】【第２節】

吉田将太（よしだ　しょうた）　　（緑）【第３章】【第２節】

矢野直子（やの　なおこ）　　　　（鎌倉）【第３章】【第２節】

吉澤寿朗（よしざわ　としろう）　（藤沢）【第３章】【第３節】

大髙博之（おおたか　ひろし）　　（川崎南）【第３章】【第３節】

野口茂（のぐち　しげる）　　　　（川崎北）【第３章】【第３節】

監修者紹介

中村芳明（なかむら　よしあき）　【序論】
青山学院大学名誉教授

納税者のための租税の納付・徴収手続

2019年10月20日　第1版第1刷発行

監　修	中　村　芳　昭
編　者	東京地方税理士会
発行者	井　村　寿　人

発行所　株式会社　勁　草　書　房
112-0005 東京都文京区水道2-1-1　振替　00150-2-175253
（編集）電話 03-3815-5277／FAX 03-3814-6968
（営業）電話 03-3814-6861／FAX 03-3814-6854
本文組版 プログレス・日本フィニッシュ・中永製本

©NAKAMURA Yoshiaki, Tokyo Chiho Zeirishikai　2019

ISBN978-4-326-40367-7　　Printed in Japan

JCOPY ＜出版者著作権管理機構 委託出版物＞
本書の無断複製は著作権法上での例外を除き禁じられています。
複製される場合は、そのつど事前に、出版者著作権管理機構
（電話 03-5244-5088、FAX 03-5244-5089、e-mail: info@jcopy.or.jp)
の許諾を得てください。

＊落丁本・乱丁本はお取替いたします。
http://www.keisoshobo.co.jp

中村芳昭監修・東京税財政研究センター編　　　　　　　A5判　3400円
税制行政の改革
手続法から組織法へ
40208-3

北野弘久著・黒川功補訂　　　　　　　　　　　　　　A5判　4000円
税法学原論　第7版
40325-7

北野弘久先生追悼論集刊行委員会編　　　　　　　　　A5判　15000円
納税者権利論の課題
40274-8

北野弘久　　　　　　　　　　　　　　　　　　　　　A5判　9200円
税法問題事例研究
40234-2

北野弘久・谷山治雄編著　　　　　　　　　　　　　　四六判　2200円
日本税制の総点検
45088-6

日本財政法学会編　　　　　　　　　　　　　　　　　A5判　4500円
財政法講座①
財政法の基本課題
40227-4

日本財政法学会編　　　　　　　　　　　　　　　　　A5判　3700円
財政法講座②
財政の適正管理と政策実現
40228-1

日本財政法学会編　　　　　　　　　　　　　　　　　A5判　4500円
財政法講座③
地方財政の変貌と法
40299-8

＊表示価格は 2019 年 10 月現在，消費税は含まれておりません．